子学略说
——子学三序讲疏

刘毓庆　著

商务印书馆

创于1897
The Commercial Press

图书在版编目（CIP）数据

子学略说：子学三序讲疏 / 刘毓庆著. — 北京：
商务印书馆，2021
ISBN 978-7-100-19560-7

Ⅰ. ①子… Ⅱ. ①刘… Ⅲ. ①先秦哲学－研究
Ⅳ. ①B220.5

中国版本图书馆CIP数据核字（2021）第033310号

子学略说——子学三序讲疏

刘毓庆　著

商 务 印 书 馆 出 版
（北京王府井大街36号　邮政编码 100710）
商 务 印 书 馆 发 行
三河市尚艺印装有限公司印刷
ISBN 978 - 7 - 100 - 19560 - 7

2021年7月第1版　　　　开本 710×1000　1/16
2021年7月第1次印刷　　印张 17

定价：98.00元

弁　言

　　算来研读诸子已有四十余年。开始作为文学研读，主要是为了给本科生开设先秦文学课。接着是作为史料研读，主要是为了写文章捞"工分"。再后来研读诸子思想，是为了给学生开选修课。而现在则作为学术史的板块来思考。作文学读，关注的是诸子的精思妙语；作史料读，关注的是上古史的残片；作思想读，关注的是诸子的治世思想及生存智慧；而作为学术史的板块，则关注的是中国学术的整体格局。

　　当下关于诸子研究的著作委实很多，一般都集中在先秦诸子上，在"孔老墨庄孟荀韩"七子的基础上扩充而已，时或下及两汉，两汉以下所谓子者不足道也。原初我就是这样的思路。当把视野放到四部分类中的子部时，思考的格局才发生了变化。认为要从根本上理解并把握中国传统文化，舍子学则无他由。中国文化的博大与精深处，多半在子学的渊薮中。如果把中国文化比作一棵树，那么"经"是树根，"史"是树干，文学是五彩缤纷飘荡着芳香的花朵，而"子"则是沉沉的累累果实。果实才是这棵文化之树的最终成果。也正是这累累果实养育和成就了中华民族特有的文化品格与精神风范，也正是这果实的种子使中华文化得以繁衍、传播。这果实，你可以不去研究它，但不能不知道它、认识它。介于此种思考，我给研究生开设了"子学略说"课。作为子学史的梳理，前人言之最精者莫过于《汉书·艺文志》《隋书·经籍志》《四库全书总目》三书之子部序。故笔者以此三目序为纲，在讲义的基础上撰就了这部《子学略说》。这实际上是一部简略的中国学术史，望能使学者在最短的时间内把握中国学术史的脉络。并期方家正之。

刘毓庆 2019 年 8 月 1 日于椿楸园

目　录

绪　论

从某种意义上讲，中国学问有三大巨流，一是经史，二是诸子，三是诗文。"经史"代表着中国文化的主流精神与核心价值。"经"是核心，"史"充当着"传"的角色，即古人所说的"传为解说之"的"传"（《汉志》录史书于"六艺略"，即体现着经史同科的观念），这是一个道德坚持与价值判断系统，由此而保证了中国文化的延续。"诗文"是一个心灵抒写与情感表达系统，展现了中国人的内心世界与人生情怀。而最繁杂的是"诸子"，古人的人生智慧与治世思想，多半蕴于其中。最能体现中国学术思想的也是"诸子"。《汉书·艺文志》把图书分成六大块，即六艺、诸子、诗赋、兵书、数术、方技。这六大块中，就有四大块在四部分类中归入了子部。其在中国学术史上所占比重之大，由此可见一斑。中国历代学术思潮的变迁，虽说产生于对经典的不同理解和阐释中，但其波澜壮阔之势则体现在子学的变化中。笔者曾在《国学概论》中说："诸子思想是以《六经》为代表的价值观念与文化精神应时之变而产生的一种文化形态。"秦朝的法家思潮，汉初的黄老思潮，两汉儒家的解经思潮，魏晋玄学思潮，隋唐佛学思潮，宋明理学思潮，近代新学思潮，这一次次变化出现的高峰，都是以子学形态呈示的。研究中国学问，最便捷的门径就是"两志一目"。"两志"即《汉书·艺文志》（以下简称《汉志》）和《隋书·经籍志》（以下简称《隋志》），"一目"即《四库全书总目》（以下简称《四库总目》）。笔者在《经学略说》中亦曾言及，《汉志》穷其源，《隋志》沿其流，《四库总目》观其变，述中国学术历史，要言不烦，最便初学。今且依三书类序为纲，梳讲子学源流大要。

1．"子"学概念的生成及其内涵的发展

所谓"子学"，就是"诸子之学"。为什么称"子"？在文献中我们见到最早称"子"的，是商之后人"箕子""微子"。这对我们很有启发。"微"和"箕"都是地名，"子"是爵位。《尚书》有《微子之命》，孔安国注说："称其本爵以名篇。"司马贞《史记·殷本纪·索隐》也说："微，国号；爵为子。"顾炎武说："微子之于周，盖受国而不受爵。受国以存先王之祀，不受爵以示不为臣之节，故终身称微子也。"[1] 其实"子"在这里除了表示爵位之外，还应当有一层尊贵的意思。

《春秋穀梁传·宣公十年》范宁注："子者，人之贵称。"《急就篇》"郑子方"颜师古注："子者，男子美称。""子"何以会成为男子的美称、尊称？现代学者多据汪中《述学·释夫子》说，以为"古者孤卿大夫皆称'子'。子者，五等之爵也……《春秋传》'列国之卿，当小国之君'，小国之君则子、男也。子、男同等，不可以并称，故著'子'去'男'，从其尊者"。这个解释很难服人，因为古人作为第二人称的敬称有时也称"子"，如《诗》言"送子涉淇，至于顿丘""执子之手，与子偕老"等，这就很难说与"孤卿大夫"有什么关系了。

其实"子"有"尊之""美之"之意，乃源于商之国姓。《史记·殷本纪》说：

> 殷契，母曰简狄，有娀氏之女，为帝喾次妃。三人行浴，见玄鸟堕其卵，简狄取吞之，因孕生契。契长而佐禹治水有功。帝舜乃命契曰："百姓不亲，五品不训，汝为司徒而敬敷五教，五教在宽。"封于商，赐姓子氏。[2]

商之女始祖简狄，吞燕子蛋而生子，因为蛋也可以称作"子"，因此舜赐商契

---

[1] 黄汝成：《日知录集释》卷二，上海古籍出版社 2006 年版，第 94 页。

[2] 《史记》，中华书局 1963 年版，第 91 页。

姓"子"。这是一个古老的祖先出世神话，在商人的记忆中是一个神圣的传说，这个传说在文字创造中也留下了很深的痕迹。如孔子的"孔"，《说文》解释说："孔，通也。从乙从子。乙，请子之候鸟也。乙至而得子，嘉美之也。古人名嘉，字子孔。""乙，玄鸟也。"玄鸟即燕子。《商颂》说："天命玄鸟，降而生商。""孔"字的"嘉美"之义，便由玄鸟生商而来。商王室姓"子"，"子"姓在商朝的地位自然很高贵。到了周朝，子姓虽然失去了往日的风光，但作为先王之后，在人们心目中的地位仍然不同寻常。就像清朝皇家姓爱新觉罗，尽管清王朝已灭亡，但如果我们身边出现一位姓爱新觉罗的同事，人们肯定会另眼相看的。这与当日的"子"姓一样，由此"子"便衍生出了尊、美之意。非"子"姓者，也喜欢于名字中嵌入"子"字，故春秋时出现了子奇、子叔、子产、子都、子充等大量以"子某"为字的称谓，也使"子某"之称这一形式得以延续，同时"子"也具有了现代汉语中"您"的意思。董仲舒《春秋繁露·三代改制质文》说："知殷之德阳德也，故以'子'为姓；知周之德阴德也，故以'姬'为姓。故殷王改文，以男书'子'，周王以女书'姬'。故天道各以其类动，非圣人孰能明之？"[1]汉去古未远，故董氏尚能得其真谛。其意是说：商属阳德，"子"姓，故称男曰"子"。周属阴德，"姬"姓，故称女曰"姬"。以"姬"与"子"对举，甚有见地。而称女曰"姬"，正可作为称男曰"子"的绝佳旁证。《汉书·文帝纪》"母曰薄姬"师古注曰："姬者，本周之姓，贵于众国之女，所以妇人美号皆称姬焉。"[2]"子"由商姓而衍生出"男子美称"一层意义，正与"姬"由周姓而衍生出"妇人美称"的变化规律同出一辙。

"子"之内涵的变化在春秋之末。春秋末出现了老子、孔子等大学者，特别是孔子广收门徒，被众多的人尊称曰"子"。孔子因曾为鲁国大夫，因此人也称"孔夫子"。皇侃《论语集解义疏》说："夫子即孔子也。《礼》，身经为大夫者，则得称为夫子。孔子为鲁大夫，故弟子呼之为夫子也。"后来"子"便衍生出了师长、先生的意义。战国诸多思想家皆被称为"子"，所谓"诸子"

---

① 苏舆：《春秋繁露义证》，中华书局1992年版，第213页。
② 《汉书》，中华书局1962年版，第105页。

也就是"诸位先生"的意思。

战国诸子各以其学说行于世，刘歆《七略》与班固《汉书·艺文志》为著录他们的著作，便特设了《诸子略》一目。由此"子"之内涵再一次发生变化，由对学者之称变而为对于学者著作之称。如刘勰说"诸子者，入道见志之书"，直以"诸子"指"书"。其后各家书目，皆以"子"为书之一类。而且其范围也越来越广。始以"明志见道"为限，佛、道二教之书不与其内，后则"自六经以外立说者，皆子书也"（四库馆臣语），包纳宗教于其内。以"子"称人者虽偶有所见，如程子、朱子之类，但学步之迹昭然，已不复战国诸子的生机了。

2. 诸子的产生及其思想之源

诸子滥觞于春秋之末，兴起于战国之初。关于其发生，各家有不同意见。《汉书·艺文志·诸子略》从政治的角度分析，认为诸子发生于天下分裂。其云：

> 诸子十家，其可观者九家而已。皆起于王道既微，诸侯力政，时君世主，好恶殊方，是以九家之术蜂出并作，各引一端，崇其所善，以此驰说，取合诸侯。[①]

这里所说的"十家"，即指战国时的各家思想流派，即儒家、道家、阴阳家、法家、名家、墨家、纵横家、杂家、农家、小说家。可观的"九家"，是指除小说家外的九家。这是刘向父子对先秦学术流派的归纳总结。刘氏认为，这些思想流派产生的原因，一是"诸侯力政"，"好恶殊方"，不同的崇尚追求，给各种学说的产生准备了条件。二是诸子"崇其所善"，"取合诸侯"，各家都想

---

① 以下凡出"两志一目"序者，皆标华文中宋。其中：《汉志》用中华书局 1962 年标点本《汉书》卷三十《艺文志》；《隋志》用中华书局 1973 年标点本《隋书》卷三十二《经籍志》；《四库全书总目》用中华书局 1965 年版。

投时君之所好，故而"蜂出并作"，以干诸侯。

《庄子》从学术的角度分析，认为诸子起于道术分裂。其《天下》篇云：

> 天下大乱，贤圣不明，道德不一。天下多得一察焉以自好。譬如耳目鼻口，皆有所明，不能相通。犹百家众技也，皆有所长，时有所用。虽然，不该不遍，一曲之士也。判天地之美，析万物之理，察古人之全，寡能备于天地之美，称神明之容。是故内圣外王之道，暗而不明，郁而不发，天下之人各为其所欲焉以自为方。悲夫，百家往而不反，必不合矣！后世之学者，不幸不见天地之纯，古人之大体。道术将为天下裂。①

这就是说，天下有道之时，"圣贤明而道德一，学者得见其全，不为奇方异术所蔽"②。当天下大乱之后，道术为天下裂，这便出现了"百家众技"，逞能于世。但只能是如耳目口鼻一样，皆有所明，而不能相通。难见天地之大美、古人之大体。

《荀子》从社会风习的角度分析，认为诸子起于邪说惑众，其《非十二子》云：

> 假今之世，饰邪说，文奸言，以枭乱天下，矞宇嵬琐（矞，诡谲。宇，夸大。嵬，怪诞。琐，猥琐），使天下混然不知是非治乱之所存者有人矣。③

这里所说的"今之世"，指战国混乱之世。其所说的"十二子"，指战国的十二位学者，即它嚣、魏牟、陈仲、史鱼酋、墨翟、宋钘、慎到、田骈、惠施、邓析、子思、孟轲。这包括了战国的儒、墨、法、道、名等主要流派。他认为这些人都是趁着乱世，粉饰其邪恶之说，美化其奸诈之论，而以惑乱天下视听的。

---

① 郭庆藩：《庄子集释》，中华书局 1961 年版，第 1069 页。
② 褚伯秀：《南华真经义海纂微》，文渊阁四库全书，第 1057 册，第 769 页。
③ 王先谦：《荀子集解》，中华书局 1988 年版，第 89—91 页。

《淮南子·要略》从社会学的角度分析，认为诸子起于救时弊之需：因修成、康之道，救礼乐之衰，而产生了"儒者之学"；因救"周道"厚葬靡财之弊，而产生了主张"节财、薄葬、闲服"的墨者之学；因齐桓公霸业之需，而产生了"《管子》之书"；因齐景公的"内好声色，外好狗马"，而产生了"晏子之谏"；因战国"力征争权"的外交之需，而产生了"纵横修短"之术；因韩国之政"新故相反，前后相缪，百官背乱"，故产生了"刑名之书"；因秦国"贪狼强力，寡义而趋利"之俗，而产生了"商鞅之法"。

各家虽执论不同，但皆有所得。总其所言，诸子之兴是社会问题的综合反应。周道衰落，政治分裂，战争频仍，意识形态处于混乱状态。如何才能消除战争，使社会恢复稳定，并走向永久和平，战国兴起的新型知识群体，面对当下难题思考，提出了各自的主张，并展开讨论。同时也有名利之徒如苏秦、张仪之流，借机以口辩而博取富贵者。即如蔡邕《释诲》所云：

> 天网纵，人纮弛，王涂坏，太极陁，君臣土崩，上下瓦解。于是智者骋诈，辩者驰说，武夫奋略，战士讲锐。电骇风驰，雾散云披，变诈乖诡，以合时宜。或画一策而绾万金，或谈崇朝而锡瑞珪。连衡者六印磊落，合从者骈组流离。①

各家驰说，所执殊方。关于其思想之源，有三种观点，两种由《汉志》提出，一种出自《隋书·经籍志》。《汉志》提出了"王官"说和"六经"说。关于王官一说，散见于《汉志》关于各家的分论中，如言儒家出于司徒之官，道家出于史官，名家出于礼官，墨家出于清庙之守等。清汪中《墨子后序》也说："昔在成周，礼器大备，凡古之道术，皆设官以掌之。官失其业，九流以兴，于是各执其一术以为学。"近代以来，此说遭到了质疑，如胡适就有《诸子不出于王官论》，章太炎先生则深信不疑，他说："是故九流皆出王官，及其发舒，王官所不能与官人守要，而九流究宣其义，是以滋长。"②

---

① 范晔：《后汉书·蔡邕列传》，中华书局1973年版，第1982页。
② 章太炎：《国故论衡·原学》，上海古籍出版社2003年版，第101—102页。

关于诸子之学出于"六经",《汉志》如此说:

> 其言虽殊,辟犹水火,相灭亦相生也。仁之与义,敬之与和,相反而皆相成也。《易》曰:"天下同归而殊途,一致而百虑。"今异家者各推所长,穷知究虑,以明其指。虽有蔽短,合其要归,亦六经之支与流裔。

这是说,诸子虽各不同,但都是"六经之支与流裔"。《庄子·天子篇》有相类的表述,其云:"《诗》以道志,《书》以道事,《礼》以道行,《乐》以道和,《易》以道阴阳,《春秋》以道名分。其数散于天下而设于中国者,百家之学时或称而道之。"

《隋志》则提出诸子出于圣人之教与政。其云:

> 《易》曰:"天下同归而殊途,一致而百虑。"儒、道、小说,圣人之教也,而有所偏。兵及医方,圣人之政也,所施各异。

这其实是把诸子分成了理论类与技术类两种。理论类出自"圣人之教",技术类出自"圣人之政"。

这三种说法,看似矛盾,从根本上讲则是一致的。所谓"圣人",就是三代的圣王,也即先秦人所谓的"先王"。而"六经"所传的正是先王之道。而传"六经"的人则是王官,即章学诚《校雠通义》所说的,太卜掌《易》,外史藏《书》,宗伯受《礼》,乐官典《乐》,太师藏《诗》,国史守《春秋》。三者本一,只是用了不同的表述而已。近世龚自珍《古史钩沉论二》又提出"五经者,周史之大宗也""诸子也者,周史之支孽小宗也"之说。此也只可视为"王官"之说的变种。

3. 诸子的性质及学派归纳

《汉志》对诸子"六经之支与流裔"的批评,既是对其根源的追溯,也是对其性质的认定。"六经"是关乎治道的经典，因此作为其"支与流裔"的诸子，其性质也是关乎治道的。故《汉志》接着说："使其人遭明王圣主，得其所折中，皆股肱之材已。"故司马谈《论六家要旨》云："《易大传》：'天下一致而百虑，同归而殊涂。'夫阴阳、儒、墨、名、法、道德，此务为治者也，直所从言之异路，有省不省耳。"①《淮南子·氾论训》也说："百家殊业，而皆务于治。""务为治""务于治"，这是从功能上言。关于诸子的性质，刘勰《文心雕龙·诸子》言之较详，其云：

> 诸子者，入道见志之书。太上立德，其次立言。百姓之群居，苦纷杂而莫显；君子之处世，疾名德之不章。唯英才特达，则炳曜垂文，腾其姓氏，悬诸日月焉。昔风后、力牧、伊尹，咸其流也。篇述者，盖上古遗语，而战代所记者也。至鬻熊知道，而文王咨询，余文遗事，录为《鬻子》。子目肇始，莫先于兹。及伯阳识礼，而仲尼访问，爰序《道德》，以冠百氏。然则鬻惟文友，李实孔师，圣贤并世，而经子异流矣。②

这里可注意者有三点：第一，诸子是"入道见志之书"；第二，诸子是"英才特达"的表现；第三，诸子是贤者之作，与"经"为圣者之创不同。这样既区分了"经"与"子"的不同，又划开了"圣"与"贤"的区别。其后四库馆臣直言："自《六经》以外立说者，皆子书也。"虽说在《六经》之外，其本质则与《六经》有精神血脉上的联系。"经"是中国文化的价值核心，诸子则是根植于此核心而产生出的思想与智慧。故章学诚《文史通义·诗教上》说："诸子之为书，其持之有故而言之成理者，必有得于道体之一端，而后乃能恣肆其说，以成一家之言也。所谓一端者，无非六艺之所该，故推之而皆得其所本。"③"经"是"道体"，"子"是"道体之一端"。这一理论是很值得我们重视的。这反映了在古人心目中，"经"是修己治世的大典，而"子"则是在这经典精神的滋润下制作出的治世方略与社会理想图景。

---

① 《史记》，中华书局 1963 年版，第 3288—3289 页。
② 王利器：《文心雕龙校证》，上海古籍出版社 1980 年版，第 119 页。
③ 章学诚：《文史通义》，《四部备要》第 51 册，中华书局 1989 年版，第 14 页。

　　方勇先生有《新子学构想》，认为商周以来的传统知识系统，可分为两大部分：一为王官之学，它是以周公为代表的西周文化精英，承上古知识系统并加以创造发明的礼乐祭祀文化，经后人加工整理所形成的谱系较为完备的"六经"系统；一为诸子之学，它是以老子、孔子等为代表的诸子百家汲取王官之学的思想精华，并结合新的时代因素独立创造出来的子学系统。"六经"系统包含了中华学术最古老、最核心的政治智慧。子学系统则代表了中华文化最具创造力的部分，是个体智慧创造性地吸收王官之学的思想精华后，对宇宙、社会、人生的深邃思考和睿智回答，是在哲学、美学、政治、经济、军事、教育、技术等诸多领域多维度、多层次的深入展开。它们共同构成中华文化的两翼，为东方文明的薪火相传奠定了深厚的思想基础。这个分析是很有道理的。

　　"诸子"既称"诸"，自非一人、一著，故又有"诸子百家"之说。但以今日儒家、墨家之"家"而计之，无论如何也谈不上"百家"。其实所谓"百家"，是指"人"言，而非"派"言。有一人就有一家，每一家学说都有不同。我们看先秦时人在谈战国学术时，皆举具体的人言其学说，而不以派言。《韩非子·显学》谓儒分为八，墨离为三，言："自孔子之死也，有子张之儒，有子思之儒，有颜氏之儒，有孟氏之儒，有漆雕氏之儒，有仲良氏之儒，有孙氏之儒，有乐正氏之儒。自墨子之死也，有相里氏之墨，有相夫氏之墨，有邓陵氏之墨。"[1] 所举皆为具体人名。如《庄子·天下》篇将墨子、禽滑釐为一组，宋钘、尹文为一组，彭蒙、田骈、慎到为一组，关尹、老聃为一组，桓团、公孙龙为一组，庄周、惠施则独立。《荀子·非十二子》则列举十二位学者而批判之，此十二人分为六组，它嚣、魏牟一组，陈仲、史鰌一组，墨翟、宋钘一组，慎到、田骈一组，惠施、邓析一组，子思、孟轲一组，仲尼、仲弓一组。《庄子》主言学者之长，《荀子》主非学者之短，但它们都没有划派命名。《尸子·广泽》说："墨子贵兼，孔子贵公，皇子贵衷，田子贵均，列子贵虚，料子贵别囿。"[2]《吕氏春秋·不二》说："老聃贵柔，孔子贵仁，墨翟贵廉，关尹贵清，列子贵虚，陈骈贵齐，阳生贵己，孙膑贵势，王廖贵先，儿良贵后。"[3]

①　王先慎：《韩非子集解》，中华书局 2003 年版，第 456—457 页。
②　李守奎：《尸子译注》，黑龙江人民出版社 2004 年版，第 42 页。
③　陈奇猷：《吕氏春秋新校释》，上海古籍出版社 2002 年版，第 1134 页。

所举皆是单个学者，而没有派系之分。

为了对先秦学术作更好的总结，汉儒开始划分派系。司马谈《论六家要旨》将诸子归纳为六家，而且给每家以命名，如：阴阳、儒、墨、名、法、道德。刘歆《七略》及班固《汉书·艺文志》，在此基础上梳理为十家，即：儒、道、阴阳、法、名、墨、纵横、杂、农、小说。

简言之，道、法、名、墨之名，是汉代人总结前代学术所加，在先秦时除儒墨外，名、法、道、阴阳诸家之名尚不清晰。而且汉儒在归纳中，尚不能统一，出现了学者派系归属上的矛盾。如《庄子》把彭蒙、田骈、慎到归为一派，而《汉志》则以慎到入法家，以田骈入道家。司马迁以韩非子"归本于黄老"，而《汉志》则将他归于法家。

4. 子部确立之意义及其分类

诸子之学因以"明道见志""务于治"为其特质，故子部之立，为史学家所重视。《汉志》云：

> 仲尼有言："礼失而求诸野。"方今去圣久远，道术缺废，无所更索，彼九家者，不犹愈于野乎？若能修六艺之术，而观此九家之言，舍短取长，则可以通万方之略矣。

因为刘向、刘歆父子及班固，皆以诸子为"六经之支与流裔"，其中保存着圣人的救世思想与精神，是诸子在经典精神滋养下，形成的各自独特的治世思想。故而认为诸子是一个很好的思想资源库。圣人的"道术缺废"，则可以从诸子中寻绎出蛛丝马迹，犹如"礼失而求诸野"。《隋志》则云：

> 世之治也，列在众职；下至衰乱，官失其守。或以其业游说诸侯，各崇所习，分镳并骛。若使总而不遗，折之中道，亦可以兴化致治者矣。

"兴教化""致治"，其前提是"折之中道"，即《汉志》所说的"舍短取长"。《四库总目》则言之更为周全：

> 夫学者研理于经，可以正天下之是非；征事于史，可以明古今之成败。余皆杂学也。然儒家本六艺之支流，虽其间依草附木，不能免门户之私，而数大儒明道立言，炳然具在，要可与经史旁参。其余虽真伪相杂，醇疵互见，然凡能自名一家者，必有一节之足以自立。即其不合于圣人者，存之亦可为鉴戒，虽有丝麻，无弃菅蒯（可编绳索的茅草之类），狂夫之言，圣人择焉，在博收而慎取之尔。

显然这个思考比之《汉志》《隋志》，要成熟得多。在与经史的比较中，来彰显子学存在的意义，更能说明问题。这里特别提出"凡能自名一家者，必有一节之足以自立"，这就充分肯定了子部确立的意义。尽管其"真伪相杂，醇疵互见"，但可以"鉴戒"，可以"择焉"，可以"慎取"。

子部确立后，因为各家认识不同，图书存佚变化，故在分类上存在分歧。四库馆臣言其分合存佚状态云：

> 其初亦相淆，自《七略》区而列之，名品乃定。其初亦相轧，自董仲舒别而白之，醇驳乃分。其中或佚不传，或传而后莫为继，或古无其目而今增，古各为类而今合，大都篇帙繁富。

《汉志》立《诸子略》，根据当时图书保存情况，分诸子为儒、道、阴阳、法、名、墨、纵横、杂、农、小说等十家。另有《兵书略》，著录《吴孙子兵法》《齐孙子》《楚兵法》等兵家书；《数术略》，著录有天文、历谱、五行、蓍龟占卜、杂占、形法等著作。《方技略》，著录医经、经方、房中术、神仙方术等著作。《隋志》在此基础做了重新调整，云：

> 《汉书》有《诸子》《兵书》《数术》《方伎》之略，今合而叙之，为十四种，谓之子部。

这十四种的排序是：（1）儒，（2）道，（3）法，（4）名，（5）墨，（6）纵横，（7）杂，（8）农，（9）小说，（10）兵，（11）天文，（12）历数，（13）五行，（14）医方。这里删去了阴阳家类，因为当时已无存书。依《汉志》次第，将兵、天文、历数、五行、医方等五家归于子部。对于当时盛兴一时的佛、道两家的宗教著作，则放在《经籍志》的最后，而没有录入子部。原因是：

> 道、佛者，方外之教，圣人之远致也。俗士为之，不通其指，多离以迂怪，假托变幻乱于世，斯所以为弊也。故中庸之教，是所罕言。然亦不可诬也。故录其大纲，附于四部之末。

《新唐书·艺文志》将子部调整为十七类：儒家类一，道家类二，法家类三，名家类四，墨家类五，纵横家类六，杂家类七，农家类八，小说类九，天文类十，历算类十一，兵书类十二，五行类十三，杂艺术类十四，类书类十五，明堂经脉类十六，医术类十七。前九家依《隋志》，移兵书于十二，新增杂艺术、类书类二类，易医方为经脉、医术二类。道教、佛教的图书，仍未录入子部。《宋史·艺文志》全袭《唐书》分类。晁公武的《郡斋读书志》调整子部为十八类，前九家不变，后九家是："十曰天文，十一曰星历，十二曰五行，十三曰兵家，十四曰类书，十五曰艺术，十六曰医书，十七曰神仙，十八曰释书。"[①] 道、佛二教之书始著录于子部。陈振孙《直斋书录解题》于前九家不变，其下则列神仙类、释氏类、兵书类、历象类、阴阳家类、卜筮类、形法类、医书类、音乐类、杂艺类、类书类十一目。分合变化不定。《四库全书总目》则在前人的基础上做了重新分类。其云：

> 可以自为部分者，儒家以外有兵家，有法家，有农家，有医家，有天文算法，有术数，有艺术，有谱录，有杂家，有类书，有小说家；其别教则有释家，有道家。叙而次之，凡十四类。

---

① 孙猛：《郡斋读书志校证》，上海古籍出版社 1990 年版，第 409 页。

这十四类是根据图书内容和数量来分的。有些学术流派，虽然在先秦时很有影响，如墨家、纵横家、阴阳家、名家等，但因其后也无继之者，图书存量很少，故便归入杂家。当然有些是否应归于子部，似仍可商。如张之洞《书目答问》所说："周秦诸子，皆自成一家学术，后世群书，其不能归入经史者，强附子部，名似而实非也。"① 但四库馆臣对此是有系统考虑的，因此对其排序，也有一套理论。馆臣将十四家分成了四组，第一组是关乎治道者，有儒、兵、法、农、医、天文算法等六家：

> 儒家尚矣。有文事者有武备，故次之以兵家。兵，刑类也，唐虞无皋陶，则寇贼奸宄无所禁，必不能风动时雍，故次以法家。民，国之本也；谷，民之天也，故次以农家。本草经方，技术之事也，而生死系焉，神农黄帝以圣人为天子，尚亲治之，故次以医家。重民事者先授时，授时本测候，测候本积数，故次以天文算法。以上六家皆治世者所有事也。

第二组是小道可观者，有术数、艺术二家：

> 百家方技或有益或无益，而其说久行，理难竟废，故次以术数。游艺亦学问之余事，一技入神，器或寓道，故次以艺术。以上二家，皆小道之可观者也。

第三组是旁资参考者，有谱录、杂家、类书、小说家四家：

> 《诗》取多识，《易》称制器，博闻有取，利用攸资，故次以谱录。群言歧出，不名一类，总为荟萃，皆可采撷菁英，故次以杂家。隶事分类，亦杂言也，旧附于子部，今从其例，故次以类书。稗官所述，其事末矣，用广见闻，愈于博弈，故次以小说家。以上四家，皆旁资参考者也。

---

① 范希曾：《书目答问补正》，上海古籍出版社 2001 年版，第 139 页。

第四组是不合圣人之教的外学，即释、道二家：

> 二氏外学也，故次以释家、道家终焉。

这种排次，体现着馆臣对于子学的整体思考和系统认识。这种表述方式，显然是受了《周易·序卦》的影响。以下依《四库总目》之次，据三目类序，分述各家学术源流。

一、儒学略说

在诸子中，影响最大的是儒家。历代图书目录著作，都把儒家放到了子部的首位。"儒"的名字，在百家也出现的最早。人或以为儒家是孔子创立的，孔前无儒。但20世纪的研究否定了这种认识。根据徐中舒先生的研究，商朝就出现了儒。甲骨文中有"儒"字，"其中有作为普通儒家之儒，有作为人名的子儒，说明儒这种职业在殷商时期就出现了"[①]。他们的职业是为人相礼、祭祖、事神、办理丧事等。章太炎先生有《原儒》一文，言"儒有三科"，一是"达名为儒，儒者，术士也"。这就是《说文》所说"儒，柔也，术士之称"，也即俞樾所说的"凡有一术可称，皆名之曰儒"[②]。二是"类名为儒，儒者知礼乐射御书数"，即郑玄所说的"乡里教以道艺者"[③]。三是"私名为儒"，这就是《汉志》所说的"儒家者流"。这"达名""类名"自然与孔之后的"儒"有别，而是早先就有的。

"儒"其先只作"需"，"人"是后加的。甲骨文中"需"作"𠧡"，徐中舒认为，中间的"大"像人形，旁边的几点像水形，合起来是像人沐浴濡身之形。儒者在进行事神、祭祀等活动时都有斋戒沐浴，以致诚敬，因此就用人沐浴濡身的形象代表"儒"。但根据周金文作"𩂣"、今"需"从"雨"的情况分析，甲骨文"大"字边的小点更有可能代表的是雨点，演为金文从雨、从大之形，当是表示以舞祈雨。太炎先生说："儒之名盖出于需。需者，云上于天，而儒亦知天文、识旱潦。……古之儒知天文占候，谓其多技，故号遍施于九

---

① 徐中舒：《论甲骨文中所见的儒》，《徐中舒历史论文选辑》，中华书局1998年版，第1232页。

② 《群经平议》卷十二，同治六年刊本。

③ 郑玄、贾公彦：《周礼注疏》，北京大学出版社1999年版，第262页。

能，诸有术者悉亥之矣。"① 钱穆先生则说："《说文》：'儒，柔也，术士之称。'柔乃儒之通训。术士乃儒之别解。后人不辨《说文》句读，以术士与柔两语并说。不知柔非美德，老子正言若反，故乃舍高趋下，弃刚从柔。儒家固不以柔为道。儒只是术士，不论刚柔也。术士者，犹通习六艺之士耳。……古人以礼乐射御书数为六艺，通习六艺，即得进身于贵族，为之家宰小相，称陪臣焉。孔子然，其弟子亦无不然。儒者乃当时社会生活一流品，正犹墨为刑徒苦役，亦当时社会生活一流品也。"② 这一理论，便把商周之儒与孔子之儒衔接了起来。《汉志》所说的"儒者之流"，便是从"术士"中走出来的。

儒家是一个具有贵族精神的学派，有责任，有担当，有正气，有修养，代表着中国文化的正脉。

1. 儒家的起源及其学说

《汉书·艺文志·诸子略》云：

儒家者流，盖出于司徒之官。助人君，顺阴阳，明教化者也。

《诸子略》共述十家学术，皆称作"流"。为什么称"家"为"流"呢？章太炎先生的解释是："古来学问都在官，民间除了六艺，就没有别的学问。到周朝衰了，在官的学问，渐渐散入民间，或者把学问传子孙，或者聚徒讲授，所以叫作家。九流就是九派的意思。'流'字古书上不见，'家'字在《孟子》里头已经说：'法家拂士。'《荀子》里头也说：'小家纷说。'《庄子》里头也说：'大方之家。'大概六国时候唤作家，汉朝时候唤作流。"③ 我们认为"家"是一个静的概念，"流"是动的概念，有个历史流程在里头。《汉志》对各家的说明不只是静态地说明其观点，而且还要说明它在历史中的变化。所以这里用了

---

① 章太炎：《国故论衡·原儒》，上海古籍出版社 2003 年版，第 104 页。
② 顾颉刚：《古史辨》第四册，上海古籍出版社 1982 年版，《钱序》，第 1 页。
③ 章太炎：《章太炎学术史论集·论诸子的大概》，中国社会科学出版社 1997 年版，第 178 页。

"流"字。

这开首两句话交代儒家的起源，第一言其思想来源，第二句言原始职业。"司徒"之官，起源非常早，在今文《尚书》的第一篇《尧典》中就出现了，它的职责主要是宣传"五教"，"五教"就是"五常之教"，指父义、母慈、兄友、弟恭、子孝五种伦理道德的教育。《周礼·地官》说："乃立地官司徒，使帅其属而掌邦教，以佐王安抚邦国。"① 这是说司徒是掌邦国教育的。《礼记·王制》说："司徒修六礼以节民性，明七教以兴民德，齐八政以防淫，一道德以同俗，养耆老以致孝，恤孤独以逮不足，上贤以崇德，简不肖以绌恶。"② 由此看来，司徒负责修礼明教、上贤黜恶之事。儒家主张教化人民，这与司徒之职是一脉相承的。据《周礼·大司徒》说："五物（五种地形上的物产）者民之常，而施十有二教焉：一曰以祀礼教敬，则民不苟；二曰以阳礼教让，则民不争；三曰以阴礼教亲，则民不怨；四曰以乐礼教和，则民不乖；五曰以仪辨等，则民不越；六曰以俗教安，则民不偷；七曰以刑教中，则民不虣（暴）；八曰以誓教恤，则民不怠；九曰以度教节，则民知足；十曰以世事教能，则民不失职；十有一曰以贤制爵，则民慎德；十有二曰以庸制禄，则民兴功。"又言："以五礼防万民之伪，而教之中；以六乐防万民之情，而教之和。"③ 又言教万民的内容有"六德""六行""六艺"。"六德"是知（智）、仁、圣、义、忠、和；"六行"是孝、友、睦、姻、任、恤（孝，善于父母；友，善于兄弟；睦，亲于九族；姻，亲于外亲；任，信于友道；恤，振忧贫者）；"六艺"是礼、乐、射、御、书、数。这些包括德、智、体在内的教育内容与思想，成为孔子所立儒家学说的主要思想来源。

关于儒家的原始职业是"顺阴阳，明教化"。这六字最值得注意。所谓"顺阴阳"，就是调和阴阳，使风雨以时。前面我们已经谈到儒者的原始职业是以舞求雨。《论语·先进》篇"侍坐"章记录了孔子与弟子"各言其志"的著名对话。孔子本来想从弟子"各言其志"中，看到"治平"希望，以宽慰自己。而曾点却说"莫春者，春服既成，冠者五六人，童子六七人，浴乎沂，风

---

① 郑玄、贾公彦：《周礼注疏》，北京大学出版社 1999 年版，第 223 页。
② 孔颖达：《礼记正义》，北京大学出版社 1999 年版，第 403 页。
③ 郑玄、贾公彦：《周礼注疏》，北京大学出版社 1999 年版，第 290、317 页。

乎舞雩，咏而归"，把暮春时节，携十来个青少年朋友在沂河边上洗浴，在祭天祷雨的舞雩台放歌，当作自己的理想。可是出乎意料的是，孔子竟然长叹说："吾与点也！"这是为什么呢？王充《论衡·明雩》篇解释说："鲁设雩祭于沂水之上。暮者，晚也，春谓四月也。'春服既成'，谓四月之服成也。冠者、童子，雩祭乐人也。'浴乎沂'，涉沂水也，象龙之从水中出也。'风乎舞雩'，风，歌也。'咏而馈'，咏歌馈祭也。"曾皙分明是要重操儒者的旧业，从事祭天祈雨的能事的。而孔子的赞许便在这种工作的"顺阴阳"意义上。即王充所说："孔子曰：'吾与点也。'善点之言，欲以雩祭调和阴阳，故与之也。"①

"顺阴阳"这一原始职业，在儒者的服饰中也有体现。有一种水鸟叫鹬，天将雨则鸣。古人认为这种鸟知天时，所以以此鸟羽饰冠以象征知天文。古儒者所戴的冠即是鹬冠，也叫术氏冠。《庄子·田子方》说儒者之服是冠圜冠，履句屦，"冠圜冠者知天时，履句屦者知地形"。圜冠即鹬冠，因鹬冠前面是圜的。《法言·君子》篇言："通天地人曰儒。"上知天文，下知地理，沟通天人，是儒者之所长，也正是顺阴阳必备的技能。西汉名相丙吉有一个著名的"问牛"故事。路上有因斗殴而死的人，他好像没有看见。可是看见被追赶的牛喘气吐舌，他却很关心地问："逐牛行几里矣？"人们都感到奇怪，他的回答是：宰相不亲小事，打斗相伤，自有有司去管。"方春少阳用事，未可大热，恐牛近行，用暑故喘，此时气失节，恐有所伤害也。"②具体案件的审理是小事，而阴阳失调则是关乎天下万民的大事。天平地安，阴阳和调，万物乃昌。这是超越于政治之上的一种境界，也是原始儒家一种博大精神的体现。

但"顺阴阳"的职责，在先秦儒家那里已经被鼓吹仁义礼智、伦理道德的声音所掩盖。到汉代神秘主义思潮泛起之时，才再度从董仲舒的天人感应学说中呈现出来。董仲舒好讲阴阳，说者多以为董仲舒虽为儒家，思想中却掺入了阴阳家的东西。殊不知讲阴阳正是儒者的传统。《史记·儒林列传》称董仲舒："以《春秋》灾异之变，推阴阳所以错行，故求雨闭诸阳，纵诸阴，其止雨反是。行之一国，未尝不得所欲。"而王充《论衡·明雩》则说："推《春秋》之

---

① 黄晖：《论衡校释·明雩第四十五》，中华书局 1990 年版，第 674 页。
② 《汉书·魏相丙吉传》，中华书局 1962 年版，第 3147 页。

义，求雩祭之说，实孔子之心，考仲舒之意，孔子既殁，仲舒已死，世之论者，孰当复问？唯若孔子之徒，仲舒之党，为能说之。"反映了汉代学者对这一传统的认识。

"顺阴阳"是调和天人的关系，而"明教化"则是人间的事物。"明"是倡明，"教化"是"政教风化"。儒家与教育有不可分的关系，《周礼·大宰》又言："儒以道得民。"郑注："儒，诸侯保氏，有六艺以教民者。"《周礼》《礼记》言司徒之职，即以修礼明教为务。他们有"化民成俗"的社会理想，非教化不能实现。

《汉志》又云：

> **游文于六经之中，留意于仁义之际。**

"六经"与"六艺"，汉儒往往混用，如《汉志》有《六艺略》，这"六艺"就指的是"六经"。但"经"与"艺"并不完全等同。如陆贾《新语·道基》篇说："定五经，明六艺。"这里的"经"和"艺"显然是有区别的。《说文》说："埶，种也。从坴、丮，持亟种之。《诗》曰：'我埶黍稷。'"种植黍稷叫"艺"，培植知识才能也叫"艺"。"六艺"相当于六种学术科目，而"六经"则是指六种文献。"游文于六经之中"，是指学习文献知识，从中体会圣人的思想与精神。

"留意于仁义之际"，则是对圣人精神的把握。儒家学说的创始者孔子，其思想的核心就是一个"仁"字。孔子没有对"仁"下定义，但却讲清了什么是仁、什么不是仁。在弟子"问仁"时，他根据不同情况作了不同的回答，如"爱人""克己复礼""其言也讱""先难而后获""居处恭，执事敬，与人忠""己所不欲，勿施于人""恭、宽、信、敏、惠"等。"爱人"是要给人以温爱。"克己复礼"是要克制自己的私欲，遵守规则，不使自己的行为影响到别人的利益。"讱"是话难出口，是怕言语伤害了别人。"先难而后获"是要吃苦在前，享受在后，让利于人。"居处恭，执事敬，与人忠"，是要为人能谦恭，做事能敬业，接人能忠实。"己所不欲，勿施于人"，是要从自己的体验中领悟到别人的感受。"恭、宽、信、敏、惠"，是要恭以敬人，宽以容人，信以示人，敏以为人，惠以德人。总之一句话：心中要有人。"心中有人"，才能从自己的欲求中体会到别人的感受，从而施温爱于人间。

孔子这种"仁"的思想，来源于他对历代圣王行事的领悟，是从"六经"中得到的。《大戴记·五帝德》记载：宰我"请问帝尧"。孔子回答说："其仁如天，其知如神。就之如日，望之如云。"《论语》中记孔子曾说："唯天为大，唯尧则之。"其"大"也正在于其仁爱之心的广惠。孔子解释圣王的"王"字说："一贯三为王。"这"三"代表的是天、地、人，王者不只是人间之王，同时是天地万物之王。只有像尧那样的"其仁如天"，才能使天地万物都得到他的温暖。孔子的"仁"学思想，得到了后学的继承和发扬。如孟子说"仁者无敌"，所谓"无敌"，就是没有对立面。又说："仁，人心也。"这是把"仁"认作是一种心灵状态，这种心灵状态乃是由发自生命意识深处的慈爱而呈现的。韩愈说："博爱之谓仁。"（《原道》）程颢说："医书言手足痿痹为不仁，此言最善名状。仁者，以天地万物为一体，莫非己也。认得为己，何所不至？若不有诸己，自不与己相干，如手足不仁，气已不贯，皆不属己。"[1] 这样，"仁"在后学的阐发中，内涵便大大丰富起来，由此而建构起了与西方"科学知识体系"（即分科的知识体系）完全不同的"仁学知识体系"，即"天人一体，物我一源"[2] 的知识体系，如戴侗《六书故》释"仁"字云：

> 夫心，生物也；仁，生德也。于四时为春，于四德为元。天地之大德也，而人得之以生。故人者，天地之心也；天地万物，人之体也。亲疏远迩，虽有衰序疾痛苛痒，无不周通也。亲亲而仁民，仁民而爱物。始于家邦，终于四海者，仁之充也。己欲立而立人，己欲达而达人，能近取譬者，仁之方也。故曰：仁者，人也。亲亲为大。[3]

在"仁学知识体系"中，世界充满着温爱，充满着生机，因为"仁"中蕴含着天地万物的生机。即如宋杨伯嵒《臆乘》所说："俗称果核中子曰仁……盖

---

①　程颢、程颐：《二程遗书》卷二，上海古籍出版社 2000 年版，第 65 页。

②　真德秀：《蒙斋铭》，《西山先生真文忠公文集》卷三十三，第 6 册，商务印书馆 1937 年版，第 598 页。

③　戴侗：《六书故》，《影印文渊阁四库全书》，第 226 册，第 126 页。

仁者生意之所寓，谓百果得此为发生之基。"《周易》中大讲一个"生"字，如《易传》说："天地之大德曰生"，"生生之为易"。又说："乾……是以大生焉"；"坤……是以广生焉"，这诸多的"生"，所展示的便是天地的"仁"心。故《系辞》言易之道说："仁者见之谓之仁，知（智）者见之谓之知（智）。"这里的"仁"与"智"有绝大学问在："生生"为天地之道，这个道从其养育万物之德而言是谓"仁"，从其所达成"万物并育而不相害，道并行而不相悖"[1]的和谐方式而言则是"智"。也正是在以"仁"为核心的生命智慧中，人与天地万物的生命绾结在了一起，形成了一损俱损、一荣俱荣的命运共同体。众生之间彼此相连，痛痒相关，以相互宽容、理解、尊重、体谅、礼让、关爱的方式，营造和谐的自然生态与人文生态，从而使天地间充满祥和之气。

先秦儒家的三大代表，孔子主讲"仁"，孟子主讲"义"，荀子主讲"礼"。孔子强调"仁"，所以讲"杀身成仁"[2]；孟子强调"义"，所以讲"舍生取义"[3]。孔子也讲"义"，如云："见义不为，无勇也。""君子喻于义，小人喻于利。"但在春秋时代，重要的是"复礼"，故说："克己复礼为仁。"以礼从属于仁。到战国，"礼"已过时，讲也没有人听，所以孟子特意标举"义"，创造了"仁义"的概念。所谓"义"，就是道义、正义，所以《释名》说："义者，宜也，制裁事物使合宜也。"在孟子看来："仁，人心也；义，人路也。"[4]"仁"是人的一种心灵状态，"义"是人的行为原则，是靠人的内心修养而完成的。孟子的"仁义"，是针对战国诸侯争利而战、民众趋利而争之弊而提出的救世方略。《孟子·梁惠王》说："孟子见梁惠王。王曰：'叟不远千里而来，亦将有以利吾国乎？'孟子对曰：'王何必曰利！亦有仁义而已矣。'"[5]司马迁于《孟子荀卿列传》中说："余读《孟子》书，至梁惠王问'何以利吾国'，未尝不废书而叹也。曰：嗟乎！利诚乱之始也。夫子罕言利者，常防其原也。故曰：'放于利而行，多怨。'自天子至于庶人，好利之弊何以异哉！"[6]"上下交

---

① 孔颖达：《礼记注疏》，北京大学出版社 1999 年版，第 1460 页。
② 邢昺：《论语注疏》，北京大学出版社 1999 年版，第 210 页。
③ 焦循：《孟子正义》，中华书局 1987 年版，第 783 页。
④ 焦循：《孟子正义》，中华书局 1987 年版，第 786 页。
⑤ 焦循：《孟子正义》，中华书局 1987 年版，第 35 页。
⑥ 《史记》，中华书局 1963 年版，第 2343 页。

征利而国危矣"。只有以"仁义"治天下，天下才能安宁。但在以利益为原则的社会风气中，一个人如何坚守道义，这是一个难题。孟子则提出了"达则兼济天下，穷则独善其身"的处世原则。在两种不同的境遇中，都要坚守"义"，"兼济天下"是"义"，这"义"为天下苍生而付出；"独善其身"也是"义"，这"义"是要保持自己不做过格的事。略晚于孟子的荀子，因为考虑思想的政治实践意义，故从制度建构的层面上，将孔子反复倡导的"礼"再次拈出，置于"仁义"之上。如其云："将原先王，本仁义，则礼正其经纬蹊径也。"①"亲亲、故故（故旧）、庸庸（功）、劳劳（劳苦），仁之杀（差等）也；贵贵、尊尊、贤贤、老老、长长，义之伦也；行之得其节，礼之序也。""君子处仁以义，然后仁也；行义以礼，然后义也；制礼反本成末，然后礼也。三者皆通，然后道也。"②"仁义"是一种道德，而"礼"则是社会规则。"仁义""礼义"都是儒家学说的关键词。

《汉志》又云：

祖述尧、舜，宪章文、武，宗师仲尼，以重其言，于道最为高。

这是就儒家的政治学说而言的，源自《中庸》"仲尼祖述尧舜，宪章文武，上律天时，下袭水土"。这是说儒家是以尧舜为始祖，以周之文、武为榜样，以孔子为宗师而建立他们的学说的。"以重其言"，是指以尧舜文武孔子加重其学说的分量。韩愈讲道统，而以尧、舜、禹、汤、文、武、周、孔为统绪。

自尧舜始，中经文武，总于孔子，这是一个自强不息的历史文脉。尧舜、文武、孔子，这是早期中华文明史上的三座高峰。尧舜缔造了华夏文明，文武开创了"郁郁乎文哉"的周文明，孔子创立了以仁为核心的儒家学说，为中华文明史树起了一座丰碑。

司马迁说："学者多称五帝，尚矣。然《尚书》独载尧以来。"③为什么孔子《尚书》要"独载尧以来"，而不言五帝？这中间自然也有文献不足的因素，

①　王先谦：《荀子集解》，中华书局 1988 年版，第 16 页。
②　王先谦：《荀子集解》，中华书局 1988 年版，第 491、492 页。
③　《史记·五帝本纪》，中华书局 1963 年版，第 46 页。

但恐怕更重要的一点是：尧舜时代是物质文明与精神文明协调发展的时代，也是华夏文明诞生之日。现在的研究者多以为尧舜时代为原始社会，故其生产力特别落后，甚至以衣兽皮、树叶视之。但是河北磁山文化的发现，打破了这一观念。磁山文化距今约 7300 年，在遗址中竟然发现十几万斤腐烂的谷子！生产十几万斤谷子需要多大的生产力量？这说明早在尧舜之前的三千年，先民的生产力水平已达到一个相当的高度。三千年，犹如商之与现代的时间跨度，生产力发展即使再缓慢，尧舜时代也应该远远超过磁山文化时期了。《尧典》言尧死后，百姓痛苦万分，"如丧考妣"；孔子称赞尧"其仁如天"，反映了圣王在民众中的地位。传说这时没有残酷的肉刑，人要犯了罪，就用与众不同的服饰让犯人穿上，以示羞辱，这就叫"象刑"①，反映了当时民风诚朴，社会安和。舜所创造的音乐《韶》，孔子听后，竟然三月不知肉味，其美妙自不待言，反映了当时的艺术创造水平。三苗不服，舜不是出征，而修政偃兵，执干戚而舞，有苗便归服了②，反映了当时以德来民的政治方略。这呈现出的正是那个时代的精神文明状态。《尚书》始之《尧典》，儒者"祖述尧舜"，都说明了这是一个理想的黄金时代。

今人常把中国古文明称作华夏文明。其实华夏文明始于尧舜禹时，尧舜之前不能称"华夏"。就像"汉族"是汉代形成的，而不能称春秋战国的文化为"汉文化"一样。华夏族是汉族的前身，而炎黄又是"华夏族"的前身，勉强可称作"前华夏文明"。"华""夏"二字古同音（皆在匣母鱼部），"华"就是"夏"，"夏"就是"华"，急言之则为"华"为"夏"，如"裔不谋夏，夷不乱华"，缓言之则是"华夏"③。因此"夏"与"华"同，也有华彩之意（见《周

---

① 孔颖达：《尚书注疏》，北京大学出版社 1999 年版，第 126 页。

② 徐宗元：《帝王世纪辑存》，中华书局 1964 年版，第 39 页。

③ 上古人类尚处于童年时期，其发音比今人为缓，就像儿童说话一样，如小孩叫爸为"爸爸"、妈为"妈妈"、豆为"豆豆"、狗为"狗狗"之类，皆音缓而然。但重音则会发生音变，故"华""夏"音稍有异。此种情况在上古部落名称中非常普遍，如陶唐氏、伊耆氏、栗陆氏、容成氏、大庭氏、赫胥氏、祝融氏、骊蓄氏（《六韬》作"骊连氏"）、泠沦氏、台骀、陆终、侨极、凤沙等，皆当是因音变而形成的或双声、或叠韵字。早期文献因书写工具不便，故多为单字表述。陈梦家《殷虚卜辞综述》中，共列商代国名近五十个，全部都是单字，没有一个是用双音词表示的。这绝对不是因为当时国名清一色的全部是单音。像文献中"陶唐"，或作书"陶"，或用"唐"，"伊耆"，或作"伊"，或作"耆"，皆属此类。后人不明，故说："其初国伊，继国耆，故氏伊耆。"（罗泌：《路史·禅通纪》）"陶、唐皆国名，犹殷、商然。"（《路史·疏仡纪》"陶唐氏"下注引韦昭说）。

礼·天官·染人》注）。而"夏"名之出现，正在尧舜之时，如今文《尧典》言"蛮夷猾夏"，今本《尚书》在《舜典》中。孔传云："夏，华夏。"又今本《尚书》中分《虞书》《夏书》，《尧典》载于《虞书》中。而据马融、郑玄、王肃等言，皆作《虞夏书》。虞、夏叠韵，犹如华、夏之叠音。在《左传》中有《夏书》而无《虞书》，而所引文每在今《虞书》中。这说明虞、夏音义本有联系，为一音之分化，为区别而分书作虞、夏。故有虞氏舜，又名重华。孔传说："华谓文德，言其光文重合于尧。"[1]

《说文》说："夏，中国之人也。"夏何以能成中国之人？这是一个谜。考"夏"字。金文作，小篆作，字从夊，从页，从臼。这应该是表示舞蹈的，"页"代表头，表示舞时头在动；"臼"代表双手，表示舞时两手在舞动；"夊"是倒趾形，表示脚在跳动。其本义当是舞蹈。《周礼》中记有大夏舞。乐舞是文明的一种表现，在文明的发轫期地位至高。在中国史书的第一"教育部长"就是舜时的音乐大师夔，主要教育内容就是舞蹈。五帝时大学叫"成均"（董仲舒说），郑司农解释说："均，调也，乐师主调其音，大司乐主受此成事已调之乐。"[2] 清儒俞正燮说："虞命教胄子，止属典乐；周成均之教，大司成、小司成、乐胥皆主之。《周官》大司乐、乐师、大胥、小胥皆主学。"其结论是："通检三代以上书，乐之外无所谓学。"[3] 三代以上将乐作教育的主要内容，也正说明了乐舞在文明史上的位置。从五帝的成均之教，到舜的"典乐教胄子"，这一教育内容经过长期积累，成为一个群体的文明传承，因而出现了以"夏"字来指称"中国之人"的情形，随后又出现了以"夏"来命名的王朝。于是也标志着一种新的文明形态的确立。

正是因为尧舜为中国文明史上的一个和谐发展的时代，华夏文明也由尧舜而确立，所以孔子要"祖述尧舜"，删定《尚书》以《尧典》开篇，而不述尧以上。同时作为华夏文明的开创者尧、舜、禹，其在民间传说之盛也远过于炎黄及文武，至今盛行而不衰。这可以说是华夏文明的传人对于这种文明创始者的一种纪念方式。儒家则是尧舜以来华夏文明思想的继承者，也代表了中国文

---

① 孔颖达：《尚书注疏》，北京大学出版社1999年版，第51页。
② 郑玄、贾公彦：《周礼注疏》，北京大学出版社1999年版，第573页。
③ 俞正燮：《癸巳存稿》卷二《君子小人学道是弦歌义》，辽宁教育出版社2003年版，第65页。

化的主流精神。

文王、武王，是周王朝的奠基者。特别是文王，他以文明的方式治理国家，在历史上享有绝高的声誉。《尚书·无逸》称：文王亲自参加生产劳动，特别关心百姓，爱护人民。对弱势群体关怀有加。为了工作，耽误了吃饭，早饭能吃到中午。《史记·周本纪》称文王："笃仁，敬老，慈少。礼下贤者，日中不暇食以待士，士以此多归之。""虞、芮之人有狱不能决，乃如周。入界，耕者皆让畔，民俗皆让长。虞、芮之人未见西伯（文王），皆惭，相谓曰：'吾所争，周人所耻，何往为，只取辱耳。'遂还，俱让而去。"这无疑是一个文明型国家的典范。因此孟子把修复文王之政，作为一种政治追求，如言"文王与民同乐""文王与民同囿""文王一怒而安天下之民""文王发政施仁"[1]"师文王，大国五年，小国七年，必为政于天下矣""诸侯有行文王之政者，七年之内，必为政于天下矣"[2]"文王之民无冻馁之老者"[3]等，显然是要以文王为榜样，建立一种政治模式。荀子每言"先王之道"，言"法后王"，其所指皆在三代圣王及文武。此即所谓"宪章文武"者。文王所创建的文明型国家形象，为周公制礼作乐，建立礼乐文明制度打下了很好的基础，由此而形成了"郁郁乎文哉"的周代礼乐文明。

孔子是中国文明的巨人，他在总结千年华夏文明成果的基础上，所建立的儒家学说和经典文化系统，成为中华民族生存与发展的命脉与根基。他说"周监于二代，郁郁乎文哉！吾从周"[4]，又说"行夏之时，乘殷之辂，服周之冕，乐则韶舞"[5]，正反映了他全面继承华夏优秀文明的选择。而言"文王既没，文不在兹乎"[6]，也表示着其对承传文王文化事业的使命感。《淮南子·要略》论儒家的产生云："周公继文王之业，持天子之政，以股肱周室，辅翼成王。惧争道之不塞，臣下之危上也，故纵马华山，放牛桃林，败鼓折枹，搢笏而朝，以宁静王室，镇抚诸侯。成王既壮，能从政事，周公受封于鲁，以此移风易俗。

① 焦循：《孟子正义》，中华书局 1987 年版，第 92 页。
② 焦循：《孟子正义》，中华书局 1987 年版，第 496、574 页。
③ 焦循：《孟子正义》，中华书局 1987 年版，第 911 页。
④ 刑昺：《论语注疏》，北京大学出版社 1999 年版，第 36 页。
⑤ 刑昺：《论语注疏》，北京大学出版社 1999 年版，第 210—211 页。
⑥ 刑昺：《论语注疏》，北京大学出版社 1999 年版，第 113 页。

孔子修成、康之道，述周公之训，以教七十子，使服其衣冠，修其篇籍，故儒者之学生焉。"① 这所反映的正是儒家的政治理想。

孔子的圣王理想使其学说与先王之道绾结在一起，故段玉裁说："儒之犹言优也，柔也，能安人，能服人。又儒者，濡也，以先王之道能濡其身。"② 因为儒家是华夏文明正脉的继承者，其所倡导的尧、舜、禹、汤、文、武、周公之道，代表了以道义为核心的价值体系与圣王道统，故《汉志》称其"于道最为高"。

《汉志》又云：

> 孔子曰："如有所誉，其有所试。"唐、虞之隆，殷、周之盛，仲尼之业，已试之效者也。

所引孔子语，见于《论语·卫灵公》，讲的是不虚美，如要称誉，必经验证。以此而移于对儒家学说的评价。唐尧、虞舜之仁、孝，而盛于三代之上；汤、武以百里之地，而卒有天下；孔子以布衣，而其百代不衰，即司马迁所言："天下君王至于贤人众矣，当时则荣，没则已焉。孔子布衣，传十余世，学者宗之。自天子王侯，中国言六艺者，折中于夫子。可谓至圣矣。"(《史记·孔子世家》) 二帝三王之盛，在证实着孔子所言治道的历史有效性。这正是董仲舒之所以要倡导独尊儒术的原因，也是中国历代统治者定儒家思想为国家意识形态的原因。

《汉志》又云：

> 然惑者既失精微，而辟者（邪辟）又随时抑扬，违离道本，苟以哗众取宠。后进循之，是以《五经》乖析，儒学寖衰。此辟儒之患。

这里所讲的是儒家末流之患。儒之末流，愚陋之儒只求文字章句表面的意思，

---

① 何宁：《淮南子集释》，中华书局 1998 年版，第 1459 页。
② 段玉裁：《说文解字注》，上海古籍出版社 1981 年版，第 659 页。

而失去了经典深微的精髓；曲邪之儒则随时俯仰，背离了儒学的本质，唯求哗众取宠，阿世求荣。发展到后来，便有人沿着这背离道之本体的道路一路向前，离析、肢解《五经》经义，导致儒学渐衰，失去了早期儒家那种活泼的生机。儒之最盛在孔氏一门。弟子三千，贤人七十，如同开办了一座"孔子学院"。孔子没后，儒家发生分裂，分为八派。八派之间自然会有冲突。《论语·子张》就记有子夏与子张在与人交接上的不同认识。又记载到子游指责子夏的学生所学为末而非本的问题。这里披露的是孔子死后弟子们在传孔子之道中出现的矛盾。这种矛盾兆示着学派的分化。由此而往，分歧日多，《荀子》中出现了"俗儒""腐儒""瞀儒""贱儒"等诸多带有蔑视性的概念，并批评儒家末流，连子思、孟轲等世之视为大儒者，也在批判之列。而其溯源往往至于七十子，如云："弟佗其冠，神禫其辞，禹行而舜趋，是子张氏之贱儒也。正其衣冠，齐其颜色，嗛然而终日不言，是子夏氏之贱儒也。偷儒惮事，无廉耻而耆饮食，必曰君子固不用力，是子游氏之贱儒也。"[①]战国儒者，有传经之儒，有传道之儒，有经与道并传之儒。像子思、孟子，重在传道。像荀子，传经与传道并举。荀子所批判的多为传道之儒。

到汉代，经过秦火之祸，传道的传统中断，经典又遭毁坏。修复经典，光复旧艺，成为儒者的主要任务。而如何让从经典中寻找治世方略，为当下政治服务，这也成为一个新课题。于是儒者分为两类，一种是诂经之儒，一种是用世之儒。诂经之儒，以传授经典为主，因所从师不同，故流派纷呈，如《易》有施氏、孟氏、梁丘氏、京氏之学，《书》有欧阳、大小夏侯之学，《诗》有齐、韩、鲁、毛四家之学，《礼》有大戴、小戴、庆氏之学，《春秋》有公羊、穀梁、邹、夹之传。《汉志》这里批判的"惑者"，即出自诂经之儒中。《六艺略》中也曾提到这些儒生"务碎义逃难，便辞巧说，破坏形体"。如秦近君之流，五个字的经文，解释文字就有二三万字。经典的妙旨尽埋没于汗漫之中。所说的"辟儒"，则出自用世之儒中，如叔孙通"所事者且十主，皆面谀以得亲贵"[②]，公孙弘"曲学以阿世"[③]等。《史记》中曾出现"谀儒"一概念，也即

---

① 王先谦：《荀子集解》，中华书局 1988 年版，第 104—105 页。
② 《史记·刘敬叔孙通列传》，中华书局 1963 年版，第 2722 页。
③ 《史记·儒林传》，中华书局 1963 年版，第 3124 页。

《汉志》所言"随时抑扬"的"辟儒"。这些人违背了儒者"正学以言"的行事风格，为利禄所惑而呈面谀之态，故为史家所讥。

2. 儒家的本职及其在秦汉的发展

《隋书·经籍志·儒家类》序云：

> 儒者，所以助人君、明教化者也。圣人之教，非家至而户说，故有儒者宣而明之。

此就儒者的本职而言。《隋书》撰于初唐，去《汉志》之作已五百余年，其所掌握的资料、所处的文化背景、所面临的时代课题，都发生了很大的变化。因而在对原始儒家的认识上，与《汉志》略有出入。其原儒者之初，其职责是"助人君明教化"。而《汉志》所说的"顺阴阳"一事，唐儒已经不能明其真谛，故而顺手删除。自孔子创立儒家学说之始，其于文献，则不外乎先王之典，即"六经"；其于目标，则不外乎安邦定国、兴太平、致盛世。这就决定了儒家以"六经"治己、以王道侍君的理想人格，也决定了其人生与政治之结缘。汉儒皆以孔子之教为教，认为"六经"皆孔子手定，故视此为"圣人之教"，而务传之万世。因圣人之教志在天下，故又无不把"修身、齐家、治国、平天下"作为人生实践的目标。《隋志》则根据孔子之后的儒者"祖述尧舜，宪章文武"的政治理念，以及两汉之后儒者以传授孔子删定的《五经》为主要职责的现实，将"明教化"之"教"，定位在了"圣人之教"之上。而且把"教化"与政治道德"宣传"联系到了一起。认为"明教化"的具体实践，就是宣传圣人之教，使家喻户晓，以此而达到帮助人君风化天下的目的。

《隋志》又云：

> 其大抵本于仁义及五常之道，黄帝、尧、舜、禹、汤、文、武，咸由此则。《周官·太宰》"以九两系邦国之人"，其四曰儒是也。

这里旨在说明儒家的思想根源与历史根源，显然继承了汉儒的研究成果。先秦儒者言"仁义"不言"五常"，言尧舜不言黄帝。董仲舒《举贤良对策》则说："夫仁谊礼知信五常之道，王者所当修饬也。"《汉志·六艺略序》又把五常之道与"六艺"的功能联系起来，其云：

> 六艺之文，《乐》以和神，仁之表也；《诗》以正言，义之用也；《礼》以明体，明者著见，故无训也；《书》以广听，知之术也；《春秋》以断事，信之符也。五者盖五常之道，相须而备，而《易》为之原。

《尚书》不载尧以上，而刘向上疏，则把"黄帝、尧、舜、禹、汤、文、武、周公、仲尼"并列[1]，郑玄注《礼记·祭法》，亦言："五代，谓黄帝、尧、舜、禹、汤，周之礼乐所存法也。"援黄帝入圣王之列，似与汉初黄老学说盛行一时有关。《隋志》以为"五常之道"，是黄帝等所遵循的法则，并以此为儒家的思想之所本，其立说的根据当是汉儒，而非先秦儒者。又将儒者的历史根源归之于《周礼·太宰》所言的"四曰儒"。所谓以"以九两系邦国之民"，"两"是协调双方的意思，这里指使诸侯与民上下协力同心的九项事。其四曰儒，"以道得民"。贾公彦疏说："以道得民者，诸侯师氏之下，又置一保氏之官，不与天子保氏同名，故号曰儒，掌养国子以道德，故云以道得民。民亦谓学子也。"[2]《隋志》以为孔子之儒，其前身即《周礼·太宰》所说的"以道得民"的儒。这与《汉志》"出于司徒之官"相较，在名称上是可以对接的。但显然是认为孔子之前，儒早已存在了，而且其所担任的就是教育工作。

关于儒家的发展，《隋志》云：

> 其后陵夷衰乱，儒道废阙。仲尼祖述前代，修正六经，三千之徒，并受其义。至于战国，孟轲、子思、荀卿之流，宗而师之，各有著述，发明其指。所谓中庸之教，百王不易者也。

---

① 《汉书·楚元王传》，中华书局1962年版，第1957页。
② 郑玄、贾公彦：《周礼注疏》，北京大学出版社1999年版，第40页。

这里主要提出儒学的三个阶段，第一阶段是孔子之前，因遭春秋之乱，旧的制度崩溃，"儒道废阙"，即儒者"以道得民"的传统被废止。第二阶段是孔子之出，复兴儒业。孔子主要做了三件事：一是"述前代"，即称颂宣传先王的王道政治；二是"修正六经"，即整理典籍，建立六经经典体系；三是教学生，把"六经"之义传授给"三千之徒"。《汉书·儒林传》云：

> 古之儒者，博学乎《六艺》之文。《六艺》者，王教之典籍，先圣所以明天道，正人伦，致至治之成法也。周道既衰，坏于幽厉，礼乐征伐自诸侯出。陵夷二百余年而孔子兴，以圣德遭季世，知言之不用而道不行，乃叹曰："凤鸟不至，河不出图，吾已矣夫！""文王既没，文不在兹乎？"于是应聘诸侯，以答礼行义（谊）。西入周，南至楚，畏匡厄陈，奸（干）七十余君。适齐闻《韶》，三月不知肉味；自卫反鲁，然后乐正，《雅》《颂》各得其所。究观古今之篇籍，乃称曰："大哉，尧之为君也！唯天为大，唯尧则之。巍巍乎其有成功也，焕乎其有文章也！"又曰："周监于二代，郁郁乎文哉！吾从周。"于是叙《书》则断《尧典》，称《乐》则法《韶舞》，论《诗》则首《周南》。缀周之《礼》，因鲁《春秋》，举十二公行事，绳之以文武之道，成一王法，至获麟而止。盖晚而好《易》，读之韦编三绝，而为之传。皆因近圣之事，以立先王之教，故曰："述而不作，信而好古。""下学而上达，知我者其天乎！"

孔子之功，于此可见。孔子之儒有别于商周之儒，亦于此可见。第三个阶段是战国，孔子的继承者孟子、子思、荀子等，以孔子为宗师，各自著书立说，发明孔子之旨。

　　子思、孟子、荀子，是七十子后的战国三大名儒，因而前人每并称之。子思名伋，是孔子到孟子之间的儒学大师。《孔子家语·后序》说："孔子生伯鱼，鱼生子思，名伋。伋尝遭困于宋，作《中庸》之书四十七篇，以述圣祖之业，授弟子孟轲之徒数百人，年六十二而卒。"[①]《孔丛子·记问》记有一段孔子

[①]　杨朝明、宋立林：《孔子家语通解》，齐鲁书社 2009 年版，第 579—580 页。

与子思的对话，子思表达了自己继承祖业的决心。孔子很高兴地说："吾无忧矣。世不废业，其克昌乎！"他确是孔门"世不废业"的第一承传人。

　　子思在儒家学者中，最具骨气。他是鲁穆公的老师，鲁穆公问他怎样才能称作是忠臣，他的回答是："恒称其君之恶者，可谓忠臣矣。"[①]这是为人臣者打死都不敢说的话，可是子思说了，而且鲁穆公"不悦"，也不敢再细问，可见其师道尊严，连国君也畏惧几分。他在卫国居住，"缊袍无表，二旬而九食"，已穷到了如此地步，可是田子方要赠他"狐白之裘"，他却拒不接受。[②]友人同情他的贫穷，给他送来酒肉，他也拒绝了。[③]因为他觉得这"非义"。他的观点是"与屈己以富贵，不若抗志以贫贱。屈己则制于人，抗志则不愧于道"[④]。齐国军队打来了，人劝他逃跑，他却坚持不走，说："如伋去，君谁与守！"[⑤]可看出他的为人。

　　《汉书·艺文志》著录有《子思》二十三篇。司马迁《孔子世家》说子思作《中庸》。沈约又说，《礼记》中的《表记》《坊记》《缁衣》，皆取自《子思》。[⑥]近年在郭店出土的一批楚简中，发现有批量儒家著作，如《鲁穆公问子思》《性自命出》《忠信之道》《唐虞之道》《六德》《成之闻之》等。有学者认为这批著作可能与子思有关。荀子《非十二子》批评子思、孟子，"案往旧造说，谓之五行"，这批书中就有《五行》一篇，这"五行"指仁、义、礼、智、圣，非金木水火土之五行。尽管这批书的著作权问题还在争论中，但子思作为儒家前期的里程碑式的人物则是可以肯定的，故而为荀子所关注，《韩非子》"儒分为八"之说中，也有"子思之儒"。子思之学强调修身，即所谓"修身以道"，由修身而到于"至诚尽性"，而至于"极高明而道中庸"。"中庸"是最高的立身之道。《中庸》篇开首言："天命之谓性，率性之谓道，修道之谓教。"性、命、道、教这些概念，在宋以后的儒学发展中产生很大影响。而这些内容在孔子那里是很少谈的，所谓"夫子之言性与天道，不可得而闻也"。"不可得

---

① 刘钊：《郭店楚简校释》，福建人民出版社 2005 年版，第 177 页。
② 向宗鲁：《说苑校证》，中华书局 1987 年版，第 80 页。
③ 傅亚庶：《孔丛子校释》，中华书局 2011 年版，第 164 页。
④ 傅亚庶：《孔丛子校释》，中华书局 2011 年版，第 174 页。
⑤ 焦循：《孟子正义》，中华书局 1987 年版，第 603 页。
⑥ 魏徵：《隋书》，中华书局 1973 年版，第 288 页。

而闻"是因其深奥难晓。所谓"性",其指向在天人相接的始点,而又贯通于人生的里程中;所谓"天道",根植于宇宙本原,而贯通于人类历史及百姓日用之中。世道人心之修复,万世太平之开创,离开"性"与"天道",则无从谈起。孔门众多弟子不敢涉及的这一命题,子思却承接了过来,反映了学术开新的勇气。这也正是子思在儒学史上存立的根据。章太炎先生认为:"子思之学,于佛注入天趣一流,超出人格而不能断灭,此之谓天趣。"又说:"子思乃中国之婆罗门。"[①]原因就在于其与佛教学说有相通处。其之所以在宋后影响骤增,也正是因受到了佛教学说的诱发。

孟子是子思一脉的传人。孟子名轲,邹人,《史记》说他受业子思之门人。而《孔子家语·后序》《孔丛子》等都说他是子思的学生。《孔丛子》中多次披露这一信息,而且还披露孟子的字是子车。孟子是儒者中最有派头、最有气势的人。他周游列国往往有几百人跟从,像是一个旅游团。当时曾有人说他:"后车数十乘,从者数百人,以传食于诸侯,不以泰乎?"可是他很自负,回答说:"非其道,则一箪食不可受于人。如其道,则舜受尧之天下不以为泰。"[②]对于诸侯说话也毫不留情,颇有乃师子思的风格。他说:"说大人,则藐之,勿视其巍巍然。堂高数仞,榱题数尺,我得志,弗为也。食前方丈,侍妾数百人,我得志,弗为也。般乐饮酒,驱骋田猎,后车千乘,我得志,弗为也……在彼者,皆我所不为也;在我者,皆古之制也。吾何畏彼哉?"[③]这是何等的气势!

《史记》本传说:孟子"游事齐宣王,宣王不能用;适梁,梁惠王不果所言,则见以为迂远而阔于事情","退而与万章之徒,序《诗》《书》,述仲尼之意,作《孟子》七篇"。孟子的学说对子思也每有继承。他讲性、讲命,讲性善,讲仁义,讲养气,讲王道,而其影响最大者是"民贵君轻"之论。他说:"民为贵,社稷次之,君为轻。"[④]曾因这番理论,惹怒了明太祖朱元璋。朱元璋说:"使此老在今日,宁得免耶?"(清全祖望《鲒埼亭集·辨钱尚书争孟子事》引《典故辑遗》)而这一思想实承自《尚书》。《尚书·泰誓》言:"天佑下

---

① 章太炎:《国学略说》,四川人民出版社 2018 年版,第 246 页。
② 焦循:《孟子正义》,中华书局 1987 年版,第 427 页。
③ 焦循:《孟子正义》,中华书局 1987 年版,第 1014—1017 页。
④ 焦循:《孟子正义》,中华书局 1987 年版,第 973 页。

民，作之君，作之师。""天听自我民听，天视自我民视。"上天是为了民众在立君主的，故民为贵，君为次。

荀子是战国最后一位儒家大师，也是战国最后的一位大学者。同时他的年寿也很高，有人推算他可能上了百岁，秦统一时他还在世。学术界有一种怪现象，谁年龄大谁学问就大，故俗话说"学者越老越值钱"。因此荀子看来在当时的学术影响超过了孟子。孟子活动于东方的齐梁之间，而荀子则生于赵，游于齐，南至楚，西入秦，把儒家的学说传遍了全国各地。当时有人视荀子为"圣人"，称"今之学者，得孙卿之遗言余教，足以为天下法式表仪。所存者神，所过者化，观其善行，孔子弗过"①。《史记》称李斯"从荀卿学帝王之术"，"帝王之术"四字，披露了他在当时的声望。《史记·孟子荀卿列传》言："荀卿嫉浊世之政，亡国乱君相属，不遂大道而营于巫祝，信禨祥，鄙儒小拘，如庄周等又猾稽乱俗，于是推儒、墨、道德之行事兴坏，序列著数万言而卒。因葬兰陵。"这基本上说明了荀子著书的意图。荀子在儒学系统中，被人批评是大醇而小疵，因为他的思想与孔子已有不小差别，他的两位高足李斯和韩非，都是著名的法家，这也能说明他们思想的复杂性。因为他是百家争鸣最后的一位学者，因而有机会对战国学术作全面总结和反思。因为年高学深，阅历丰富，故对政治观察更为深透，其政治思想也更适合于帝王的需求，故有"帝王之术"之誉。

在中国古代思想家中，真正在制度的层面对中国历史进程产生巨大影响的，荀子无疑是最突出的一位。梁启超在《论支那宗教改革》一文中曾说："二千年政治，既皆出于荀子矣，而所谓学术者，不外汉学、宋学两大派，而实皆出于荀子。"这虽有些偏激，但也不无道理。在汉唐时期，尽管《孟子》一书曾被列于经书之列，但其对于学术及政治思想的影响远远小于荀子。荀子在经学史上的地位几乎无人能替代。孔子亲定的"五经"能够传之后世，最大的功臣便是荀子。关于这个问题，清儒汪中《荀卿子通论》言之甚详，此不赘论。荀子对汉儒的影响，远非孟子能及。刘向提到"兰陵人喜字为卿，盖以法

①　王先谦：《荀子集解》，中华书局1988年版，第553页。

荀卿"①。我们在《汉书》中发现，不只是兰陵人，其他地方的文人学者也喜欢以"卿"为名字，辞赋大家兼学者的司马相如，其字长卿；《尚书》学者夏侯建，字长卿；冯野王字君卿，受业博士，通《诗》；施雠字长卿，从田王孙受《易》；莔卿，倪宽门人，学《尚书》；周堪字少卿，论于石渠，经为最高；炔钦字幼卿，为文学；《鲁诗》学者中有张游卿，为谏大夫，以《诗》授元帝；《毛诗》学者中有贯长卿、谢曼卿等。经学家之以"卿"名字，无疑说明了他们对荀卿的崇拜。

荀子是先秦各家思想的集大成者。他以"五经"思想为基础，兼采道、法各家，创立了以"礼"为核心的政治学说。所谓"始乎诵经，终乎读礼"②，正说明了他以"经"为本、以"礼"为归的思路。清儒王先谦云："荀子论学论治，皆以礼为宗。反复推详，务明其旨趣，为千古修道立教所莫能外。"③这无疑是正确的。荀子的思想可以说是以"性恶"为基石，以"六经"为根本，以"劝学"为起点，以"隆礼"为核心，以"四海一家"为终极目标，由此而建立了天下为一的国家管理模式。他通过君道、臣道、王制、富国、王霸、子道等一系列问题的论述，不仅大大加深了礼的内涵，而且有了很大的可操作性，向制度化迈进了一大步。史称荀卿操"帝王之术"，其实就是他关于礼的一套学说。汉唐儒学继承荀子一脉学说，沿着"始乎诵经，终乎读礼"的方向，向前推进。汉学的代表人物郑玄，即是一位礼学大师，其先注《礼》，后又以《礼》笺《诗》。故清儒陈澧说："郑君专于《礼》学，故多以礼说《诗》。"④今人汉学、宋学之分，每以"汉学精于考据，宋学擅于义理"为说。其实汉学的考据，在很大程度上是在做礼乐刑政制度方面的还原工作，是属于操作层面上的内容。其后魏晋门阀世族兴起，儒学的礼学发展方向变得更为突出。清儒沈垚云："六朝人《礼》学极精。唐以前士大夫重门阀，虽异于古之宗法，然与古不相远，史传中所载多《礼》家精粹之言。"⑤到唐代初仍沿旧风。赵翼《廿

---

①　严可均：《全上古三代秦汉三国六朝文》，中华书局 1958 年版，第 333 页。

②　王先谦：《荀子集解》，中华书局 1988 年版，第 11 页。

③　王先谦：《荀子集解序》，中华书局 1988 年版。

④　陈澧：《东塾读书记》卷六，世界书局 1936 年版，第 61 页。

⑤　沈垚：《落帆楼文集》卷八，《与张渊甫书》，民国吴兴丛书本。

二史劄记》中有"唐初三礼汉书文选之学"一则，言"六朝人最重《三礼》之学，唐初犹然"。并云"唐人之究心《三礼》，考古义以断时政，务为有用之学，而非徒以炫博也"①。"考古义以断时政，务为有用之学"，此一语最得唐前儒学要领，因为他们的目标在于"治平"二字。

子思发明孔子性与天道之说，孟子发明孔子"仁义"及王道之说，荀子把孔子的"礼"学理论发挥到尽致。几家虽各有侧重，但有一点却是大家都在坚持的，这就是"中庸之道"。《隋志》收束先秦儒学说："中庸之教，百王不易者也。"《中庸》是儒家的最高立身之道，无论孟、荀学说有多大差异，而对于"中庸"的坚持则是一致的。《论语·雍也》说："中庸之为德也，其至矣乎。"何晏《集解》说："庸，常也，中和可常行之道。"朱熹注《中庸》引程子曰："不偏之谓中，不易之谓庸。中者，天下之正道；庸者，天下之定理。"也就是中正不变之道。"中庸"指把握事物的尺度、分寸。不偏不倚，恰到好处，火候掌握，十分得时，这就是"中"。只要能把握中庸之道，就能使事物达到最佳的"中和"状态。"致中和，天地位焉，万物育焉。"一部《周易》，其所讲的也就是中庸之道，《周易》中常出现的"中""时中""中正""中行"等概念，其意义就是要教人把握好火候、分寸，合理地处理事物，如此才能少犯错误，即所谓"寡过"。这既要有一种平和的心境，又要有一种很高的智慧，因而非常难做到。故孔子说："中庸其至矣乎！"

先秦是儒学发展的黄金时代。汉代统一之初，百家复活。至汉武帝，则罢黜百家，儒学独尊。随后儒学与利禄之途相接，在名利的干扰下，走向了似盛实衰之路。故《隋志》云：

　　俗儒为之，不顾其本，苟欲哗众，多设问难，便辞巧说，乱其大体，致令学者难晓，故曰"博而寡要"。

这里所说的俗儒包括三种人：一是《汉志》的辟儒，二是《汉志》的惑者，三是论道之儒。关于诂经之儒的"博而寡要"，《汉书·儒林传》说：

①　王树民：《廿二史劄记校证》，中华书局1984年版，第440页。

自武帝立《五经》博士，开弟子员，设科射策，劝以官禄，讫于元始，百有余年，传业者浸盛，支叶善滋，一经说至百余万言，大师众至千余人，盖禄利之路然也。[1]

《汉书·艺文志》亦云：

> 后世经传既已乖离，博学者又不思多闻阙疑之义（师古曰："《论语》称孔子曰：'多闻阙疑，慎言其余，则寡尤。'言为学之道，务在多闻，疑则阙之，慎于言语，则少过也。故志引之。"），而务碎义逃难，便辞巧说，破坏形体（师古曰："苟为僻碎之义，以避它人之攻难者，故为便辞巧说，以析破文字之形体也。"）。说五字之文，至于二三万言（师古曰："言其烦妄也。"桓谭《新论》云："秦近君能说《尧典》，篇目两字之说，至十余万言。但说'曰若稽古'，三万言。"）。后进弥以驰逐。故幼童而守一艺，白首而后能言。安其所习，毁所不见（师古曰："已所常习，则保安之，未尝所见者，则妄毁诽。"），终以自蔽。此学者之大患也。

儒学"博而寡要"之弊，到东汉之后又为图谶、玄学而代之。如《隋志·经部序》言：

> 至后汉好图谶，晋世重玄言。穿凿妄作，日以滋生。先王正典，杂之以妖妄；大雅之论，汩之以放诞。陵夷至于近代，去正转疏，无复师资之法。学不心解，专以浮华相尚，豫造杂难，拟为仇对（对偶），遂有芟角（芟芟为角貌，晁以道《儒言》：不顾其本，而特出一句，以济私欲，而困众论者，谓之芟角）、反对（以此所言，责彼所不言，睹马以童牛，想龙以足蛇，谓之反对）、互从（骈赘四出，自声传谷，因谷发响，从响求应，谓之互从）等诸翻竟（竞相翻新）之说。驰骋烦言，以紊彝叙（常道），诡诡（náo，言争辩）成俗，而不知变，此学者之蔽也。

---

[1] 《汉书·儒林传》，中华书局1962年版，第3620页。

"辟儒"见前。至于"多设问难",则指论道之儒,但在儒家著作中,只有扬雄《法言》、王通《中说》是以设问对答的方式阐述其思想的,不值得特意标举。这里作为问题拈出,言外当有音。考王通,虽世传为大儒,但《隋书》没有立传,《隋志》不载其书。据司马光采旧所撰的《文中子补传》披露的信息,有一种传言:《隋书》的主编长孙无忌与王通家人有隙,故而不为立传。如果结合此处"苟欲哗众,多设问难,便辞巧说,乱其大体"的批评看,这个传说未尝没有可能,因为这个批评很像是针对《中说》而发的。

汉代儒者因为生活在与战国儒者完全不同的历史背景下,因而他们思考的已经不是理乱问题,而是如何汲取秦亡教训、为维护大汉统一服务。他们的理论已经没有了先秦儒者的原创与生机,而是在兴复旧艺中更好地领悟经典的意义,用于"助人君明教化"。西汉儒者如陆贾,其作《新语》,旨在劝汉高祖行王道,故"主崇王黜霸,而归于修身"①。贾谊《新书》,面对内忧外患,过秦忧汉,进谏献策,刘向称其"言三代与秦治乱之意,其论甚美,通达国体,虽古之伊、管未能远过也"(《汉书·贾谊传》),他们所关注的都是当下的政治治理与社会秩序的稳定。而董仲舒《天人三策》及《春秋繁露》,则谈阴阳五行,天人关系,超越了一般儒者所关注的问题。故后人或斥其为神秘主义哲学,实则他继承的是原始儒者的学说,发孔子后儒者未言之秘,在思想史上最具有价值。扬雄《法言》,模仿《论语》,尊圣人,谈王道,但鲜有发挥。到东汉,儒家著作中则多有对社会的批判,如王符《潜夫论》、荀悦《申鉴》等,皆对时政风俗有所讥刺,而不离儒宗反映出儒者的社会责任感。只是从思想史与儒学史的角度看,思想的发展已经近于枯竭状态,了无生机了。《旧唐书·儒学传序》言其衰势说:

> 汉家宰相,无不精通一经,朝廷若有疑事,皆引经决定,由是人识礼教,理致升平。近代重文轻儒,或参以法律。儒道既丧,淳风大衰,故近理国多劣于前古。自隋氏道消,海内版荡,彝伦攸斁,戎马生郊。先代之旧章,往圣之遗训,扫地尽矣。②

---

① 《四库全书简明目录》,上海古籍出版社1985年版,第340页。
② 刘昫:《旧唐书·儒学传》,中华书局1975年版,第4939—4940页。

这里所说的"儒道"，是指汉朝儒者"引经决定"之道，这已经不是儒学了，而是"儒术"，是把儒家关于经典的学问用到了解决具体问题上了，这是汉代儒学发展特有的一种现象。其后则再不之见。故《郡斋读书志·子部序》云：

> 自汉以后，九流浸微。隋唐之间，又尚辞章，不复问义理之实，虽以儒自名者，亦不知何等为儒术矣，况其次者哉！ ①

3. 宋以降儒学的新变

《四库总目·儒家类》小序云：

> 古之儒者，立身行己，诵法先王，务以通经适用而已，无敢自命圣贤者。王通教授河汾，始模拟尼山，递相标榜，此亦世变之渐矣。

所谓"立身"，就是做人；所谓"行己"，就是行事。儒家学问根本之点，就是教人如何做人。人做好了，行事就正了。孔子所确立的君子人格典范，说白了就是立身正，行事端。孔子讲"立身行道，扬名于后世，以显父母"②，讲"行己有耻"（《论语·子路》），曾子讲"三省吾身"③，子思讲"修身以道，修道以仁"，讲"致诚尽性"④，孟子讲"修其孝悌忠信"⑤，讲"穷则独善其身"⑥，荀子讲"君子之学，以美其身"⑦，无不与"立身行己"相关联。而"诵法先王"，修先王之教，"通经"明道，用之于世，则志在"助人君"。简而言之，其旨归在"修己治人"，或易之曰"内圣外王"。

---

① 晁公武：《郡斋读书志》，上海古籍出版社 1990 年版，第 409 页。
② 刑昺：《孝经注疏》，北京大学出版社 1999 年版，第 4 页。
③ 刑昺：《论语注疏》，北京大学出版社 1999 年版，第 4 页。
④ 孔颖达：《礼记正义》，北京大学出版社 1999 年版，第 1448 页。
⑤ 焦循：《孟子正义》，中华书局 1987 年版，第 67 页。
⑥ 焦循：《孟子正义》，中华书局 1987 年版，第 891 页。
⑦ 王先谦：《荀子集解》，中华书局 1988 年版，第 13 页。

　　汉以后之儒，章太炎先生分为两派，一派专务修己治人，一派务求明心见性。像隋唐间的王通，宋代的范文正、叶适，清代的顾炎武、戴震等，都属修己治人的一派。这一派是由曾子、荀子这一支发展来的。像唐李翱，宋张载、程颢、程颐、杨时、朱熹、陆九渊，明王阳明等，则属于明心见性的一派。这一派是由子思、孟子的思想发展来的。而儒学的新变，则是由明心见性的一派促成的。先秦儒者，虽皆以孔子为宗，但都有一种"舍我其谁"的气魄。孟子如此，荀子亦如此。荀子被时人认作"圣人"，认为"孔子弗过"，这应该与他的气魄有关。汉代儒者则完全没有了战国儒者的那种气魄，他们不敢做圣人，而是崇拜圣人，以孔子的是非为是非。所以有人说汉代是一个崇拜偶像的时代。像董仲舒，尽管刘歆称他"为群儒首"，但也要服膺于孔子，为解《春秋》耗费精力。扬雄尽管模拟圣人作《太玄》（拟《易》）、《法言》（拟《论语》），但"论不诡于圣人"，且尊仲尼而不敢殆。不过也受到了当时人的非议。"诸儒或讥以为雄非圣人而作经，犹春秋吴楚之君，僭号称王，盖诛绝之罪也。"（《汉书·扬雄传》）汉以降真正自己要做圣人的书生第一位恐怕就是王通。王通字仲淹，是隋末大儒，讲学河汾。世称文中子，有仿《论语》之体的《中说》（又称《文中子》）。孔子删订"六经"，而他竟来个续"六经"，甚至有"仲尼既没，文不在兹乎"的自负（《中说》卷十附杜淹《文中子世家》）。他们的后人也视他为孔子的继承人，甚至认为唐初将相名臣，如薛收、李靖、魏征、李绩、杜如晦、房玄龄等，都出于他的门下。看来这是儒学学统中衰后，人们呼唤大师出现的一个信号。宋儒似乎学了文中子的这种作风，也多自己做起圣人来。仿《论语》，由门人集语录，一时语录体的著作泛滥起来。

　　不过，王通不管他的后人或唐人如何抬举他，在儒学史上他并没有掀起大波浪来。真正儒学之兴并再度辉煌是在宋代。四库馆臣云：

> **迨托克托等修《宋史》，以《道学》《儒林》分为两传，而当时所谓道学者，又自分二派，笔舌交攻。**

托克托是蒙古人名的音译，又译作脱脱，他是元朝末期的名相，汉文化程度很高，主持纂修了二十四史中的《宋史》《辽史》《金史》。在此前的正史中，《汉书》《后汉书》《晋书》《旧唐书》和《新唐书》等，皆列有《儒林传》或《儒学传》，主要记载当时名儒的行事。而《宋史》中则把原来本当列入《儒林传》的人物分成了两类，分别立为了《道学传》和《儒林传》。《儒林传》中所收的是聂崇义（有《三礼图集注》）、孙奭（有《经典微言》《五经节解》等，今《十三经注疏》中所收《孟子注疏》即孙所著）、邢昺（所撰《论语注疏》《尔雅注疏》《孝经注疏》均收入《十三经注疏》中）、陈旸（有《乐书》《礼记解义》《孟子解义》等）、吕祖谦（《吕氏家塾读诗记》《春秋左氏传说》《左氏博议》等）、胡安国（所撰《春秋传》收入宋元人注《四书五经》中）、魏了翁（有《九经要义》）等一批著述解经的学者，而《道学传》所收则是周敦颐、二程、张载、朱熹等理学家。这反映了宋代儒学发展的大变。《宋史·道学传》序云：

> "道学"之名，古无是也。三代盛时，天子以是道为政教，大臣百官有司以是道为职业，党、庠、术、序师弟子以是道为讲习，四方百姓日用是道而不知。是故盈覆载之间，无一民一物不被是道之泽，以遂其性。于斯时也，道学之名，何自而立哉。

> 文王、周公既没，孔子有德无位，既不能使是道之用渐被斯世，退而与其徒定礼乐，明宪章，删《诗》，修《春秋》，赞《易象》，讨论《坟》《典》，期使五三圣人之道昭明于无穷。故曰："夫子贤于尧、舜远矣。"孔子没，曾子独得其传，传之子思，以及孟子，孟子没而无传。两汉而下，儒者之论大道，察焉而弗精，语焉而弗详，异端邪说起而乘之，几至大坏。

> 千有余载，至宋中叶，周敦颐出于舂陵，乃得圣贤不传之学，作《太极图说》《通书》，推明阴阳五行之理，命于天而性于人者，了若指掌。张载作《西铭》，又极言理一分殊之旨，然后道之大原出于天者，灼然而无疑焉。仁宗明道初年，程颢及弟颐实生，及长，受业周氏，已乃扩大其所闻，表章《大学》《中庸》二篇，与《语》《孟》并行，于是上自帝王传心之奥，下至初学入德之门。融会贯通，无复余蕴。

> 迄宋南渡，新安朱熹得程氏正传，其学加亲切焉。大抵以格物致知为先，明善诚身为要，凡《诗》《书》六艺之文，与夫孔、孟之遗言，颠错

于秦火，支离于汉儒，幽沉于魏、晋、六朝者，至是皆焕然而大明，秩然而各得其所。此宋儒之学所以度越诸子，而上接孟氏者欤。[①]

这等于描述了一部道学形成史。这里的"道学"，就是今所说的"理学"。之所以称"道学"，是因为他们强调的是尧、舜、禹、汤、文、武、周公、孔子之学，即程颐《上太皇太后书》说"儒者得以道学辅人主"。后人之所以改称"理学"，是因为被视作道学的这一批学者，如周敦颐、邵雍、张载、程颢、程颐、朱熹、陆九渊等，他们都致力于阐释义理，把"理"认作是本体。南宋皇帝赵昀谥为理宗，之所以名"理"，就是因"圣性崇尚理学，而天下道理最大"[②]。

道学的出现，是儒学史上的一场革命性变化。即如日本高泉溟《学术变更上》所云：

> 仲尼没而微言绝，七十子丧而大义乖。诸子起而孔道糜烂，赢政暴而六籍灰灭。大汉兴而余烬吹烟。六朝唐末，脉脉微微不绝如线。赵宋革命，天回斯文，濂洛关闽诸贤增薪加膏，古道一新。王临川之偏见，陆象山之禅旨，虽间有异论，而其要不出乎修己治人之范围。[③]

这场革命的先兆，出现于中唐。中唐之前远上东汉，佛教传入中土，其后在魏晋南北朝时期的大分裂中，意识形态失统，佛教大盛。到隋唐时期，佛教信仰席卷了中国社会的各个阶层，佛寺遍及各地。此时，中国本土产生的道教，也开始大规模发展，与佛教相争高下。佛、道两家势力扩张，直接影响到儒家思想对社会的统治力。而到中唐时期与儒家思想暴发了激烈冲突。儒学代表人物韩愈、柳宗元、李翱等高举起光复古道的大旗，开始了古文运动。古文运动的关键词便是一个"道"。韩愈明确地表示："愈之为古文，岂独取其句读不类于今者耶？思古人而不得见，学古道则欲兼通其辞；通其辞者，本志乎古道

---

① 脱脱：《宋史·道学传序》，中华书局1977年版，第12709—12710页。
② 周密：《齐东野语·理度议谥》，上海书店1990年版，第351页。
③ 〔日〕高泉溟：《时学鍼焫》卷上，《日本儒林丛书》第四卷，昭和二年版，第1页。

者也。"① 柳宗元则说:"始吾幼且少,为文章以辞为工。及长,乃知文者以明道。"② "志乎古道""文以明道"的思想后来便发展为"文以载道"的创作原则。为什么他们要把"道"的问题作为"文"的指向而提出来?而且还要为之发动一场运动?根本的症结在于:在他们的心目中,维系社会稳定秩序的尧舜禹汤古圣王的"道",在当下已丢失殆尽,必须重新找回了!韩愈的《原道》,就是一篇划时代的宣言书。他在文中说:

> 博爱之谓仁,行而宜之之谓义;由是而之焉之谓道,足乎己无待于外之谓德……周道衰,孔子没,火于秦,黄、老于汉,佛于晋、魏、梁、隋之间。其言道德仁义者,不入于杨,则归于墨;不入于老,则归于佛。入于彼,必出于此。入者主之,出者奴之;入者附之,出者污之。噫!后之人其欲闻仁义道德之说,孰从而听之……斯吾所谓道也,非向所谓老与佛之道也。尧以是传之舜,舜以是传之禹,禹以是传之汤,汤以是传之文、武、周公,文、武、周公传之孔子,孔子传之孟轲,轲之死,不得其传焉。③

此声虽发之唐世,而实为宋之道学的先声。宋儒继承了韩愈的话题,共同感受到"圣道绝传"的危机,于是大声疾呼。如欧阳修说:"自孔子没而周衰,接乎战国,秦遂焚书,六经于是中绝。"④ 王安石说:"然孔氏以羁臣而与未丧之文,孟子以游士而承既没之圣,异端虽作,精义尚存。逮更煨烬之灾,遂失源流之正。章句之文胜质,传注之博溺心。此淫辞诐行之所由昌,而妙道至言之所为隐。"⑤ 王开祖云:"由孟子以来,道学不明。我欲述尧舜之道,论文武之治,杜淫邪之路,辟皇极之门。"⑥ 朱熹说:"盖自邹孟氏没,而圣人之道不传。世俗所谓儒者之学,内则局于章句文词之习,外则杂于老子、释氏之言,而其所以修己治人者,遂一出于私智,人为之凿,浅陋乖离,莫适主统,使其君之

---

① 马其昶:《韩昌黎文集校注》,上海古籍出版社 1986 年版,第 304 页。
② 柳宗元:《河东先生集·答韦中立论师道书》,世界书局 1935 年版,第 359 页。
③ 马其昶:《韩昌黎文集校注》,上海古籍出版社 1986 年版,第 13 页。
④ 欧阳修:《欧阳文忠公集·廖氏文集序》,中华书局 2001 年版,第 615 页。
⑤ 王安石:《王文公文集·谢除左仆射表》,上海人民出版社 1974 年版,第 207 页。
⑥ 王开祖:《儒志编》,《文渊阁四库全书》,第 696 册,第 802 页。

德不得比于三代之隆，民之俗不得跻于三代之盛，若是者盖已千有余年于今矣。"① 从北宋到南宋，这样的声音一直在历史峡谷中回荡。从这种呼声中，我们感受到了这个时代士大夫群体的文化自觉。其于振兴道学、复兴文化之心，昭然可见。程颐在为其兄程颢所作的《墓表》中就非常明确地指出："周公殁，圣人之道不行；孟轲死，圣人之学不传。道不行，百世无善治；学不传，千载无真儒。无善治，士犹得以明夫善治之道，以淑诸人，以传诸后；无真儒，天下贸贸焉莫知所之，人欲肆而天理灭矣。""道不行"，其后果是"无善治"，使社会秩序造成混乱；而"学不传"，则导致的是"人欲肆而天理灭"，是人伦道德的沦丧。宋儒的疾呼，就是要"道"重新获取实践的机会，结束"天下无道"的混乱局面。面对这种自觉引发的恐惧，宋儒群体振作起了"以道自任"的精神。由此而形成了一场轰轰烈烈的道学运动。

道学家是一个新型知识群体，他们要建构一套适应社会新形势的意识形态话语系统，完成修复世道人心的大工程。因此他们一方面重新整理、诠释经典体系，颠覆汉唐旧说，一方面从佛、道两家思想与学说中受到启示，并汲取其营养，创造了儒学新的理论体系，扭转了汉唐儒学的主攻方向。即如严复所言："中国赵宋以前之儒，其所讲者，固不外耳目践履之近者也。其形上者，往往求之老佛之书。自宋之诸儒，始通二者之邮，大明乎下学上达之情，而以谓性与天道，即见于可得闻之文章，则又痛辟乎二氏之不当。"② 汉唐儒学承自先秦荀子一脉，沿着荀子"始乎诵经，终乎读礼"的方向，向前推进。而荀子关于"隆礼"的学说，实是"外王"之学，故史称荀卿操"帝王之术"，李斯从而学之。荀子之学杂王霸之道，而汉代皇帝为治平之效，每以王霸道杂之。道学兴起后，则由"外王"之学转而为"内圣"之学；由对典章制度的关注，转向对于道德性命哲学问题的讨论；由外在饰行之"礼"，进入了事物内在之"理"。由是荀子遭抑，而子思、孟子关于心性的学说变成了经典文本。虽说道学作为儒学的血脉，不可能放弃"外王"的目标，但其重心则已由外在行为的操作层面转向了内在心性的修养。周予同先生曾有过如下的论述：

① 《朱子全书》第 24 册，上海古籍出版社、安徽教育出版社 2002 年版，第 3743 页。
② 严复：《孟德斯鸠法意》按语，中华书局 1986 年版，第 992 页。

　　盖原始之儒家，留意于修齐治平之道，疲精于礼乐刑政之术；虽间有仁义中和之谈，要不越日常道德之际。及至宋代之理学，始进而讨究原理，求垂教之本原于心性，求心性之本原于宇宙。故儒家之特色为实践的、情意的、社会的、伦理的；而理学之特色则为玄想的、理智的、个人的、哲学的；二者殊不相同。[1]

简言之，汉唐儒者重"礼"，宋明道学则重"理"，道学家的出现开创了儒学的新时代，由此而下理学便成了儒学的主流。

　　四库馆臣又提到"当时所谓道学者，又自分二派，笔舌交攻"的问题。前人关于宋代理学的派系，曾有根据地域划割的所谓关学、蜀学、洛学、闽学、浙学等之分。这里提到的"二派"则是从思想主张上区别最大的两大派，即以朱熹为代表的"格物致知"一派，和以陆九渊为代表的心学一派。朱熹（1130—1200）是南宋最著名的理学大师，字符晦，一字仲晦，号晦庵，晚号晦翁，别称考亭、紫阳。徽州婺源人，绍兴十八年（1148）进士。历高、孝、光、宁宗四朝，为转运副使、焕章阁待制、秘阁修撰。累官宝文阁待制。他是理学集大成的人物，是"二程"三传弟子李侗的学生，继承了"二程"的理学思想，并将其发扬广大，故后把这一派称作"程朱学派"，或"程朱理学"。一般认为他的思想是以二程的理本论为基础，并吸取了周敦颐的太极说、张载的气本论以及佛教、道教思想，而形成的一个庞大的理学思想体系。他认为："宇宙之间一理而已。天得之而为天，地得之而为地，而凡生于天地之间者，又各得之以为性；其张之为三纲，其纪之为五常，盖皆此理之流行，无所适而不在。若其消息盈虚，循环不已，则自未始有物之前，以至人消物尽之后，终则复始，始复有终，又未尝有顷刻之或停也。"[2]"理在人心是之谓性"，"吾之性即天地之理"[3]。把理认作是本体，一切皆根之于此。"天地之间，人物之众，其理本一，而分未尝不殊也。"[4] 要把握认识这"理"，那就要"格物致知"。"所

① 周予同：《周予同经学史论著选集》，上海人民出版社 1983 年版，第 114 页。
② 《朱子全书》第 23 册，上海古籍出版社、安徽教育出版社 2002 年版，第 3367 页。
③ 《朱子语类》卷九十八，中华书局 1980 年版，第 2520 页。
④ 《朱子全书》第 6 册，上海古籍出版社、安徽教育出版社 2002 年版，第 925 页。

谓致知在格物者，言欲致吾之知，在即物而穷其理也。盖人心之灵，莫不有知，而天下之物，莫不有理。"[1]

陆九渊是与朱熹同时的大学者，曾讲学象山书院，故学者称象山先生。他的主要主张是"宇宙便是吾心，吾心便是宇宙"[2]"此心此理，我固有之，所谓万物皆备于我"[3]"理之所在，固不外乎人也"[4]"此心此理，实不容有二"[5]"人皆有是心，心皆具是理，心即理也"[6]。他和朱熹的学术观点有诸多不同。比如朱熹认为"性即是理"，陆九渊认为"心即是理"。朱熹主张"存天理，灭人欲"；陆认为心即是天理，人欲就在心中，心之外无人欲。朱熹认为无极而太极，太极是形而上的道；陆认为太极就是理，不能离开心讲太极。朱熹讲"即物穷理"，而陆九渊则认为"心即理"。他的后继者明朝大儒王阳明，就曾始信朱熹"即物穷理"之说，对坐竹林静思物理，连续七天，什么也没有得到，自己反而病倒了。后来步入仕途，被贬贵州龙场，身处蛮夷之地，"因念圣人处此，更有何道？忽中夜大悟格物致知之旨，寤寐中若有人语之者，不觉呼跃，从者皆惊。始知圣人之道，吾性自足，向之求理于事物者误也"。[7]这反映了他们的认识事物的方法路径是完全不同的。陈建《学蔀通辨提纲》曾论朱陆之别说："专务虚静，完养精神，此象山之定论也。主敬涵养，以立其本，读书穷理，以致其知，以践其行，三者交修并尽，此朱子之定论也。"

朱、陆的正面交锋是在"鹅湖之会"上。宋孝宗淳熙二年（1175）六月，吕祖谦为了调和朱、陆之间的分歧，邀请陆九龄、陆九渊兄弟与朱熹在江西的鹅湖寺会面，磋商学术问题。于此，双方进行了激烈的学术辩论，这是中国学术史上的一件盛事，史称"鹅湖之会"。值得一提的是，朱、陆的学术观点虽不同，辩论也甚激烈，但并没有意气之争，而保持着友谊。鹅湖之会后三年，朱熹曾写诗给陆说："德业流风夙所钦，别离三载更关心。偶携藜杖出寒谷，

---

① 《朱子全书》，上海古籍出版社、安徽教育出版社 2002 年版，第 20 页。
② 《陆九渊集》卷二十二，《杂说》，中华书局 1980 年版，第 273 页。
③ 《陆九渊集》卷一，《与侄孙睿》，中华书局 1980 年版，第 13 页。
④ 《陆九渊集》卷三十二，《学古入官议事以制政乃不迷》，中华书局 1980 年版，第 379 页。
⑤ 《陆九渊集》卷一，《与曾宅之》，中华书局 1980 年版，第 5 页。
⑥ 《陆九渊集》卷十一，《与李宰书》，中华书局 1980 年版，第 149 页。
⑦ 《王阳明全集》卷三十三，《年谱一》，上海古籍出版社 2015 年版，第 1007 页。

又枉篮舆度远岑。旧学商量加邃密，新知培养转深沉。只愁说到无言处，不信人间有古今。"[1] 淳熙八年（1181），朱熹知南康军时，陆九渊又专程去访朱熹，朱熹还请陆九渊到白鹿洞书院讲习。可见他们的友谊，并没有因"笔舌交攻"而形成"朋党"之争。

四库馆臣谓朱、陆身后两派之争云：

> **自时厥后，天下惟朱、陆是争。门户别而朋党起，恩雠报复，蔓延者垂数百年。**

其实在南宋，朱、陆的门人似有严守师说的架势。但两派又出现了相融的趋势。因为朱、陆的后学，远没有朱、陆那样的才学，他们的门墙防护也难严密，在相互攻伐中很难坚守。于是便出现了"由朱入陆""由陆入朱"的现象。如朱熹的再传弟子吴澄，就被人目为陆学。[2] 像詹初、曹建等，则被视作往来朱陆之间的学者。（《宋元学案·沧州学案》）在陆象山的门下，杰出者如杨简、袁燮、舒璘、沈焕等，有所谓"四明四先生"之称。他们虽倡"发明本心"，可却极端化，一致"流于狂禅"。其中的舒璘、沈焕，又将朱熹、吕祖谦、陆象山的学说"一以贯之"，反对谈朱陆异同。沈焕到晚年甚至"尤尊晦翁"了。[3] 元朝延祐年间，朱学由科场程序进而变为官学，势力早已远大于陆学，而陆学又搭上朱氏官学的车，薪火相传。大略而言，在元及明前期是朱学为盛。但因朱学中没有出现大师级人物，故而只是延续而已。而到明中期王阳明出现，则象山心学一派为之一振，其势头压倒了朱学。王阳明（1472—1529），名守仁，字伯安，浙江绍兴府余姚县（今属宁波）人。因曾筑室于会稽山阳明洞，自号阳明子，故人称"阳明先生"，又称"王阳明"。弘治十二年（1499）进士，历任刑部主事、贵州龙场驿丞、庐陵知县、右佥都御史、南赣巡抚、两广总督等职。晚年官至南京兵部尚书、都察院左都御史。谥文成，故后人又称"王文成公"，是心学集大成者。虽然他表面上尊朱子，而继承的却

---

① 《晦庵集·鹅湖寺和陆子寿》。

② 《元史·吴澄传》，中华书局 1976 年版，第 4012 页。

③ 《定川言行编》，民国张寿镛《定川遗书》四明张氏约园刊本，第 4 集，第 4 册，第 78 页。

是象山的血脉，故人将其与陆象山并称为"陆王"。他认为"心外无理""心外无物"，必须先认识自己的心，然后才能认识事物。故倡导"致良知"，强调"知行合一"，在明中后期产生了很大影响。《明史·儒林传序》说：

> 原夫明初诸儒，皆朱子门人之支流余裔，师承有自，矩矱秩然。曹端、胡居仁笃践履，谨绳墨……守儒先之正传，无敢改错。学术之分，则自陈献章、王守仁始。宗献章者曰江门之学，孤行独诣，其传不远。宗守仁者曰姚江之学，别立宗旨，显与朱子背驰，门徒遍天下，流传逾百年，其教大行，其弊滋甚。嘉、隆而后，笃信程、朱，不迁异说者，无复几人矣。[①]

其声势之盛，可以想见。像后人所批判的明儒束书不观、学术空疏以及晚明狂狷之风，都与阳明心学之盛有关。馆臣认为学术上的门户之争，酿成了政治上的朋党之争，终成大祸：

明之末叶，其祸遂及于宗社。惟好名好胜之私心不能自克，故相激而至是也。圣门设教之意，其果若是乎？

这里指的是东林党祸。万历三十二年（1604），顾宪成等人修复宋代杨时讲学的东林书院，与高攀龙、钱一本等讲学其中。一群读圣贤书的人，自然要以圣贤为楷模，评论是非，讽讥朝政。由此与当时横行一时的宦官及其依附势力产生了冲突。在东林党之外，还有浙党、齐党、楚党、昆党、宣党等，东林党争几乎是东林党与全国朋党集团之争。后来宦官魏忠贤矫旨，禁锢东林，许多东林人士被迫害致死。崇祯帝继位，捕杀阉党。东林党人与阉孽的斗争仍在继续，讫于明亡。故馆臣于张烈《王学质疑》提要云："夫明之亡，亡于门户；门户始于朋党，朋党始于讲学，讲学则始于东林。"张烈把明亡之罪归到了王阳明身上，馆臣以其为门户之见，故云："夫学以克制其私也。烈所云云，于门户之私，其尚有未能克制者乎！"无论程朱一派，还是陆王一派，他们都是

---

① 《明史·儒林传序》，中华书局1974年版，第7222页。

在阐释经典中产生的学说，其根都在孔子之学。但是这种党同伐异、门户之争的行为，显然违背了孔子设教的初衷。

　　基于这种儒门相争的情况，馆臣做出了判断和选择，故在四库全书的编纂中，订立了编选的原则。其云：

> 　　今所录者，大旨以濂、洛、关、闽为宗。而依附门墙，藉词卫道者，则仅存其目。金溪、姚江之派，亦不废所长。惟显然以佛语解经者，则斥入杂家。

这里把当时的儒学文献分了四类。第一类是以濂溪周敦颐、伊洛阳程颢程颐、关中张载、闽中朱熹为代表的一派，这一派是理学的正宗，故而他们的著作编入四库全书者为最多。第二类是依附于程朱一派者，"藉词卫道"，但于义理无所发明，如无名氏《太极图分解》、王嗣槐《太极图说论》、何中《通书问》、高攀龙《正蒙释》、王明弼《周子疏解》等。第三类是以江西金溪陆九渊、浙江余姚王阳明为代表的心学一派，这属于理学的别支，也不可偏废，因此他们的著作也入选四库全书中。第四类是杂佛、老之说以入儒学者，这一类书以前都列入了儒家类，现在则干脆归到了杂家中。如北齐颜之推《颜氏家训》，《旧唐书·经籍志》《宋史·艺文志》皆列于儒家类。但是"其中《归心》等篇，深明因果，不出当时好佛之习。又兼论字画、音训，并考正典故，品第文艺，曼衍旁涉，不专为一家之言。今特退之杂家，从其类焉"。班固《白虎通义》，《遂初堂书目》列入儒家类，而馆臣认为"书中征引《六经》传记而外，涉及纬谶"，故列入杂家。

　　馆臣最后总结并告诫言：

> 　　凡以风示儒者，无植党（树党），无近名（争名），无大言而不惭，无空谈而鲜用，则庶几孔、孟之正传矣。

树党、争名、大言、空谈，这是后世最容易犯的几种臭毛病。能消除这几种毛病，几近于真儒，算得上是孔孟的正传。故而风示告诫天下之儒。馆臣又于儒家类后序言：

> 案：八儒、三墨，见于《荀子》；非十二子，亦见于《荀子》。是儒术构争之始矣。至宋而门户大判，雠隙相寻。学者各尊所闻，格斗而不休者，遂越四五百载。中间递兴递灭，不知凡几。其最著者，新安、金溪两宗而已。明河东（薛瑄）一派，沿朱之波；姚江（王阳明）一派，嘘陆之陷。其余千变万化，总出入于二者之间。脉络相传，一一可案。故王圻《续文献通考》，于儒家诸书，各以学脉分之，以示区别。然儒者之患，莫大于门户。后人论定，在协其平。圻仍以门户限之，是率天下而斗也。于学问何有焉！今所存录，但以时代先后为序，不问其源出某某，要求其不失孔孟之旨而已。各尊一继祢之小宗，而置大宗于不问，是恶识学问之本原哉？

学派中的门户之争，确为学术之患。馆臣之论是从国家层面文化大局考虑的，可谓忧思深远。其中自然也有对清代汉、宋之争的忧虑在。

阅读参考书目

荀子撰，王天海校释：《荀子校释》，上海古籍出版社 2005 年版。

陆贾撰，王利器校注：《新语校注》，中华书局 1986 年版。

贾谊撰，阎振益校注：《新书校注》，中华书局 2000 年版。

桓宽撰，王利器校注：《盐铁论校注》，中华书局 1992 年版。

王符撰，汪继培笺：《潜夫论笺校正》，中华书局 1985 年版。

朱子、吕祖谦：《近思录》，上海古籍出版社 2016 年版。

王阳明：《传习录》，北京时代华文书局 2014 年版。

黄宗羲撰，全祖望补：《宋元学案》，中华书局 1986 年版。

黄宗羲撰，沈芝盈校注：《明儒学案》，中华书局 2008 年版。

徐世昌等编：《清儒学案》，中华书局 2008 年版。

姜林祥：《中国儒学史》，广东教育出版社 1998 年版。

二、兵家略说

兵家类书，在《汉志》中单独作为一部，《隋志》以下正史中的《经籍志》《艺文志》及书目著作，多将其列于九流之后。《四库全书》则作了大调整，认为有文事者必有武备，故将《兵家类》放在了子部的第二位。这不是从学术上考虑的，而是从国家安全的角度、从政权维护的角度考虑的。孔子从鲁定公与齐景公夹谷之会时，事前就明确地表示"臣闻：有文事者，必有武备；有武事者，必有文备"。正因为有"武备"，故有效地遏制了齐国的阴谋，防止了不测。《说苑·指武》有一段记载：

> 王孙厉谓楚文王曰："徐偃王好行仁义之道，汉东诸侯三十二国尽服矣。王若不伐，楚必事徐。"王曰："若信有道，不可伐也。"对曰："大之伐小，强之伐弱，犹大鱼之吞小鱼也，若虎之食豚也，恶有其不得理？"文王兴师伐徐，残之。徐偃王将死，曰："吾赖于文德，而不明武备；好行仁义之道，而不知诈人之心，以至于此！"[1]

这是一个很有教育意义的历史故事。在人类社会发展史中，不知道有多少文明，因缺失武备而覆灭。像河北磁山文化遗址中，发现有十几万斤的腐烂谷子；浙江河姆渡文化遗址中，有150吨腐烂的稻谷。在生产力落后于现在不知多少倍的古人那里，要生产如此多的粮食，需要付出多大的劳动，可是为什么不吃掉？它们的主人哪里去了？显然这是两种被毁灭的文明。还有四川广汉的

---

① 向宗鲁：《说苑校证》，中华书局1987年版，第366页。

三星堆遗址，如此多精美的青铜制器以及精美的神像，为何都被砸碎？文明被野蛮毁灭的恐惧，教育先民明白了武备的意义。如《盐铁论·和亲》记大夫云："昔徐偃王行义而灭，鲁哀公好儒而削，知文而不知武，知一而不知二。故君子笃仁以行，然必筑城以自守，设械以自备，为不仁者之害己也。"① 由此而出现了兵家之学。

在《汉志·兵书略》中著录有《神农兵法》《黄帝》《蚩尤》《风后》《力牧》等以炎黄时期人物命名的兵书，这自然不可信，但也说明了兵学出现之早。春秋战国的 500 多年间，是中国历史上战争最多的一个时期。像记载春秋历史的《左传》，其中的战例，很多在战争史上都是具有典范价值的。《五代史·敬翔传》曾记：翔见太祖，太祖问曰："闻子读《春秋》，《春秋》所记何等事？翔曰：诸侯争战之事耳。"明代曾益，曾摘录《左传》所言兵事，撰《左略》一卷。明宋征璧，曾节略《左传》所记兵事，论其得失，撰《左氏兵法测要》二十卷，明陈禹谟也曾撰《左氏兵略》三十二卷。此是就《左传》所记而论的，要知道其时专言兵事的书又有多少？兵学的黄金时代便出现在春秋战国的 500 多年间。《韩非子·五蠹》曾说当时"藏孙（《孙子兵法》）吴（吴起《兵法》）之书者家有之"，也反映了当时人对兵学著作的热衷。正是在这样的情况下，兵家著作大量出现，汉时刘向父子所知的就 180 多家。故而刘歆《七略》与班固《汉志》，皆把兵家之书单独设立一部，以示其重。

1. 兵学之源及其由贵正向贵奇的转变

"兵"字甲骨文作 ，上面的" "（斤）是原始斧头的形状，下面是两只手，双手执斧头，表示这是一种可以用来战斗的兵器。因此《说文》说："兵，械也。从廾持斤，并力之貌。""兵学"就是关于用兵行军布阵作战的学问。《汉书·艺文志·兵书略》载：

---

① 王利器：《盐铁论校注》，中华书局 1982 年版，第 513 页。

兵家者，盖出古司马之职，王官之武备也。

"司马"是周朝的管军车的官，因为古代车战为主，马自然是最主要的战争工具，因此"司马"便成了军官之名。《周礼·夏官》有大司马一职，他的主要职责是统帅军队，平定邦国。"以九伐之法正邦国，冯弱犯寡，则眚之；贼贤害民，则伐之；暴内凌外，则坛之；野荒民散，则削之；负固不服，则侵之；贼杀其亲，则正之；放弑其君，则残之；犯令陵政，则杜之；外内乱，鸟兽行，则灭之。"①实际上就是用武力除暴安良，维护社会稳定。这是政权机构中必备的"武装"系统。由此也就决定了军队在国家政治体制中的地位和功能。故《汉志》又云：

> 《洪范》八政，八曰师。孔子曰为国者"足食足兵"，"以不教民战，是谓弃之"明兵之重也。《易》曰："古者弦木为弧，剡木为矢，弧矢之利，以威天下"，其用上矣。后世耀金为刃，割革为甲，器械甚备。下及汤、武受命，以师克乱而济百姓，动之以仁义，行之以礼让，《司马法》是其遗事也。

《隋志》亦云：

> 兵者，所以禁暴静乱者也。《易》曰："古者弦木为弧，剡木为矢，弧矢之利，以威天下。"孔子曰："不教民战，是谓弃之。"《周官》：大司马"掌九法九伐，以正邦国"是也。然皆动之以仁，行之以义，故能诛暴静乱，以济百姓。

这里值得注意的有四点：

第一，军事武装是圣王施政的"八政"之一。《尚书》的《洪范》篇中，箕子向周武王陈述国家施政的八个方面内容，"一曰食，二曰货，三曰祀，四

---

① 郑玄、贾公彦：《周礼注疏》，北京大学出版社 1999 年版，第 760—763 页。

曰司空，五曰司徒，六曰司寇，七曰宾，八曰师"。师旅放在"八政"之末，这表示这是"圣人不得已而用之"的一种维和力量。所以孔颖达说："八立师，防寇贼，以安保民也。"①从《洪范》"八政"之末，到四库总目子部之二，反映着其地位的变化。

第二，圣人——孔子关于"兵"的认识。在汉唐儒者看来，孔子就是最大的权威，他的意见就是绝对真理，故而要特别拿出来作为证据。《论语·颜渊》："子贡问政。子曰：'足食足兵，民信之矣。'""食"是生理需要，"兵"是安全需要。马斯洛把人的需求分为五个层次，而排在最前面的就是"生理需求"与"安全需求"，孔子也正是从人的最基本需求立论的。因此对国家安全来说，"兵"决不可少。但是未有经过训练，就让人民上战场，这等于让百姓白白去送死。故孔子说："以不教民战，是谓弃之。"②古代寓兵于民，要让"民"成为"兵"，必须训练，这才能起到"禁暴静乱"的作用。

第三，兵革之利在"威天下"，而不在胜战。《左传·宣公十二年》载楚子解释"武"字说："止戈为武。"《说文》也如此说。这表示是在古人心目中，武力的功用并全不在胜战，而是以武止武。"武"是由止、戈二字构成，其本义是要息兵。从止从戈，表示持戈以舞。"止"（趾）表示舞蹈奔驰时趾在跳动。《帝王世纪》说，相传舜时三苗不服，"禹请征之。舜曰：'我德不厚而行武，非道也。吾前教由未也。乃修教三年，执干戚而舞之。有苗请服'"③。为什么"执干戚而舞之"，有苗就能臣服呢？原因是这种"干戚舞"，犹如同军演，所起到的是震慑作用。这反映了古代的兵家思想。所谓《孙子》"不战而屈人之兵，善之善者也"，齐桓公"九合诸侯，不以兵车"，也在于其兵威。齐桓公率诸侯之师伐楚，兵次召陵。他不是抓紧机会进攻，而是展开架势向对方示威，并说："以此众战，谁能御之！以此攻城，何城不克！"④显然目的不在攻打，而在威胁。春秋时代的许多会盟，不是败方要求立盟，往往是胜利的一方迫使对方立盟，立盟签订的并非不平等条约，往往是符合"礼"的规定的。是

---

① 孔颖达：《尚书正义》，北京大学出版社 1999 年版，第 305 页。
② 刑昺：《论语注疏》，北京大学出版社 1999 年版，第 181 页。
③ 徐宗元：《帝王世纪辑存》，中华书局 1964 年版，第 45 页。
④ 杜预、孔颖达：《春秋左传正义》，北京大学出版社 1999 年版，第 333 页。

在"兴灭国，继绝世"，维护和平。

第四，兵革之用在克乱济民，推行仁义之道，非在争利。《周礼·夏官》所言大司马的"九伐"，所伐的都是不义。《司马法》言："兴甲兵以讨不义。"《尉缭子·武议》言："兵者，所以诛暴乱、禁不义也。"《白虎通》也曾言"征伐不义，致太平"。"诛暴静乱"才是"兵"的最大功能，而不是攻城略地。但兵力并不是战争的决定因素，而在于师之仁义与否。成汤与周武王革命，即是典型例子。"汤、武以百里昌，桀、纣以天下亡"，得道多助，"八百诸侯会盟津"，是因义而聚，并非为争利而来。所以太公《六韬·文师》说："同天下之利者，则得天下；擅天下之利者，则失天下。天有时，地有财，能与人共之者，仁也。仁之所在，天下归之。"这反映了上古时代的兵学思想。

从《汉书》和《隋书》两志的论述中，我们可以清楚地看到，在春秋时代兵学思想有一种从贵"正"到贵"奇"的重大变化。所谓"正"，就是正道直行，而不以诈。《汉志》特别提到了"动之以仁义，行之以礼让，《司马法》是其遗事也"，这里提到的《司马法》是上古大司马官所掌管的治军用兵的书，又叫《司马兵法》，后来王官失守，散落民间，像《左传》《孙子》等书中所引及的《军志》《军政》等，都有可能是《司马法》中的内容。现存的《司马法》有可能是战国秦汉人汇辑的残书，汉时有155篇，《七略》著录于《兵书略》中。班固认为它与古军礼相关，因此移入《六艺略》的礼类，更名《军礼司马法》。司马迁赞美云："余读《司马兵法》，闳廓深远，虽三代征伐，未能竟其义。"[①]又说："《司马法》所从来尚矣，太公、孙、吴、王子（王子成甫）能绍而明之，切近世，极人变。"今此书尚存残篇，人或疑其伪。四库馆臣说："其言大抵据道依德，本仁祖义，三代军政之遗规，犹借存什一于千百。盖其时去古未远，先王旧典未尽无征，撷拾成编，亦汉文博士追述王制之类也。"这部书代表着上古时代以仁义礼让为核心精神的儒学思想，也即兵法贵"正"时代的军事思想，它与后世的"兵不厌诈"的价值观念是完全对立的。故馆臣说："与一切权谋术数，迥然别矣。"《司马法》以《仁本》开首，其云：

---

① 《史记·司马穰苴列传》，中华书局1959年版，第2160页。

古者，以仁为本，以义治之之谓正。正不获意则权，权出于战，不出于中人。是故杀人安人，杀之可也；攻其国，爱其民，攻之可也。以战止战，虽战可也。故仁见亲，义见说，智见恃，勇见方，信见信。内得爱焉，所以守也；外得威焉，所以战也。战道：不违时，不历民病，所以爱吾民也。不加丧，不因凶，所以爱夫其民也。冬夏不兴师，所以兼爱其民也。故国虽大，好战必亡；天下虽安，忘战必危。①

"以仁为本，以义治之"，这是战争的主导思想。战的原则是"安人""爱其民""以战止战"。从"爱民"的角度考虑，有些战能胜也不能打，像敌方有了天灾人祸，你乘人之危，这样有违仁义，胜之不武。这体现的就是一种仁的思想。又说：

古者逐奔不过百步，纵绥不过三舍，是以明其礼也。不穷不能而哀怜伤病，是以明其仁也。成列而鼓，是以明其信也。争义不争利，是以明其义也。又能舍服，是以明其勇也。知终知始，是以明其智也。②

这哪里是你死我活的战斗？分明是一种规则下的军事游戏。这在今人看来是根本无法理解的。不过这里只是理论表述，而在《左传》中，我们看到的则是实例。如发生在鲁僖公二十二年的宋楚泓之战。当时是楚强宋弱。宋人已经排好阵，而楚军还没有渡过泓水。人劝宋襄公趁敌人正在半渡之际展开进攻，但宋襄公不同意，认为那样不仁义。结果被对方打败重伤致死。宋襄公为什么要这样？他的理论是："君子不重伤，不禽二毛。古之为军也，不以阻隘也。寡人虽亡国之余，不鼓不成列。"今人嘲笑宋襄公是蠢猪式的仁义，而《公羊传》的评价却是："君子大其不鼓不成列，临大事而不忘大礼，有君而无臣。以为虽文王之战，亦不过此也。"认为他失败得很壮烈。再如《左传·襄公四年》，楚国正准备讨伐陈国，听说陈成公死了，于是"闻丧而止"。襄公十九年，晋

---

① 刘仲平：《司马法今注今译》，台北商务印书馆 1977 年版，第 1 页。
② 刘仲平：《司马法今注今译》，台北商务印书馆 1977 年版，第 1 页。

国攻打齐国，已经出兵到了半路，听说齐灵公死了。于是便"闻丧而还"。在战场上的表现，更有奇者。如《左传·成公十六年》载，晋楚两大国因郑国而在鄢陵发生大战。晋国的大将韩厥追逐郑成公，本来郑成公已人疲马困，马上就可以到手，可是却说："不可以再辱国君。"于是停止了追击。晋国的另一位将军郤至，看到了郑成公，他的随从要抄小路围堵，郤至却说："伤国君有刑。"也停止了追击。更有意思的是：

> 郤至三遇楚子之卒，见楚子，必下，免胄而趋风（疾走如风，表示恭敬）。楚子使工尹襄问（馈赠）之以弓，曰："方事（战事）之殷（盛）也，有韎韦（赤色熟皮）之跗注（一种军服），君子也。识见不谷而趋，无乃伤乎？"郤至见客，免胄承命，曰："君之外臣至，从寡君之戎事，以君之灵，间蒙甲胄，不敢拜命，敢告不宁君命之辱，为事之故，敢肃使者。"三肃使者而退。[1]

郤至看到楚国国君，不是趁势追击，而是脱头盔行礼。楚君不是匆匆而逃，而是派人以弓为礼以慰问。这哪里是在战场，分明是在会客室！在春秋时代的战役中，取胜的决定因素往往在阵势，在士气，在上下一心，理直气则壮，则能胜。很少见到有用计谋取胜的。这反映了那个时代"动之以仁，行之以义"的兵学观念。

春秋之末，随着以侵略为目的的兼并战争的发展，"贵义贱利"的价值观被彻底抛弃，以"仁本"为核心的兵学时代彻底结束，代之而兴的是"兵者诡道"的兵学观念。如《汉志》云：

自春秋至于战国，出奇设伏，变诈之兵并作。

《隋志》亦云：

---

[1] 杜预、孔颖达：《春秋左传正义》，北京大学出版社 1999 年版，第 781—782 页。

　　下至三季（夏、商、周三代的末期），恣情逞欲，争伐寻常，不抚其人，设变诈而灭仁义，至乃百姓离叛，以致于乱。

"兵贵诈道"时代的来临，是以《孙子兵法》的产生为标志的。《孙子兵法》又称《孙子》，是春秋之末齐人孙武所作。孙武曾以吴三万之师而破楚二十万之众。助吴王"西破强楚，入郢。北威齐、晋，显名诸侯"（《史记》本传）。《孙子》十三篇，中国兵书中的经典之作。它与《司马法》完全不同。宋郑友贤《孙子遗说》云：

　　　　《司马法》以仁为本，孙武以诈立；《司马法》以义治之，孙武以利动；《司马法》以正，不获意则权，孙武以分合为变。[1]

如果我们把两部书的目录比较一下，一切就都明白了。《司马法》的第一篇是《仁本》，其中反复说的是"爱吾民""爱乎其民""兼爱民"；而《孙子》的第一篇是《始计》，而且明确地说："将听吾计，用之必胜，留之。将不听吾计，用之必败，去之。"《司马法》第二篇是《天子之义》，讲"明民之德，尽民之善"，"上下不伐善"；而《孙子》的第二篇是《作战》，讲的是"用兵之法""尽知用兵之利"。《司马法》第三篇是《定爵》，而《孙子》则是《谋攻》，其下如《虚实》《九变》《九地》《用间》等，"兵贵诈道"的观念无不体现于其间。甚至明确言之：

　　　　兵者，诡道也。故能而示之不能，用而示之不用，近而示之远，远而示之近，利而诱之，乱而取之，实而备之，强而避之，怒而挠之，卑而骄之，佚而劳之，亲而离之，攻其无备，出其不意。此兵家之胜，不可先传也。[2]

其后的兵书，如《尉缭子》讲："善用兵者，能夺人而不夺于人。夺者，心之

---

① 孙武撰，曹操等注：《十一家注孙子校理》，中华书局 1999 年版，第 316 页。
② 孙武撰，曹操等注：《十一家注孙子校理》，中华书局 1999 年版，第 12—19 页。

机也。"① 旧题风后撰、汉丞相公孙宏解、晋西平太守马隆述的《握奇经》讲："治兵以信，求圣以奇，信不可易，战无常规，可握则握，可施则施，千变万化，敌莫能知。"② 托名姜太公的《六韬》，讲："阴其谋，密其机，高其垒，伏其锐士，寂若无声，敌不知我所备，欲其西，袭其东。"③ 传为吴起所撰的《吴子》讲："善行间谍，轻兵往来，分散其众，使其君臣相怨，上下相咎。"（《论将》）新出土的《孙膑兵法》讲："攻其不备，出其不意。"④ 这无不体现着"兵者诡道"的观念。而春秋以降，像围魏救赵、调虎离山、诱敌深入、设伏奇击、挑拨离间等等之类计谋，以诡道取胜者何可胜数！历代注释《孙子》的人很多，所以四库馆臣说："此书注本极夥。"这反映了"兵者诡道"观念得到了普遍认可。

不过有一点很值得我们重视：尽管用兵的观念发生了变化，军事上的利益原则战胜了道义原则，但在战争理念上，人们并没有完全丧失道义原则。许多兵家仍然在治军、用兵方面强调仁义。如太公《六韬》仍强调"修德以下贤，惠民以观天道"⑤，强调"圣王号兵凶器，不得已而用之"⑥。《吴子》则言："凡制国治军，必教之以礼，励之以义使有耻也。"⑦《尉缭子》言："凡兵不攻无过之城，不杀无罪之人。"⑧ 托名黄石公的《素书》，讲"本德宗道""遵义""安礼"。孙星衍对《孙子》的评价是："其书通三才五行，本之仁义。"⑨《孙膑兵法》讲："上知天之道，下知地之理，内得其民之心。"⑩ 这可以看作是《五经》经典文化体系所确立的道德观念，在兵书中的体现。

关于兵书在汉代的聚散存佚情况，《汉志》云：

① 《尉缭子·战威》，《百子全书》第 2 册，浙江人民出版社 1985 年版，第 574 页。

② 《握奇经·八阵总说》，《百子全书》第 2 册，浙江人民出版社 1985 年版，第 483 页。

③ 《六韬·兵道》，《百子全书》第 2 册，浙江人民出版社 1985 年版，第 501 页。

④ 张震泽：《孙膑兵法校理》，《威王问》，中华书局 1986 年版，第 28 页。

⑤ 《六韬·发启》，《百子全书》第 2 册，浙江人民出版社 1985 年版，第 502 页。

⑥ 《六韬·兵道》，《百子全书》第 2 册，浙江人民出版社 1985 年版，第 501 页。

⑦ 《吴子·国图》，《百子全书》第 2 册，浙江人民出版社 1985 年版，第 550 页。

⑧ 《尉缭子·武议》，《百子全书》第 2 册，浙江人民出版社 1985 年版，第 577 页。

⑨ 孙武撰，曹操等注：《十一家注孙子校理》，中华书局 1999 年版，第 332 页。

⑩ 张震泽：《孙膑兵法校理》，中华书局 1986 年版，第 65 页。

> 汉兴，张良、韩信序次兵法，凡百八十二家，删取要用，定著三十五家。诸吕用事而盗取之。武帝时，军政杨仆捃摭遗逸，纪奏《兵录》，犹未能备。

这里提到了张良、韩信序次《兵法》的事。据《史记·留侯世家》说，张良曾在下邳圯上奇遇一老父，老父赠张良《太公兵法》，并说："读此则为王者师矣。""良因异之，常习诵读之"。后来"数以《太公兵法》说沛公，沛公善之，常用其策"。韩信是刘邦的大将，在楚汉战争中表现得非常出色。《汉志·兵书略》著录有《韩信》三篇。可知张良、韩信都是军事专家，他们的判断力自然非同一般，由他们合作整理、选编兵家著作，自然合适不过。当时留下的兵家著作，数量多达 180 多种，最后选取了 35 家。这是一批可观的兵学遗产，可惜被吕氏擅权时盗取。到武帝时，才又派军事家杨仆再次搜集整理，张良、韩信原先能见到的书，此时已不一定存在了。自然"犹未能备"。

2. 兵书的内容分类

《汉志》云：

> 至于孝成，命任宏论次兵书为四种。

在《汉志》总序中提到"步兵校尉任宏校兵书"。这里值得注意的是任宏对兵书的四种分类。对于先代学术进行分类总结，这是汉儒的一种学术习惯。如将全部图书按内容分为"六略"，《诸子略》将诸子分为九流十家，《诗赋略》将赋分为四类，《兵书略》则把当时的兵书分为权谋、形势、阴阳、技巧四类。每类都有小序说明。《兵权谋序》说：

> 权谋者，以正守国，以奇用兵，先计而后战，兼形势，包阴阳，用技巧者也。

"权"是权衡是非轻重，因事制宜，随机应变，"谋"是谋略。合言之，就是随机应变的谋略。《老子》言："以正治国，以奇用兵。""正"指用兵的常道，"奇"指用兵的变术。用何种方式战，这有个权衡问题，采取何种策略，也须计谋。很好的权谋，必须把握三个方面的情况：一是形势大局，二是阴阳变化，三是技术手段。此类兵书《汉志》列有十三家，而今能见到的也是最具代表性的是《孙子兵法》《孙膑兵法》《吴子》等。

"兵权谋家"最大的特点是随时应变，故《孙子·兵势》云：

> 凡战者，以正合，以奇胜。故善出奇者，无穷如天地，不竭如江河。终而复始，日月是也；死而更生，四时是也。声不过五，五声之变，不可胜听也；色不过五，五色之变，不可胜观也；味不过五，五味之变，不可胜尝也；战势不过奇正，奇正之变，不可胜穷也。奇正相生，如循环之无端，孰能穷之？①

要变就必须知彼知己，"知彼"即要"料敌"。如《吴子·料敌》根据各国人性国情分析战时表现以及当采取的战术云：

> 夫齐性刚，其国富，君臣骄奢而简于细民，其政宽而禄不均，一陈（阵）两心，前重后轻，故重而不坚。击此之道，必三分之，猎其左右，胁而从之，其陈可坏。秦性强，其地险，其政严，其赏罚信，其人不让，皆有斗心，故散而自战。击此之道，必先示之以利而引去之，士贪于得而离其将，乘乖猎散，设伏投机，其将可取。楚性弱，其地广，其政骚，其民疲，故整而不久。击此之道，袭乱其屯，先夺其气，轻进速退，弊而劳之，勿与战争，其军可败。燕性悫（què），其民慎，好勇义，寡诈谋，故守而不走。击此之道，触而迫之，陵而远之，驰而后之，则上疑而下惧，谨我车骑必避之路，其将可虏。三晋者，中国也，其性和，其政平，其民疲于战，习于兵，轻其将，薄其禄，士无死志，故治而不用。击此之道，

---

① 孙武撰，曹操等注：《十一家注孙子校理》，中华书局1999年版，第87—89页。

阻陈而压之，众来则拒之，去则追之，以倦其师。此其势也。①

这样透彻的分析和针对性的策略，真让人拍案叫绝。

第二类是兵形势家，《兵形势序》云：

> 形势者，雷动风举，后发而先至，离合背乡，变化无常，以轻疾制敌者也。

"形"是形体、状貌，"势"是力量、声势。行军布阵，既要讲阵容、军容，也要讲蓄发之势。"雷动风行"指起势之猛；"后发先至"指行动之速；"离合背乡（向）"指变化之快。最关键之点在"轻疾制敌"，军队的动作速度很重要。《汉志》著录形势类兵书十一家，而今存者仅《尉缭》一家。作者是六国时人，或以为秦时人（如钱穆云），本末不详。书又名《尉缭子》，《汉志》著录三十一篇，今存二十四篇。四库馆臣引《周氏涉笔》言："虽未纯王政，亦庶几能窥见本统者。自孙武、吴起而下，未有能通之者也。"黄朴民先生把《尉缭子》的兵形势特色总结为三个方面，即"未战之前的对敌优势，将战之时的作战布势，既战之后的凌敌威势"②。考《尉缭子》一书，其所强调的重点在政治、经济、军备等诸多方面的实力与优势，而不在权谋计略与应机变化。其《兵谈》云：

> 兵之所及，羊肠亦胜，锯齿亦胜，缘山亦胜，入谷亦胜，方亦胜，员亦胜。重者如山如林，如江如河；轻者如炮如燔，如垣压之，如云覆之。令人聚不得以散，散不得以聚，左不得以右，右不得以左。兵如总木，弩如羊角，人人无不腾陵张胆，绝乎疑虑，堂堂决而去。③

这讲的就是"军势"。其《战威》云：

---

① 《吴子·料敌》，《百子全书》第 2 册，浙江人民出版社 1985 年版，第 551—552 页。
② 黄朴民：《先秦两汉兵学文化研究》，中国人民大学出版社 2010 年版，第 183 页。
③ 《尉缭子·兵谈》，《百子全书》第 2 册，浙江人民出版社 1985 年版，第 572 页。

凡兵，有以道胜，有以威胜，有以力胜。讲武料敌，使敌之气失而师散，虽形全而不为之用，此道胜也。审法制，明赏罚，便器用，使民有必战之心，此威胜也。破军杀将，乘闉发机，溃众夺地，成功乃返，此力胜也。王侯知此所以三胜者，毕矣。[①]

道胜、威胜、力胜，讲的都是声势、气势压人。其云"土广而任则国富，民众而制则国治。富治者，民不发轫，甲不出暴，而威制天下"（《兵谈》），所言的是国势。"凡兵，制必先定，制先定则士不乱，士不乱则刑乃明，金鼓所指，则百人尽斗；陷行乱阵，则千人尽斗。覆军杀将，则万人齐刃，天下莫能当其战矣"（《制谈》），所讲的是军势。其《十二陵》云：

威在于不变，惠在于因时，机在于应事，战在于治气，攻在于意表，守在于外饰，无过在于度数，无困在于豫备，慎在于畏小，智在于治大，除害在于果断，得众在于下人。悔在于任疑，孽在于屠戮，偏在于多私，不祥在于恶闻己过，不度在于竭民财，不明在于受间，不实在于轻发，固陋在于离贤，祸在于好利，害在于亲小人，亡在于无所守，危在于无号令。[②]

这正反十二种方式与不同结果，是对战争经验的精辟概括，也是军心聚散、有无必胜信念和把握的关键。"不变"则民心定，"因时"则民获利多，"应事"则民免害，"治气"则士气盛，"意表"则声势强，"外饰"则气可夺人，"度数"则不闪失，"豫备"则不困乏，"畏小"则行事严谨，"治大"则能把握全局，"果断"则免患，"下人"则得众。主帅的这种治军原则，是树立军威、保护士气、坚定必胜信念的保证。如此所造的就是一种优势。相反则会"悔""孽""祸""害"等毕至。

第三类是兵阴阳家，《汉志》云：

---

① 《尉缭子·战威》，《百子全书》第 2 册，浙江人民出版社 1985 年版，第 573—574 页。

② 《尉缭子·十二陵》，《百子全书》第 2 册，浙江人民出版社 1985 年版，第 577 页。

阴阳者，顺时而发，推刑德，随斗击，因五胜，假鬼神而为助者也。

《诸子略》中有阴阳家，本出自古代掌握天文历法的学问，后来出现了"舍人事而任鬼神"的神秘之术。现在民间有阴阳先生，专作星相、占卜、相宅、相墓的差事。兵家的阴阳一派略与这相似。"顺时而发"是指随着日月星象及四季变化等而行事。如《史记·天官书》说："日方南，金居其南；日方北，金居其北，曰赢。侯王不宁，用兵进吉退凶。日方南，金居其北，日方北，金居其南，曰缩。侯王有忧，用兵退吉进凶。用兵象太白，太白行疾，疾行；迟，迟行。角，敢战。动摇躁，躁。圜以静，静。顺角所指，吉。反之皆凶。出则出兵，入则入兵。"这些理论，今天已难完全明白，但古代则是军队用兵要把握的。"推刑德"即《史记·龟策列传》所谓"明于阴阳，审于刑德"之意，刑为阴克，德为阳生。《汉书·董仲舒传》说："天道之大者在阴阳，阳为德，阴为刑。""随斗击"是指随北斗星的变化而决定出击时机。《淮南子·天文训》说："北斗之神有雌雄，十一月始建于子，月从一辰，雄左行，雌右行。五月合午，谋刑。十一月合子，谋德。"《隋书·经籍志》著录有《黄石公北斗三奇法》，当属此类。"因五胜"即指五行相胜，依据五行相生克的原理来制定制胜策略。"假鬼神而为助"，类似巫术之属，像《三国演义》里描写的诸葛亮祭东风，即属此类。

兵阴阳家，《汉志》著录十六家，今无一幸存。其全貌今已难以了解。但从一些零散的资料中，大略可以知道，这一派带有阴阳方术之士的色彩。《汉志》兵阴阳家中有《师旷》八篇。据《左传》记载，在齐晋的一次战争中，齐国军队被晋军的虚张声势吓倒，趁夜逃走。师旷根据乌乌的鸣声，便确定齐军逃跑了。又载："晋人闻有楚师，师旷曰：'不害。吾骤歌北风，又歌南风；南风不竞，多死声，楚必无功。'"[1] 这也可反映《师旷》兵法的性质。在《史记》的《天官书》和《律书》中，有关于兵书的内容，在今人甚难理解，但这些书中却言之凿凿。如《史记·律》云：

---

① 杜预、孔颖达：《春秋左传正义》，北京大学出版社 1999 年版，第 953、954 页。

王者制事立法，物度轨则，壹禀于六律，六律为万事根本焉。其于兵械尤所重，故云："望敌知吉凶，闻声效胜负。"百王不易之道也。①

张守节《史记正义》说："内成曰器，外成曰械。械谓弓矢殳矛戈戟。刘伯庄云：'吹律审声，听乐知政，师旷审歌，知晋楚之强弱。故云兵家尤所重。'"又说："凡两军相敌，上皆有云气及日晕。"司马贞《索隐》说："凡敌阵之上，皆有气色，气强则声强，声强则其众劲。律者所以通气，故知吉凶也。"张守节引《兵书》说："夫战，大师吹律，合商则战胜，军事张强，角则军扰多变，失士心；宫则军和，士卒同心；征则将急数怒，军士劳；羽则兵弱少威焉。"这是从音律上来判断吉凶的。

《史记·天官书》云：

两军相当，日晕；晕等，力钧，厚长大，有胜；薄短小，无胜。重抱大破无。抱为和，背为不和，为分离相去。直为自立，立侯王；破军若曰杀将。负且戴，有喜。圜在中，中胜；在外，外胜。青外赤中，以和相去；赤外青中，以恶相去。气晕先至而后去，居军胜；先至先去，前利后病；后至后去，前病后利；后至先去，前后皆病，居军不胜。②

这是根据日晕云气判断胜负。像类似的内容，频见于古籍，当都属兵家遗说。李贺《雁门太守行》云："黑云压城城欲摧，甲光向日金鳞开。"高钱起《送张将军征西》云："战处黑云霾瀚海，愁中明月度阳关。"研究者多以为是文学的象征手法，但很有可能是兵家典故的引用。如《魏书·灵征志》言："显祖皇兴三年正月，河济起黑云，广数里，掩东阳城上，昏暗如夜。既而东阳城溃。"《隋书·天文志》言："军上气中有黑云如牛形，或如猪形者，此是瓦解之气，军必败。""两军相当，敌上有云如飞鸟，徘徊其上，或来而高者，兵精锐，不可击。军上云如马，头低尾仰，勿与战。军上云如狗形，勿与战。"阴阳家对

---

① 《史记·律书》，中华书局 1959 年版，第 1239 页。
② 《史记·天官书》，中华书局 1959 年版，第 1331 页。

此有一套理论。如唐李筌《占云气篇》云："天地相感，阴阳相薄，谓之气。久积而成云，皆物形于下而气应于上。是以，荆轲入秦，白虹贯日；高祖在沛，彤云上覆。积蜃之气而成宫阙，精之积必形于云之气，故曰：占气而知其事，望云而知其人也。"这种理论到底有多少可信度，当是值得怀疑的。

第四类是兵技巧家，《汉志》云：

技巧者，习手足，便器械，积机关，以立攻守之胜者也。

这一类主要是讲军事技术。《汉志》著录十三家，无一幸存。根据书目，"习手足"是指技术训练，练习拳法、剑术、射技之类。著录著作中有《剑道》《手搏》等即属此。其中有《蹴鞠》二十五篇，是班固加进来的。蹴鞠是类似今足球的运动，是用以练武、健身的一种方法。据马王堆出土的《黄帝四经》说：黄帝战败蚩尤后，"因而擒之，剥其□革以为干侯，使人射之，多中者赏。翦其发而建之天，名曰蚩尤之旌。充其胃以为鞠，使人执之，多中者赏。"《后汉书·梁冀传》李贤注引刘向《别录》说："蹴鞠者，传言黄帝所作，或曰起战国之时。蹋鞠，兵执也，所以讲武以知材也。"

"便器械"是指熟习器械，《逢门射法》《阴通成射法》《李将军射法》《魏氏射法》等属此类。刘歆《七略》原著录有《墨子》十一篇，班固因《诸子略》中已著录《墨子》全书，所以删去。《墨子》这十一篇，涉及了大量攻守器械以及方法。如《备城门》篇说："今之世常所以攻者，临、钩、冲、梯、堙、水、穴、突、空洞、蚁傅、轒辒、轩车。"这里所提到的是十二种攻城器械和方法。又说："城上之备：渠谵、藉车、行栈、行楼、到、颉皋、连挺、长斧、长椎、长兹、距、飞冲、县□、批屈。"这是十二种守城的器械。像这些工具，今天已难以完全了解，但也可以反映出当时此类器械的丰富性。像这里所提到轒辒，据《孙子·谋攻》杜牧注："轒辒，四轮车，排大木为之，上蒙以生牛皮，下可容十人，往来运土填堑，木石所不能伤，今所谓木驴是也。"这像是古代的坦克。有些工具在近现代战争中还在用。如《备穴》中防备敌方挖地道入城用的陶罂："穿井城内，五步一井，傅城足，高地丈五尺，下地得泉三尺而止，令陶者为罂，容四十斗以上，固幎之以薄革，置井中，使聪耳者伏罂而听之，审知穴之所在，凿穴迎之。"在抗日战争和解放战争中，攻城时就曾用过这种方法。

"积机关"指熟练连弩之类的技术含量高的武器。《汉志》著录有《强弩将军王围射法》《望远连弩射法》《护军射师王贺射书》等，当即此类。《墨子·备高临》云：

> 备临以连弩之车，材大方一尺，长称城之薄厚。两轴三轮，轮居筐中，重下上筐。左右旁二植，左右有衡植，衡植左右皆圜内，内径四寸。左右纮弩皆于植，以弦钩弦，至于大弦。弩臂前后与筐齐，筐高八尺，弩轴去下筐三尺五寸。连弩机郭同铜一石三十钧，引弦鹿卢收。筐大三围半，左右有钩距，方三寸，轮厚尺二寸，铜距臂博尺四寸，厚七寸，长六尺。横臂齐筐外，蚤尺五寸，有距，博六寸，厚三寸，长如筐。有仪，有诎胜，可上下。为武，重一石，以材大围五寸，矢长十尺，以绳□□矢端，如弋射，以历鹿卷收。牧矢高弩臂三尺，用弩无数，出入六十枚，用小矢无留。十人主此车。[1]

一个需要十人操作的连弩车，车上还有瞄准装置，一次可以发射六十支箭，这显然就是当时的重型武器。操作这样的大型机械，多人配合，所以需要"积"（习），反复练习操作方法。从这里也可以看出火药发明之前的古代战争智慧。

3. 兵学著作的净化

从混沌到清晰，这是事物发展的一个规律。就兵学而言，由原初的兵农合一，农具与兵器合一，军规、军政、军令、兵法、阴阳、杂占混一，到后来的兵农分离，兵学从各种杂说中分离出来，经过了一个较长的认识过程。《四库全书总目·兵家类》小序云：

---

[1]   孙诒让：《墨子间诂》，中华书局2001年版，第537—538页。

《史记·穰苴列传》称齐威王使大夫追论古者司马兵法，是古有兵法之明证。

据《史记·司马穰苴列传》说：司马穰苴是齐景公时的一位名将。在景公军败之后，由晏子推荐，受到景公重用。他治军严明，与士卒共甘苦，大得士卒拥戴。"悉取将军之资粮享士卒，身与士卒平分粮食，最比其羸弱者。三日而后勒兵。病者皆求行，争奋出为之赴战。晋师闻之，为罢去。燕师闻之，度水而解。于是追击之，遂取所亡封内故境而引兵归。未至国，释兵旅，解约束，誓盟而后入邑。景公与诸大夫郊迎，劳师成礼，然后反归寝。既见穰苴，尊为大司马。"齐威王即位后，"用兵行威，大放穰苴之法，而诸侯朝齐。齐威王使大夫追论古者《司马兵法》，而附穰苴于其中，因号曰《司马穰苴兵法》"。《司马穰苴兵法》与《司马兵法》，是两种不同价值取向的兵家著作，把它们编在一起，显然有些不类。故司马迁说："若夫穰苴区区为小国行师，何暇及《司马兵法》之揖让乎？"馆臣这里只是要以《司马兵法》的存在，证明兵书起源之早。

但是在传世的兵书中存在不少问题。第一个问题是假托者为多。馆臣云：

然《风后》以下皆出依托。

《汉志》著录有《风后》十三篇，班注："图二卷，黄帝臣，依托也。"《封胡》五篇，注："黄帝臣，依托也。"《力牧》十五篇，注："黄帝臣，依托也。"《鬼容区》三篇，注："图一卷，黄帝臣，依托也。"四库全书中收《握奇经》一卷，署风后撰。馆臣云："此经此解《七略》不著录者，其依托更不待辨矣。"

第二个问题是兵书与阴阳五行方术之学相混。馆臣云：

其间孤虚、王相之说，杂以阴阳五行；风云、气色之说，又杂以占候。故兵家恒与术数相出入，术数亦恒与兵家相出入，要非古兵法也。

"孤虚""王相"都是方术之家的术语。"孤虚"是古代计日时，以十天干顺次与十二地支相配为一旬，所余的两地支称之为"孤"，与孤相对者为"虚"。

古代常用以此推算吉凶祸福及事之成败。《汉志·数术略》即著录有《风后孤虚》,《隋志·兵书类》著录有《黄帝兵法孤虚杂记》《六甲孤虚杂决》《六甲孤虚兵法》《孤虚法》等。"王相",五行用事者为"王",王所生为"相",表示物得其时。阴阳家以王(旺盛)、相(强壮)、胎(孕育)、没(没落)、死(死亡)、囚(禁锢)、废(废弃)、休(休退)八字与五行、四时、八卦等递相配搭,以表示事物的消长更迭。"风云气色"即前所提到的望云气的学说,"占候"即根据天象变化,预言吉凶。此类著作,杂入兵家类者甚多。如《隋志·兵书类》著录《孙子兵法杂占》四卷、《太公伏符阴阳谋》一卷、《杂撰阴阳兵书》五卷、《吴有道占出军决胜负事》一卷、《用兵秘法云气占》一卷、《兵法三家军占秘要》一卷、《气经上部占》一卷、《天大芒雾气占》一卷、《鬼谷先生占气》一卷、《五行候气占灾》等。到清人黄虞稷撰《千顷堂书目》,其兵书类仍收有《奇门遁甲烟波钓叟歌》《禽星易见》《奇门遁甲兵机书》《八门神书》之类。在古图书编目中,术数类与兵家类常相杂混。为了兵书的纯洁性,四库馆臣对兵书的性质作了重新认定。其云:

> 其最古者,当以《孙子》《吴子》《司马法》为本,大抵生聚训练之术,权谋运用之宜而已。

"生聚"指繁殖人口,聚积物力。"训练"指教授操练军事技能。这实际上就是"富国强兵"之术。越王勾践受屈辱于吴下,归国后,卧薪尝胆,"十年生聚,而十年教训"(《左传·哀公元年》),使国力强大,终成吴之功。"权谋应用",则是军事智慧的动作。"生聚训练"是实力培养,"权谋运用"是军事艺术,这两句话是对兵书基本性质的高度概括。而这方面的代表就是《孙子》《吴子》《司马法》等书。

根据这种性质认定,馆臣确定兵书类收录的原则,把与术数相杂者从兵书中清理出来。其云:

> 今所采录,惟以论兵为主,其余杂说,悉别存目。古来伪本流传既久者,词不害理,亦并存以备一家。明季游士撰述尤为猥杂,惟择其著有明

效，如戚继光《练兵实纪》者，列于篇。

这里出示了四项原则：第一，《四库全书》仅收录以"论兵为主"的著作，如《孙子》《吴子》《司马法》《尉缭子》《三略直解》《素书》《李卫公问对》《太白阴经》《武经总要》《虎钤经》之类。第二，杂而不纯之类，别列于存目，如《握机经解》《太公兵法》《孙子参同》之类，如杂俎之书，则不收入《四库》。第三，对于伪书的处理原则是："流传既久""词不害理"，有益于学习，则录入《四库》，如《握奇经》《六韬》之类。第四，对于晚明游士所撰的"猥杂"之作，则不。晚明游士并没有军事经验，仅杂抄它书，纸上谈兵，而且每每托名前人，如《长子心钤》《莅戎要略》《武备新书》等，皆托名戚继光撰。这个选录原则可以说是合理的。

从《汉志》到《四库》，基本上可以了解兵学史的概略。在历史进程中，随着武器及作战工具的变化，攻守方式、战争形式等自然要随着改变。但兵学理论，《孙子》《吴子》等创立的高峰，后世则很难逾越。赵国华先生撰《中国兵学史》，将兵学发展从萌发到晚清终结，划分为八个阶段。第一阶段从黄帝时代到春秋中期，是中国兵学的萌芽阶段。《军志》《军政》是兵学萌芽的标志。第二阶段从春秋后期至战国时代，是中国兵学的形成阶段。以《孙子》《吴子》《孙膑兵法》《尉缭子》《六韬》等为代表，代表着兵学体系的形成。第三个阶段秦汉时期，中国兵学经过系统的整理，在某些方面取得一定的进步。第四个阶段是两晋南朝时期，中国兵学第一次陷入低谷。第五个阶段是隋唐至宋朝，出现了《唐李问对》《太白阴经》《虎鈐经》等兵学史上的重要成果，以及《武经总要》《何博士备论》《十七史百将传》《历代兵制》《补汉兵志》等，拓展了兵学领域。第六个阶段是元代，中国兵学第二次陷入低谷。第七个阶段是明至清前期，中国兵学经过总结和开拓，出现了顶峰。代表作是《武经七书》《孙子书校解引类》《孙子参同》《武经七书汇解》《纪效新书》《练兵实纪》《阵纪》《草庐经略》《兵经》《乾坤大略》等，还有关于边防、海防的《九边图说》《筹海图编》，关于火器的制造和使用的《火龙神器阵法》《火攻挈要》等。第八个阶段晚清七十年，是中国兵学的终结，随后兵学让位于近代军事学。此说可作参考。

阅读参考书目

孙武撰，曹操等注：《十一家注孙子校理》，中华书局 1999 年版。

孙膑撰，张震泽校理：《孙膑兵法校理》，中华书局 1984 年版。

黄朴民：《先秦两汉兵学文化研究》，中国人民大学出版社 2010 年版。

赵国华：《中国兵学史》，福建人民出版社 2004 年版。

三、法家略说

《汉志》所述九流，与政治最切近的是法家一流。法指法律、政令，这是国家管理制度层面上必不可少的组成部分。它与礼相对应而存在，礼要人明是非，知廉耻，诱人向上，按规则行事。而法则是禁人之非，不管人懂还是不懂，都必须遵守执行。孔子说："导之以政（孔安国曰：政，谓法教也），齐之以刑，民免而无耻。导之以德，齐之以礼，有耻且格。"①"导政齐刑"，就是以法治国；"导德齐礼"，就是以礼治国。这两种治国方略，本是相配合而行的。《大戴记·礼察》篇说：

> 礼者，禁于将然之前；而法者，禁于已然之后。是故法之用易见，而礼之所为生难知也。若夫庆赏以劝善，刑罚以惩恶。先王执此之正，坚如金石，行此之信，顺如四时，处此之功，无私如天地，尔岂顾不用哉！然如曰礼云礼云，贵绝恶于未萌，而起信于微眇，使民日徙善远罪而不自知也。孔子曰："听讼，吾犹人也。必也使无讼乎！"此之谓也。②

这代表了中国正统的治国理念。"礼禁于前"是必要的，但"法禁于后"，也是不可缺少的。不过，能使刑法措置而不用，这才是最高境界。即如《史记·周本纪》所云："成康之际，天下安宁，刑错四十余年不用。"《汉书·礼乐志》称："周监于二代，礼文尤具，事为之制，曲为之防，故称礼经三百，

---

① 刑昺：《论语注疏》，北京大学出版社 1999 年版，第 15 页。
② 王聘珍：《大戴礼记解诂》，中华书局 1983 年版，第 22 页。

威仪三千。于是教化浃洽，民用和睦，灾害不生，祸乱不作，图圄空虚四十余年。""听讼"再明，也不如"无讼"。孔子所追求的就是天下无讼、"刑错不用"的治平盛世。天下清明，则牢狱空虚，法律稀疏；天下昏暗，则牢狱拥挤，禁令稠密。如秦始皇时，"专任刑罚，躬操文墨，昼断狱，夜理书，自程决事日县石之一。而奸邪并生，赭衣塞路，图圄成市"[1]。故儒家强调礼治，就是要治本、治民心，使天下"无讼"，而不主张以刑法使"民免而无耻"。但"乱不言儒，治不言法"，在战国动乱的社会环境中，"礼治"观念很难行通，只有严法苛刑才能最有效地遏制人欲的膨胀。《韩非子》曾有过比喻："火形严，故人鲜灼；水形懦，人多溺。"[2]法就像火，火焰逼人，人不敢靠近，所以烧伤的人就少。礼就像水，水性柔软，所以溺死的人就多。故："法者，王之本也；刑者，爱之自也。夫民之性，恶劳而乐佚，佚则荒，荒则不治，不治则乱，而赏刑不行于天下者必塞。……故治民无常，唯治为法。"[3]因此在战国诸子浪潮中，出现了主张以法治国的一派学者，后世名之曰"法家"。在中国两千多年的历史中，法家的学说，随着时势的变化，不断影响着统治者的治国理念。

1. 法家起源及与道、名的纠葛

《汉志·诸子略》云：

法家者流，盖出于理官。

理官是治狱之官，就是今天的司法官。唐宋元明各代把掌管刑狱的官署叫大理寺，即是因袭古制。传说中最早的司法官是尧舜时的皋陶，后世奉之为狱神。古"法"字又作"灋"，《说文》说："灋，刑也。平之如水，从水。廌所以

---

[1] 《汉书·刑法志》，中华书局 1962 年版，第 1096 页。
[2] 王先慎：《韩非子集解》，中华书局 1998 年版，第 223 页。
[3] 王先慎：《韩非子集解》，中华书局 1998 年版，第 474—475 页。

触不直者去之，从去。"又说："廌，解廌，兽也。似山牛，一角。古者决讼，令触不直。"廌作为一只角的动物，在生活中十分罕见。但古书中频见。《论衡·是应篇》把这种神兽书作"觟𧣾"，解释说：

> 儒者说云：觟𧣾者，一角之羊也，性知有罪。皋陶治狱，其罪疑者，令羊触之。有罪则触，无罪则不触。斯盖天生一角圣兽，助狱为验，故皋陶敬羊，起坐事之。此则神奇瑞应之类也。[1]

并且说汉时"府廷画皋陶、觟𧣾"。"觟𧣾"就是"解廌"，读音完全相同。传说"解廌"以角触不讲道理的人，因此王充特意书作带"角"的形声字"觟𧣾"（"觟"，从角圭声；"𧣾"，从角虒声）。廌的传说起源很早，甚至早至黄帝时代。《说文》云："荐，兽之所食草。从廌，从艸。古者神人以廌遗黄帝。帝曰：'何食？何处？'曰：'食荐；夏处水泽，冬处松柏'。"《尔雅翼》说："廌似山羊，一角，一名神羊，一名解，东北荒中兽也。见人斗，则触不直者。闻人论，则咋不正者。古者神人以廌遗黄帝。"（《尔雅翼》卷十八）所谓"一角"，这应该是传说之误。"法"金文作"𤅫"，所从之"廌"为双角甚明。"廌"甲骨文作"𧰨"，头也是双角而非一角。小篆变作"𢊁"，这与"鹿"字由头戴双角之"𢊁"而变为"鹿"是一个道理。因鹿为常见之物，故没有被神化。而廌究竟何指，人已难明，故误把"𢊁"上中间一笔直笔认作一角，而把本来是表示双角的两旁曲笔当作了耳。古有冠名"法冠"，又名解廌冠。据《淮南子·主术训》，此冠起源于春秋楚文王时。《汉书·张敞传》注引晋灼云："秦制执法服，今御史服之，谓之解廌，一角，今冠两角，以解廌为名耳。"传说是一角，而沿自春秋的"解廌冠"则是两角，说明廌本来就是两角。罗愿说"廌似山羊"，而且"一名神羊"，显然是羊的一种。今山西省洪洞县有村名"羊獬"，还有村名"皋陶"，两村相去不远。父老传言：帮助皋陶断案的神羊就产生在羊獬村。"羊獬"本作"羊解"，顾名思义就是羊解决纠纷。因为传说是神兽，所以加了"犬"旁书作"獬"。在上古游牧生活中，人对羊牛之类性

---

[1]　黄晖：《论衡校释》，中华书局 1990 年版，第 760 页。

能摸得很透彻，也十分熟悉，故能辨识羊类。而廌当是一种灵慧于其他种类的羊。或偶然发现其触人不直的行为，故便以之处理人事纠纷。用灵羊来断讼，这应该是原始时代曾经有过的一种听讼方式。这种方式直到战国时代还有采用者。如《墨子·明鬼》说：

> 昔者齐庄君之臣，有所谓王里国、中里徼者，此二子者，讼三年而狱不断。齐君由（欲）谦（兼）杀之，恐不辜；犹谦（兼）释之，恐失有罪。乃使之人共一羊，盟齐之神社。二子许诺。于是泏洫（歃血），摲羊而漉（洒）其血。读王里国之辞，既已终矣。读中里徼之辞，未半也，羊起而触之，折其脚，祧神之而敲之，殪之盟所。[1]

这如同古代越南人用大象判曲直一样。《朝野佥载》言："安南有象，能默识人之是非曲直。其往来山中，遇人相争，有理者即过，负心者以鼻卷之，掷空中数丈，以牙接之，应时碎矣，莫敢竞者。"[2]因为廌听讼公正无私，代表了法，故《广雅·释诂一》云："廌，法也。"而古"法"字书作"灋"，也说明了法的概念起源之早。《说文》"灋，刑也"的诠释，证明着法与刑的密切联系。

不过，细而考之，"法"有两个最基本的义项：一是刑法，二是法则。法则应该是更内在的本质，刑法则是维护法则的手段。即如章太炎先生所云："此以刑维其法，而非以刑为法之本也。"[3]《广韵·乏韵》："法，则也。"《礼记·曲礼》"谨修其法而审行之"注："其法，谓其先祖之制度。"《孔子家语》每以"德法"并称。如《执辔》言："德法者，御民之具。""以德法为衔勒，以百官为辔，以刑罚为策，以万民为马。""无德法而用刑，民必流。"把"德法"与"刑罚""刑"对言，显然"法"指的不是"刑法"，而是规则、制度。虽然"法，则也"的概念可以从"刑而使之成型"的蕴义推衍而出，但更深层的原因，可能在远古的信约与律则。

在人类没有文字之前，信约赖于口头的承诺。大家共同合作才完成一件

---

① 孙诒让：《墨子间诂》，中华书局 2001 年版，第 232 页。
② 《太平广记》卷 441，中华书局 1961 年版，第 3604 页。
③ 《章太炎全集》第 3 册，上海人民出版社 1984 年版，第 79 页。

事，就必须以言相约，这就是成言。屈原《离骚》说："初既与余成言兮，后悔遁而有他。"即指对方违背成言。大家共同遵守"成言"，这就叫"信"，所以"信"字从"人"从"言"。故《左传·僖公七年》云："守命共时之谓信。"《礼记·礼运》"讲信修睦"注："信，不欺也。"《左传·桓公六年》"而信于神"正义："人言为信，谓言不虚妄也。"《说文系传通论》云："古者胥命而不盟。鹦狌能言，不离禽兽。言而不信，非为人也。"《说文》说："信，诚也。"有"诚"，事才能"成"。这虽是后世的道德性表述，而也反映了原始时代人的观念。人类社会是靠大家共同遵守"成言"才得以形成的。社会组织形成后，更需要订立规则，大家共同遵守，这样才能保证一个群体的稳定性。随着社会发展，这些规则就出现在了诸多方面，如《管子·任法》说："法者，天下之程序也，万事之仪表也。"《说苑·至公》说："法者，所以敬宗庙，尊社稷。"同时法和礼也有了一定的联系。如《周礼·天官·小宰》"法掌祭祀"注："法，谓其礼法也。"但语言口传容易出错，于是文字产生之后，便要把大家要遵守的规则写下来，这就叫"律"。《易·师》："师出以律，否臧凶。"孔颖达疏："律，法也。""律"字从"聿"，表示是用笔书写的，从"彳"，表示发布通行。即《韩非子·难三》所说："法者，编著之图籍，设之于官府，而布之于百姓者也。"故又并称之曰"法律"。章太炎先生说："法者，制度之大名也。……故法家者流，则犹西方所谓政治家也，非胶于刑律而已。"[1]

但是"法"的形成与法家的形成还不是一回事。《汉志》说法家出于古之"理官"，理官治狱断案，分辨曲直，掌管刑法，主在对以违法者的行刑制裁，而不是教化让人守法。战国时的法家学派继承了理官的这种作风，把严厉法治变成了一种治国理念，并且形成了一套理论。

《汉志》著录法家十家，在十家中可以发现，他们与黄老、刑名之家的关系十分密切。如《史记》记载："鞅少好刑名之学。"[2]"申子（申不害）之学本于黄老，而主刑名，著书二篇，号曰《申子》。""韩非喜刑名法术之学，而归

---

① 《章太炎全集》第 3 册，上海人民出版社 1984 年版，第 79 页。

② 《史记·商君列传》，中华书局 1959 年版，第 2227 页。

本于黄老。"① "慎到，赵人，学黄老道德之术，故著十二论。"② "晁错者，颍川人也。学申商刑名于轵张恢先所。"③

"刑名"是战国时出现的概念。刘向《别录》云："申子学，号曰'刑名家'者，循名以责实，其尊君卑臣，崇上抑下，合于《六经》也。""循名责实"是战国名家的作风。而这里与"刑"字相联系，便有了刑罚名称之意了，即所依何法，所定何名，所用何刑。《史记·万石张君列传》张守节《正义》说："刑，刑家也。名，名家也。言治刑法及名实也。"《荀子·正名》说："刑名从商，爵名从周，文名从《礼》。"这里披露一个信息是：商代的刑罚制度已经很完善，因此可以为后王所效法、遵从。《尚书·康诰》也说："殷罚有伦。"也说明了殷刑允当，值得学习。董仲舒《对策》中也提说："殷人执五刑以督奸，伤肌肤以惩恶。"值得注意的是战国时出现的最早两位法家的铁腕人物，吴起和商鞅，都是卫国人，而卫正是商人故地。有可能当时商之遗法，还存于民俗中。《韩非子·内储说上》说："殷之法，弃灰于公道者，断其手。"像如此严酷之刑，自然没有人敢去触，这就可能养成一种习惯，使"弃灰于公道"的行为绝迹于商民地区。商鞅"好刑名之学"的价值取向，有可能受此影响。而与此联系至密之名家，则是专以正名辨义为能事的。这一派很有点像今天的"律师"。《汉志》著录名家的第一部著作是《邓析》。而《吕氏春秋·离谓》篇说：

> 子产治郑，邓析务难之，与民之有狱者约，大狱一衣，小狱襦袴。民之献衣襦袴而学讼者，不可胜数。以非为是，以是为非，是非无度，而可与不可日变。所欲胜因胜，所欲罪因罪。郑国大乱，民口讙哗。子产患之，于是杀邓析而戮之，民心乃服，是非乃定，法律乃行。④

不难看出，邓析就是一名没有品操可言的著名"律师"。《四库全书》将其书归于法家类，正得其所。律师与法官是一组对应关系。"名家"要在概念上钻

---

① 《史记·老子韩非列传》，中华书局 1959 年版，第 2146 页。
② 《史记·孟子荀卿列传》，中华书局 1959 年版，第 2247 页。
③ 《史记·袁盎晁错列传》，中华书局 1959 年版，第 2745 页。
④ 陈奇猷：《吕氏春秋新校释》，上海古籍出版社 2002 年版，第 1188 页。

空子，而执法者则务要使"刑名"无懈可击。大约"好刑名"者，则是在循名责实，有孔子"必也正名乎"的观念。孔子说："名不正，则言不顺；言不顺，则事不成；事不成，则礼乐不兴；礼乐不兴，则刑罚不中；刑罚不中，则民无所措手足。"①这里特别提到"刑罚"，说明孔子"正名"的主张中，包括了正刑名。《荀子·正名》篇提出所正四名，而"刑名"居首（其余为爵名、文名、散名）。又云："故王者之制名，名定而实辨，道行而志通，则慎率民而一焉。故析辞擅作名，以乱正名，使民疑惑，人多辨讼，则谓之大奸，其罪犹为符节度量之罪也。"如果从政治治理的角度，从国家层面考虑，"刑名"便是一个不可忽略的问题。故"好刑名"而入于法家之列，便顺理成章。

　　黄老为道家学派，法家代表人物申不害、慎到、韩非等，据《史记》本传言，都与黄老有关系。特别是韩非，他的《解老》《喻老》两篇，是今见到的最早阐释《老子》的著作。司马迁在立传时，还特意把老子、庄子、申不害、韩非放于同一篇中，反映了他们之间是有联系的。《老子》强调："国之利器，不可以示人。"《汉志》称道家学说是"君人南面之术"，很清楚，这一学说是为君主服务的。法家所执有的是君主本位主义立场，是专为君主权力及强国考虑的。但单纯的法可以治民，而不能驾驭大臣。从春秋开始出现的情况是，君主失位并不是失在百姓手里，而是大权旁落，权臣篡位。如《申子》所言："今人君之所以高为城郭，用谨门闾之闭者，为寇戎盗贼之至也。今夫弑君而取国者，非必逾城郭之险而犯门闾之闭也。蔽君之明，塞君之听，夺之政而专其令，有其民而取其国矣。"②因而保证君主的地位，就必须树立绝对权威，如《管子·法法》篇说："凡人君之所以为君者，势也。故人君失势，则臣制之矣。势在下，则君制于臣矣；势在上，则臣制于君矣。故君臣之易位，势在下也。"③要保证绝对权威，就必须有权势；要有权势，就要有掌控群臣的手段，需要有智慧、权谋，而黄老之学则是一套充满智慧与权谋的学说。因此申不害、韩非等法家代表人物，他们从黄老学说那里提取的主要是人君驾驭臣下之"术"。这"术"就是《老子》所说的"国之利器"，全要自己把握，而不

---

①　刑昺：《论语注疏》，北京大学出版社 1999 年版，第 171 页。

②　《群书治要》卷三十六，北京理工大学出版社 2013 年版，第 483 页。

③　黎翔凤：《管子校注》，中华书局 2004 年版，第 305 页。

能出示于人。《韩非子·定法》云："术者，因任而授官，循名而责实，操杀生之柄，课群臣之能者也。此人主之所执也。法者，宪令著于官府，刑罚必于民心，赏存乎慎法，而罚加乎奸令者也。此臣之所师也。君无术则弊于上，臣无法则乱于下，此不可一无，皆帝王之具也。"[①] 这说得就非常透彻了！

简言之，刑名为国之立法而不可少，黄老之术，为"君人南面"而不可缺。站在君主立场考虑问题的法家，要完善其理论，"黄老""刑名"便成为必然的思想资源。

2. 法的功用与法家的成败

关于法在国家制度架构中的定位及意义，《汉志》有简要说明，其云：

> 信赏必罚，以辅礼制。《易》曰"先王以明罚饬法。"此其所长也。

这代表了中国正统的观点：法讲赏罚必明，但这只是治国的辅助手段，最根本的还是"礼制"。《周易》有"噬嗑卦"，其卦上火下雷，为雷电之象。《象传》曰："雷电噬嗑，先王以明罚敕法。"[②] 雷电可畏，如威法严令，由此而获得的启示便是严明刑罚，整顿法度。《隋志》承《汉志》为说，并从经典中寻找根据云：

> 法者，人君所以禁淫慝，齐不轨，而辅于治者也。《易》著"先王明罚饬法"，《书》美"明于五刑，以弼五教"。《周官》司寇"掌建国之三典，以佐王刑邦国，诘四方"，司刑"以五刑之法，丽万民之罪"是也。

这里所引《书》，见于今本《尚书·大禹谟》。"五刑"是五种轻重不等的刑法，

---

① 王先慎：《韩非子集解》，中华书局 2003 年版，第 397 页。

② 孔颖达：《周易正义》，北京大学出版社 1999 年版，第 102 页。

即墨、劓、刖、宫、大辟等。"五教"，指古代五种伦理道德，即父义、母慈、兄友、弟恭、子孝等。"五刑"是为辅佐"五教"而设的。司寇所掌的"三典"，指的是法典，"一曰刑新国用轻典，二曰刑平国用中典，三曰刑乱国用重典。"其目的也在于"佐王"，纠察四方。司刑掌五刑，是要依法、按事实施加刑罚，旨在理万民。简言之，法是治国的辅助，而不是主要手段。关于这一点，《左传·昭公六年》叔向遗子产书讲得很到位，其云：

> 昔先王议事以制，不为刑辟，惧民之有争心也。犹不可禁御，是故闲之以义，纠之以政，行之以礼，守之以信，奉之以仁，制为禄位以劝其从，严断刑罚以威其淫。惧其未也，故诲之以忠，耸之以行，教之以务，使之以和，临之以敬，莅之以强，断之以刚。犹求圣哲之上，明察之官，忠信之长，慈惠之师，民于是乎可任使也，而不生祸乱。民知有辟，则不忌于上，并有争心，以征于书，而徼幸以成之，弗可为矣。夏有乱政而作《禹刑》，商有乱政而作《汤刑》，周有乱政而作《九刑》，三辟之兴，皆叔世也。①

刑法是社会出现"乱政"时必须采用的手段。这是前贤基本一致的认识。但战国兴起的法家，其主张与作为俱表现出了一种"刻者"之为。《汉志》云：

> 及刻者为之，则无教化，去仁爱，专任刑法，而欲以致治。至于残害至亲，伤恩薄厚。

《隋志》也说：

> 刻者为之，则杜哀矜，绝仁爱，欲以威劫为化，残忍为治，乃至伤恩害亲。

---

① 杜预、孔颖达：《春秋左传正义》，北京大学出版社 1999 年版，第 1225—1228 页。

"刻者"指严厉苛刻之人，这是法家人物的共同特点。其志在行"法"，而不是安"民"，他们以君主为本位，为了君主与国家利益，几乎是六亲不认。他们预设：天下人都是坏人，不能可怜（杜哀矜），什么"教化""仁爱"，统统无用，只有严"刑"，才能使之成"型"，遵守社会规则。这种绝少人情味的理论与行为，受到了传统学者的一致否定。《汉志》如此，《隋志》如此，司马谈《论六家要旨》亦云："法家不别亲疏，不殊贵贱，一断于法，则亲亲尊尊之恩绝矣。可以行一时之计，而不可长用也。"司马迁《史记·商君列传》评论商鞅云："商君，其天资刻薄人也。迹其欲干孝公以帝王术，挟持浮说，非其质矣。且所因由嬖臣，及得用，刑公子虔，欺魏将卬，不师赵良之言，亦足发明商君之少恩矣。余尝读商君《开塞》《耕战》书，与其人行事相类。卒受恶名于秦，有以也夫！"但作为司法官，还必须坚守"法"。《荀子·非相》说："皋陶之状，色如削瓜。"所谓"色如削瓜"就是指面色铁青，大概这与戏剧表演中公正无私的包拯等多作黑脸相同，是铁面无私的象征。只有"无私"，才能公正、公平，使天下无冤狱。但如果无限夸大法的作用，而把法作为"致治"的主要手段，这便有可能"伤恩害亲"，使人情变得浇薄。孔子说："父为子隐，子为父隐，直在其中矣。"[1] 这种充满人情味的"父子相隐"理论，近世以来，批判者很多，因为这不合于法制社会的观念。但要知道，孔子的目的，是为了维护人伦秩序，保持父慈子孝的家庭和谐。否则父子不相亲，表面上是大义灭亲，实际上是伤教破义，长不孝之风，只能使社会风气变得很坏。张栻《癸巳论语解》："直者，顺其天性而不以人为害之者也。父子之亲，性之理也，其更相为隐，是乃若其性之自然，而非有所加于其间也。若于所当隐而不之隐，则是逆天性之理，斯为不直矣。""逆天性"，其结果必是伤天理。

　　但在战国特殊的历史背景下，严法大显神灵。社会大变革，要求必变法。三代不同礼，五霸不同法，是当时人的一种共识，变法成为当时的一大趋势。因此法家应时而生，产生了《李子》《申子》《商君书》《慎子》《韩非子》等批法家著作。他们几乎都是主张严法治世，奖励耕战，强调富国强兵，以物质利益为最高目的。这一套学说，在七雄竞争中，大受欢迎，也获得了不同程度的

---

　　① 刑昺：《论语注疏》，北京大学出版社 1999 年版，第 177 页。

成效。法家的最大成功人物商鞅，是一位理论与实践相结合的杰出政治家。在秦孝公时，他入秦搞变法，主张严法酷刑，认为"法令者，民之命也，为治之本也"[①]，连太子犯法，也要治罪。本传说："（法）行之十年，秦民大说，道不拾遗，山无盗贼，家给人足。民勇于公战，怯于私斗，乡邑大治。"《通典·食货》亦云："（商鞅）于是诱三晋之人，利其田宅，复三代无知兵事，而务本于内，而使秦人应敌于外。故废井田，制阡陌，任其所耕，不限多少（孝公十二年之制）。数年之间，国富民强，天下无敌。"[②]商鞅虽然作法自受，贻笑天下，但人死而法行，经过秦人一百多年的坚持，到公元前 221 年，秦始皇终于以强大的军事力量，扫平六国，完成了统一大业。法家因君主专制与富国强兵之需而产生。秦在统一之前，主要矛盾在七国竞争，在君御权臣。秦国的统一，使法家想要达到的目的都实现了。统一之后，则主要矛盾转化为统治者与民众的利益冲突，原有的为富国强兵、君御权臣的法便失去了作用。因而短短的十四年的统一，却使广民众人发出了"天下苦秦久矣"的呼声。秦王朝也在农民起义的烈火中迅速灰飞烟灭。

从法家路线在秦国实施（公元前 359 年），到秦朝灭亡法家路线宣告结束（公元前 207 年），一共只有 152 年。这 152 年，可以称作是中国历史上的一个法制时代。秦始皇的统一，是法家路线的最大胜利；商鞅之死及秦朝的覆灭，则是法家路线的最大失败。其胜利，证实了法家路线在国家治理、经济繁荣、军事强盛上的绝对有效性；而其失败，则证明了没有教化而偏面的法制，必难以行之永久。秦国 152 年的法制兴衰史证明，法治有利于"国际"竞争，而不利于"世界"和平；有利于社会规范，而不利于人心修复。一种冰冷的制度，没有人类温情的手操作，其结局将会是可悲的。严法苛政虽然遏制了非法行为，而却使人心越加险恶。其所导致的结果，贾谊在《陈政事疏》中有过细论：

　　商君遗礼义，弃仁恩，并心于进取，行之二岁，秦俗日败。故秦人家

---

① 《商子·定分》，《百子全书》第 3 册，浙江人民出版社 1985 年版，第 433 页。
② 杜佑：《通典》，中华书局 1992 年版，第 6 页。

富子壮则出分，家贫子壮则出赘。借父耰锄，虑有德色。母取箕帚，立而
谇（责让）语。抱哺其子，与公并倨。妇姑不相说，则反唇而相稽。其慈
子耆利，不同禽兽者亡几耳。然并心而赴时，犹曰蹶（拔而取之）六国，
兼天下，功成求得矣，终不知反廉愧之节，仁义之厚。信（伸）并兼之
法，遂进取之业，天下大败；众掩寡，智欺愚，勇威怯，壮陵衰，其乱至
矣。是以大贤起之，威震海内，德从天下。曩之为秦者，今转而为汉矣。
然其遗风余俗，犹尚未改。今世以侈靡相竞，而上亡制度，弃礼谊，捐廉
耻，日甚，可谓月异而岁不同矣。逐利不耳，虑非顾行也。今其甚者杀父
兄矣。①

因为行法治，逐私利，灭公义，废人伦，结果得了天下，坏了德行，坏了
社会风气，还给汉朝留下了后遗症。正是由于这一历史教训，才使得后世君王
无一敢效暴秦者，而是多采取主之以礼、辅之以法的统治手段，以安万民。其
有不得已者，也不过"霸王道杂之"而已，抑或赏罚分明而不苟且，绝不敢纯
采秦法。两千多年的中国历史，也在证实着礼制的有效性。

3. 从法家到法官

《四库全书总目》云：

刑名之学，起于周季，其术为圣世所不取。

所谓"周季"，就是指战国。宋王开祖《儒志编》亦言："法家者，起于乱世。"
在历代学人的心目中，战国是一个天下无道、战乱频仍的时代。法家是为结束
这个时代的纷乱而产生的学派，也是为结束这个纷乱时代而做出最大贡献的学
派。战国结束，其使命也就算完成了。在治平之世，法家的那种严苛少恩的行

---

① 《汉书·贾谊传》，中华书局 1962 年版，第 2244 页。

为，很难为人情所接受。因而秦朝以降，行法家路线者虽时亦有之，但每以失败告终。如汉之晁错，少学申韩刑名，长为朝卿，为加强中央权力，变法削藩，结果激化了矛盾，导致七国之乱，自己被斩于东市。其初，其父劝告他说不要"别疏人骨肉"，他的回答是："不如此，天子不尊，宗庙不安。"其父说："刘氏安矣，而晁氏危矣。"父亲因惧祸及身而自杀，晁错竟然无动于衷，其"为人峭直刻深"的法家人格，可见一斑。[①]被列宁称作"中国十一世纪的改革家"的王安石，北宋神宗熙宁年间，为挽救北宋政治危机，改变积贫积弱的现状，在政治、经济、军事、社会、文化等多方面，展开了一场轰轰烈烈的变法运动。但最终遭到失败，自己也落下千古骂名。当时司马光就曾列举王安石新法"侵官""生事""征利""拒谏""致怨"等诸多弊端，谴责王安石"欲尽夺商贾之利，又分遣使者散青苗钱于天下而收其息，使人愁痛，父子不相见，兄弟妻子离散"[②]。积累了数千年统治经验的清廷，深明"治不言法"之理，故说刑名之术，"圣世"不取。

四库馆臣囿于正统儒者成见，未能对法家作正确认识，故其云：

> 然浏览遗篇，兼资法戒。观于管仲诸家，可以知近功小利之隘；观于商鞅、韩非诸家，可以知刻薄寡恩之非。鉴彼前车，即所以克端治本。曾巩所谓不灭其籍，乃善于放绝者欤？

所谓"法戒"，指楷式和鉴戒。而从其所论中，其实是教训多于楷式。正统的儒家强调德治，主张贵义贱利。而法家则是大言其利，如《管子》一书（《汉志》归于道家类，四库归于法家类），内容涉及政治、经济、军事、法律等诸多方面，而其最突出的思想，就在于富国强兵。管仲佐桓公而霸诸侯，这在儒者看来，也属于"近功小利"，而不是天下之大功大利。商鞅、韩非缺少人情味的理论，更为儒者所不取。馆臣对法家著作的态度，与曾巩对于《战国策》的态度一样。曾巩《战国策序》说："君子之禁邪说也，固将明其说于天下，

---

① 《史记·袁盎晁错列传》，中华书局 1959 年版，第 2245 页。

② 李文译，霍绍晖校点：《司马光集》，四川大学出版社 2010 年版，第 1260 页。

使当世之人皆知其说之不可从，然后以禁则齐；使后世之人，皆知其说之不可为，然后以戒则明。岂必灭其籍哉！放而绝之，莫善于是。"也就是说，不必要把他们的书籍烧掉，而是让人知其说之不可为，引以为戒，并能善其始，治其本，也就可以了。这种观念显然是很狭隘的。明赵用贤《管子书序》云：

> 周室既衰，诸侯日寻于干戈。谋臣謩士，竞出其智力以相胜。苟必兢兢于先王之约束而执不移等，则势有所格，而其术必有所穷，非救时之宜矣。管子固天下才也，岂其智不及此乎？是故当其谋之于垂缨下衽之日者，不过审旧法，择其善者而从之。又其要则在事可以隐令，可以寄政，使诸侯不吾虞，而吾独安国富民，以取盈于天下……使仲当诸侯力政之日，必欲举王制，而井田吾民，象刑吾法，毋招权勇，毋榷盐铁，不逾时而国且饱于敌矣，安能以区区之齐，伸威海岱，而成其一匡之绩哉！[①]

王先慎《韩非子集解·序》说：

> 非论说固有偏激，然其云明法严刑，救群生之乱，去天下之祸，使强不凌弱，众不暴寡，耆老得遂，幼孤得长。此则重典之用，而弛张之宜，与孟子所称，及闲暇明政刑用意岂异也？[②]

此是在背景还原的基础上做出的评价，可谓公允之论。

尽管法家的作风，不适合治平之世，法家"刻薄寡恩"而失败的教训，也给后人以警示。但法的精神，却是治国者不可或缺的。朱熹曾言：

> 法家者流，往往常患其过于惨刻，今之士大夫耻为法官，更相循袭，以宽大为事，于法之当死者，反求以生之。殊不知'明于五刑，以弼五教'，虽舜亦不免。教之不从，刑以督之，惩一人而天下人知所劝戒，所谓'辟以止辟'，虽曰杀之，而仁爱之实已行乎中。今非法以求其生，则

---

① 赵用贤：《管子书序》，《四部备要》第 52 册，中华书局 1989 年版，第 1 页。
② 王先慎：《韩非子集解》，中华书局 2003 年版，第 2 页。

人无所惩惧，陷于法者愈众。虽曰仁之，适以害之。^①

　　同时，法家富国强兵、理乱安民的理论，也成为后世求治者非常宝贵的思想资源。如唐太宗贞观年间下令编纂《群书治要》，穷尽经史诸子，摘其中可资修齐治平者，勒为一编。"用之当今，足以殷鉴前古；传之来叶，可以贻厥孙谋。"^②其中法家著作如《管子》《商君子》《申子》《慎子》《韩非子》等，皆在采摘之列。民国时，张舜徽先生以先秦法家理论为主，撰《周秦诸子政论类要》，其序云："余尝博考前史，深服历代大政治家之所施为，以其雄伟之气魄，毅然任天下之重，坚于自信，不以世俗毁誉动其心；刚断果敢，卓然有以自见于当时而永传于后世。若霍光、诸葛亮、王猛、魏徵、王安石、张居正之俦，治国处事，莫不具有法家精神。观其有胆有识，勇于任事，皆自周秦法家书中取得政治理论以自敦厉者也。然则周秦法家之书，固代大政治家之所从出也。"^③今观法家的言论，有确不可移者，也有后人所不能道者，如：

　　　　凡有地牧民者，务在四时，守在仓廪。国多财，则远者来；地辟举，则民留处。仓廪实，则知礼节；衣食足，则知荣辱。上服度，则六亲固；四维张，则君令行。（《管子·牧民》）

　　　　法度者，主之所以制天下而禁奸邪也，所以牧领海内而奉宗庙也。私意者，所以生乱长奸而害公正也，所以壅蔽失正而危亡也。故法度行，则国治；私意行，则国乱。明主虽心之所爱，而无功者不赏也；虽心之所憎，而无罪者弗罚也。（《管子·明法解》）

　　　　一兔走，百人逐之，非以兔可分以为百也，由名之未定也。夫卖兔者满市，而盗不敢取，由名分已定也……今法令不明，其名不定，天下之人得议之。（《商君书·定分》）

　　　　古者立天子而贵之者，非以利一人也。曰天下无一贵，则理无由通，通理以为天下也。故立天子以为天下，非立天下以为天子也；立国君以为

　　① 《朱子语类》卷七十八，中华书局1983年版，第2009页。
　　② 《群书治要·序》，北京理工大学出版社2013年版。
　　③ 张舜徽：《旧学辑存》，华中师范大学出版社2008年版。

国，非立国以为君也；立官长以为官，非立官以为官长也。法虽不善，犹愈于无法，所以一人心也。（《慎子·威德》）

善为国者，移谋身之心而谋国，移富国之术而富民，移保子孙之志而保治，移求爵禄之意而求义，则不劳而化理成矣。（《慎子·佚文》）

镜设精，无为而美恶自备。衡设平，无为而轻重自得。凡因之道，身与公无事。无事而天下自极也。（《申子·大体》）

释法术而心治，尧不能正一国；去规矩而妄意度，奚仲不能成一轮；废尺寸而差短长，王尔不能半中。使中主守法术，拙匠守规矩尺寸，则万不失矣。君人者能去贤巧之所不能，守中拙之所万不失，则人力尽而功名立。（《韩非子·用人》）

这种理论，对于国家治理无疑是非常有意义的。值得注意的是，历代学人囿于成见，很少认真读法家的书，法家著作大多刻本少，注本缺，讹误多，难卒读。如严万里《商君书新校正序》言："旧刻多舛误不可读。"从《四库全书总目》看，只有《管子》四种注本，《韩非子》有一种评本，其余如《商子》《邓析子》等，皆无人整理本。从日本访书得知，明清两代研究《韩非子》者也只有十一家，真正拿得出手的也只有王先慎《韩非子集解》一家。而日本江户时期，关于《韩非子》的考、解、疏证、增注、考异、论解、纂闻等，竟多达四十一种。这说明一个问题，日本人在与西方文化的接触中，他们较早地发现了《韩非子》法制思想的意义。如南摩纲纪为藤泽南岳《评释韩非子全书》所写序言云：

后世人智日开，风俗月趋佻薄，为狡黠，为诈谲，唯利名是争。当此时一于忠厚宽恕，则陷于迂疏，或为人所欺罔。于是乎申韩刑名峻核之说，亦不可不参用也。且夫方今宇内，万国交通于亲，同异长短，并容并讲，以资开明，则不止我儒之道，至佛老诸子工艺百家之说，与欧米各国教法刑律之书，亦皆不可舍之，奚独得排斥申韩之说乎？①

---

① 〔日〕藤泽南岳：《评释韩非子全书》，日本明治十七年，大阪松村九兵卫刊本，第2页。

藤泽南岳亦云:"韩子固称法家,而世儒排以退之,弃而不读,亦已甚矣!"①

传统对法家的偏见,导致了法家的绝迹。汉之后真正的法家已经没有,最多是具有法家精神而已。而"法家"一名,为司法官或律师之类所冒用。如前引朱熹语,即可以看出从"法家"到"法官"的变化。朱熹又云:"今之法家,惑于罪福报应之说,多喜出人罪以求福报。夫使无罪者不得直,而有罪者得幸免,是乃所以为恶尔,何福报之有!"② 这里的法家,所指其实是法官。真德秀云:"凡阅子史,必须有所折衷,《六经》《语》《孟》,其子史之折衷也。譬如法家之有律令格式,赏功罚罪,合于律令格式者为当,不合于律令格式者为不当。"③ 这反映着概念的变化。黄虞稷《千顷堂书目·政刑类》中著录有苏佑《法家裒集》一卷,黄芳《法家要览》三册,皆为折狱断讼之类书。《大清律例》卷三十亦言:"坊肆所刊讼师秘本,如《惊天雷》《相角》《法家新书》《刑台秦镜》等一切构讼之书,尽行查禁销毁,不许售卖。"这是把律师类人物也认作法家了。因此,四库馆臣将断狱之类书归在了法家类。其云:

> 至于凝、𡶶所编(和凝、和𡶶父子相继撰《疑狱集》),阐明疑狱;桂、吴所录(桂万荣、吴讷相续撰《棠阴比事》),矜慎祥刑,并义取持平,道资弼教。虽类从而录,均隶法家,然立议不同,用心各异,于虞廷钦恤,亦属有神。是以仍准旧史,录此一家焉。

《四库全书总目·疑狱集》提要云:"《疑狱集》四卷,五代和凝与其子𡶶同撰。……《补疑狱集》六卷,明张景所增,共一百八十二条。所记皆平反冤滥,抉摘奸慝之事,俾司宪者触类旁通,以资启发。虽人情万变,事势靡恒,不可限以成法,而推寻故迹,举一反三,师其意而通之于治狱,亦不无裨益也。"又《四库全书简明目录·棠阴比事》提要云:"宋桂万荣撰,明吴讷删补。万荣取和氏、郑氏所集断狱事迹,仿李瀚《蒙求》之体,次为七十二韵,凡一百四十四事,各为之注。讷病其拘于声韵,乃删其不足为法,及相类复出

---

① 〔日〕藤泽南岳:《评释韩非子全书》,日本明治十七年,大阪松村九兵卫刊本,第7页。
② 《朱子语类》卷一百十,中华书局1986年版,第2711—2712页。
③ 《真西山读书记》卷二十一,《影印文渊阁四库全书》,第705册,第643页。

者，存八十条。以事之大小为先后，不复以韵相叶。其注亦稍为点定，又补遗二十三事，附录四事，别为一卷，缀于后。"所谓"矜慎祥刑"，指严谨慎重，善用刑罚。"虞廷钦恤"指虞舜体恤犯人之事。《尚书·舜典》说："钦哉钦哉，惟刑之恤哉！"谓理狱量刑慎重不滥，心存矜恤。

阅读参考书目

黎翔凤：《管子校注》，中华书局 2004 年版。

蒋礼鸿撰：《商君书锥指》，中华书局 1986 年版。

陈奇猷：《韩非子新校释》，上海古籍出版社 2000 年版。

四、农家略说

　　农家是《汉志》所列九流最后的一流。而这一家却是最有根柢的一派。是中国文化所造就的特殊的学术流派。这一派的第一部著作就是《神农》二十篇。中华文明的根是农耕文明，而农耕文明之祖便是传说中的神农氏。古书频言"神农之言"（如《孟子》）、"神农之教"（如《管子》《吕氏春秋》等）、"神农之法"（《文子》《淮南子》）等，这也就预示此派之源在神农氏。神农氏是生活于太行、太岳之野从事于农业生产劳动的原始群体。《礼含文嘉》说："神农，神者，信也；农者，浓也。始作耒耜，教农耕种，美其食衣，德浓厚若神，故为神农也。"神农兼有双重身份，一是农业技术之神，二是上古帝王。由此而发轫的农家理论，便有了双重内涵，一是农业技术，二是管理制度。汉字披露了源自上古的农学这两个方面的信息。

　　就技术层面而言，利益的"利"，甲骨文作"𥝿"，徐中舒先生《耒耜考》说：

> 利所从之𠂈、𠄌诸形，即力形之变，象用耒端刺田起土之形。铜器将力旁土移于禾旁，故小篆利或从刀，但古文利，及从利之黎、梨、犁诸字，仍是从𠂈，可证从刀乃是省形。利来母字，自是从力得声。刺地艺禾，故得利义。[1]

耒之刺地艺禾，其锐利于原始的蛤蚌骨器之类农业工具，故其本义为锐利，这

---

[1]　徐中舒：《耒耜考》，《徐中舒历史论文选辑》，中华书局 1998 年版，第 78—79 页。

一工具上的进步，导致了更大利益的获取，故而"利"又引申为利益之义。传说中的"九黎""三苗"，原初都是神农氏群体中的成员。"黎"从黍、从勹，勹是刺地起土之耒，表示这是从事种黍子的群体。而"九黎"，则表示是若干个掌握黍子种植技术的原始群体。"三苗"之"苗"，段玉裁《说文解字注》云："按苗之故训禾也，禾者今之小米。"据此，则"三苗"即指若干个掌握小米种植技术的原始群体。在炎黄战争中，"九黎""三苗"中的一部分，随蚩尤逃到西南，一部分则与黄帝族融合，成为华夏集团的主体。古称众庶曰"黎民"，即因其为被统治者的原因。"九黎"与黄帝族融合较快，"三苗"则舜、禹时还在与黄帝集团发生摩擦。山西长治有黎城，即为黎国所在地。春秋时晋国有地名苗，即为苗民旧地。钱穆有《古三苗疆域考》一文，认为："古者三苗疆域，盖在今河南鲁山嵩县卢氏一带山脉之北，今山西南部诸山，自蒲阪安邑以至析城王屋一带山脉之南，夹黄河为居，西起蒲、潼，东达荥、郑，不出今河南北部山西南部广数百里间也。"[1] 其说可参。在原始群体中，经常出现生活方式随地而变的情况。黎、苗群体，其生活于中原地区，与黄帝族融合者，则仍为农耕的群体，掌握着主要的农业技术。其退出中原而进入山区、草原者，则返回到游牧生活。像羌人也是这样。

黎、苗群体种植的黍、禾（小米），也即所谓的黍稷，是华夏文明大厦的基石，文明即由此而产生。"禾"甲骨文作朱，像谷穗下垂之形。早期人们食野生植物种子，或有中毒事件发生。后来发现谷子，其性中和，利于养生，于是名之曰"禾"。禾者，和也，古人认为它是得中和之气而生的。《说文》说："禾，嘉谷也。二月始生，八月而熟，得时之中，故谓之禾。"所谓嘉谷，就是好的谷物。因谷物是家中所种植，所以称"稼"；因为种植不易，要特别爱惜，故谓之"穑"（啬，爱也。）。把"嘉谷"称作"禾"（和），反映了中国人以和为贵的价值取向。"和"就意味着对竞争、冲突的排斥，对和谐的称美。

就制度层面而言，私有财产的"私"，其初作"厶"，后从"禾"作"私"。先民采野生植物为食，没有公私之分。农业发明之后，各自种植，便把自己所种植的田禾名之曰"私"。《说文》说："私，禾也。从禾，厶声。北道

---

① 钱穆：《古史地理论丛》，生活·读书·新知三联书店 2004 年版。

名'禾主人'曰'私主人'。"北道是汉时的地名，这说明汉朝时还有称"禾"为"私"的地方。公厶之"厶"能为"私"取代，反映了私有制是从农业生产开始的。晨（古"晨"字），本义是天将明之时。上是双手，"辰"表示农事。农夫天将亮之时即下地干活，故以双手在"辰"之上，勤于农事，来表示昧爽之时。《说文》说："早昧爽也。"与"晨"字相反，"辱"字是手在"辰"下，表示轻于农事。故《说文》说："辱，耻也。从寸在辰下，失耕时，于封畺上戮之也。辰者，农之时也。"这个解释反映了农业文明的传统观念即上古的农耕制度，不能勤于耕作，是可耻的事情，因此要受到制裁。耕耘失时，地里就会长草，所以"辱"上加"艹"为"蓐"（rù），意为田草复生；"辱"旁加代表农具的"耒"为"耨"（nòu），为除草之具。除去田草为"薅"（hāo），从"蓐"，"好"省声，表示是好事。像这原始的关于农业生产的观念，皆浸入了战国时出现的农家学说中。

1. 农本观念与农家的产生

《汉志》云：

农家者流，盖出于农稷之官。

所谓"农稷"，就是农业。华夏民族以农业起家，因此视农业为立国之本。如《管子》云："王者以民为天，民以食为天。"（《史记·郦生陆贾列传·索隐》引）汉文帝二年诏曰："农，天下之大本也，民所恃以生也。"《汉书·食货志》云："理民之道，地著为本。"《刘子·贵农》云："衣食者，民之本也；民者，国之本也。民恃衣食，犹鱼之须水；国之恃民，如人之倚足。"唐杜佑《平粜论》曰："农者，有国之本也。"宋之朱台符《上真宗应诏论彗星旱灾》曰："农者，国之本也，其利在粟多。兵者，国之命也，其功在战胜。此两者存亡所系也。"正因如此，农业官员出现得就很早，其初名叫"稷"。《左传·昭公二十九年》云："稷，田正也。有烈山氏之子曰柱，为稷，自夏以上祀之。周

弃亦为稷，自商以来祀之。"杜预注说："烈山氏，神农世诸侯。""田正"即
田官之长。《国语·鲁语》说："昔烈山氏之有天下也，其子曰柱，能殖百谷
百蔬。夏之兴也，周弃继之，故祀以为稷。"韦昭注说："烈山氏，炎帝之号
也。起于烈山。《礼·祭法》以烈山为厉山，柱为后稷，自夏以上祀之。"[①]这就
是说，管理农业之官在神农氏时代就有了。西周时虢文公谓宣王曰："夫民之
大事在农……是故稷为大官。"[②]说明农官不但出现的早，而且地位也很高，为
"大官"。

　作为"田正"之"稷"，其字初当作"畟"，字从田、人，表示是在田间
活动的人。农官在田间操作，以脚踏耒起土，故又从夂（倒止形）。《说文》以
为"畟"是"治稼畟畟进也"，即耜入地快进之貌。显然非字之本义。"稷"当
为后起字。因其所司为禾稼，所以加了"禾"旁。《说文》说："稷，齌也，五
谷之长。"段玉裁注说："稷长五谷，故田正之官曰稷。"据"畟"字形义分析，
其正相反，"五谷之长"其义正是受自田官之长的。田官之长称稷，故五谷之
长也称稷。《周语》言"稷为大官"，又言"太史告稷"，"稷以告王"，皆以稷
为官。徐文镜《古籀汇编》据《子和子釜》"稷"从"示"不从"禾"，《风俗
通义》有"稷者，五谷之长。五谷众多，不可遍祭，立稷而祭之"之文，《左
传》有"有烈山氏之子曰柱，为稷，自夏以上祀之"之文，于是云："稷为祭
名，许氏说'齌也'，故古稷字亦从示。"此说甚值得关注，其之所以从示，是
因为后人以之为神灵之故。《周礼·地官·大司徒》"设其社稷之壝"郑注：
"社稷，后土及田正之神。"《礼记·祭法》说："故厉山氏之有天下也，其子曰
农，能殖百谷，夏之衰也，周弃继之，故祀以为稷。"郑注："此所谓大神也。"
《荀子·礼论》云："故社，祭社也；稷，祭稷也。"皆以稷为神名。稷本为上
古之农官，后奉为农神，此也在情理之中。

　古之农官，重在劝农，教民稼穑。《尚书·舜典》云："帝曰：弃，黎民
阻饥，汝后稷，播时百谷。"孔颖达疏云："单名为稷，尊而君之，称为后稷。
故《诗传》《孝经》皆以后稷为言，非官称后也。"在战国天下纷争、民不聊

---

①　徐元浩：《国语集解》，中华书局 2002 年版，第 155 页。

②　徐元浩：《国语集解》，中华书局 2002 年版，第 15—16 页。

生、饥寒交迫之时，便出现了继承农稷之官传统与理论的农家一流，他们从民生考虑，希望走农业强国之路。因农业为神农、后稷所主之事，因此便托名神农、后稷以著书立说。如《管子·揆度》曰："神农之数曰：一谷不登，减一谷，谷之法什倍。二谷不登，减二谷，谷之法再什倍。"《吕氏春秋·爱类》云："神农之教曰：士有当年而不耕者，则天下或受其饥矣；女有当年而不绩者，则天下或受其寒矣。故身亲耕，妻亲绩，所以见致民利也。"晁错《论贵粟疏》云："神农之教曰：有石城十仞，汤池百步，带甲百万，而亡粟，弗能守也。"[1]《淮南子·齐俗训》云："故神农之法曰：丈夫丁壮而不耕，天下有受其饥者；妇人当年而不织，天下有受其寒者。"《吕氏春秋·上农》引后稷曰："所以务耕织者，以为本教也。"《吕氏春秋·任地》亦引"后稷曰"云云。无论是"神农之数""神农之教""神农之法"，还是"后稷曰"，毫无疑问都是当时农家一派的托古之作，即如《淮南子·修务训》所云："世俗之人，多尊古而贱今，故为道者，必托之于神农、黄帝，而后能入说。"

《汉志》以农家"出于农稷之官"，其最有力的旁证，是汉代的氾胜之。氾胜之是汉成帝时人，颜师古注引刘向《别录》云："使教田三辅，有好田者师之，徙为御史。"《晋书·食货志》说："汉遣轻车使者氾胜之督三辅种麦，而关中遂穰。"《汉志》著录有《氾胜之》十八篇。因为他曾负责督农，故而有了农学著作《氾胜之》十八篇。而"出于农稷之官"最突出的特征是农家关于四时月令的把握。中国最早的农学著作，应该是相传出自夏代的《夏小正》。《史记·夏本纪》云："孔子正夏时，学者多传《夏小正》云。"《夏小正》收入《大戴礼记》中，应该是一篇官方文件，主要特点是按夏历记载物候变化与农事活动。如正月"农纬厥耒，初岁祭耒""农率均田""初服于公田"；二月"往耰黍禅""采蘩"；三月"摄桑""执养宫事""祈麦实"等。根据季节变化，安排农事，这显然是督农之官要掌握的。战国出现的农家著作，如《吕氏春秋》的《孟春纪》《仲春纪》等"十二纪"，以及其翻版《礼记·月令》，显然就是《夏小正》类的遗孤。如云："是月也，天子乃以元日祈谷于上帝，乃择元辰，天子亲载耒耜，措之参于保介之御间，帅三公九卿诸侯大夫躬耕

① 《汉书·食货志》，中华书局 1962 年版，第 1133 页。

帝籍田。""是月也，天气下降，地气上腾，天地和同，草木萌动，王命布农事。""是月也，天子始絺，命野虞，出行田原，为天子劳农劝民，毋或失时。命司徒循行县鄙。命农勉作，毋休于都"等，此显然非民间之语，目的在于不失时节地掌握生产环节。《管子·幼官》《四时》也属同类著作。陈澧云："《管子·幼官篇》《四时篇》《轻重己篇》，皆有与《月令》相似者。《四时篇》'春行冬政则雕'……，尤与《月令》无异，故《通典》云：'《月令》出于《管子》。'"（《东塾读书记·九礼记》）再如《周礼·地官·大司徒》曰："以土宜之法，辨十有二土之名物，以相民宅而知其利害，以阜人民，以蕃鸟兽，以毓草木，以任土事；辨十有二壤之物而知其种，以教稼穑树艺。"《草人》曰："草人掌土化之法以物地，相其宜而为之种。""辨土""土化"这些农官所职掌的技术，皆为农家所继承。

《汉志》云：

> 播百谷，劝耕桑，以足衣食，故八政一曰食，二曰货。孔子曰"所重民食"，此其所长也。

"播百谷"指播种技术方面的指导，"劝耕桑"是指农业政策方面的事物。"耕"是耕种庄稼，目的是解决"食"的问题；"桑"指蚕桑，目的是解决"衣"的问题。技术指导与政策管理相辅而行，则可以"足衣食"。《尚书·洪范》言治国大法，其中提到"八政"，即："一曰食，二曰货，三曰祀，四曰司空，五曰司徒，六曰司寇，七曰宾，八曰师。"孔颖达疏："一曰食，教民使勤农业也；二曰货，教民使求资用也。"发展农业以丰富财用物资，通过货换以通有无，这是农家的中心思想。所引孔子的话出自《论语·尧曰》，其所述的是上古圣王之治世安民之道，认为圣王最重视的是在百姓及吃饭问题。而农家所要解决的也正是百姓的衣食问题。

《隋志》承《汉志》说，又从周代的农业政策着眼，对农家的思想根源作了探讨。其云：

> 农者，所以播五谷，艺桑麻，以供衣食者也。《书》叙八政，其一曰

食，二曰货。孔子曰："所重民食。"《周官》冢宰"以九职任万民"，其一曰"三农生九谷"《地官》司稼"掌巡邦野之稼，而辨穜、稑之种，周知其名与其所宜地，以为法而悬于邑闾"是也。

《周礼·天官·大宰》说："以九职任万民：一曰三农，生九谷；二曰园圃，毓草木；三曰虞衡，作山泽之材；四曰薮牧，养蕃鸟兽；五曰百工，饬化八材；六曰商贾，阜通货贿；七曰嫔妇，化治丝枲；八曰臣妾，聚敛疏材；九曰闲民，无常职，转移执事。""三农"指居住在平地、山区、水泽三类地区的农民。"九谷"，据郑玄注引郑司农云："九谷：黍、稷、秫、稻、麻、大小豆、大小麦。"郑玄则认为："九谷无秫、大麦，而有粱、苽。"晋崔豹《古今注·草木》则说："九谷：黍、稷、稻、粱、三豆、二麦。"虽然诸说不同，然而有一点则是要注意的，这所谓"生九谷"，并不是抽象的概念，而是官方要负责让人们把握种植技术及节令，如此才能"生"。如《氾胜之书·种谷》说："小豆忌卯，稻、麻忌辰，禾忌丙，黍忌丑，秫忌寅、未，小麦忌戌，大麦忌子，大豆忌申、卯，凡九谷有忌日，种之不避其忌，则多伤败。"《周礼·地官》中的司稼，是专门负责巡视庄稼播种与收获的。唐贾公彦疏说："巡邦野之稼者，谓秋熟之时观之矣。"穜（tóng）是先种后熟的谷类，稑（lù）是后种先熟，作为司稼这都是要把握的。而且还要熟知各种作物的名称以及适宜什么样的土壤。即《吴越春秋》所云"相五土之宜，青赤黄黑，陵水高下，稂、稷、黍、禾、蕰、麦、豆、稻，各得其理"。司稼还要把种植之法书写成文，悬挂于里门村口，告示民众。这里主要是技术指导。而农家最重要的理论，也在于技术方面对农业的指导意义。

在战国农家中，有极端的一派，此即《汉志》所云之"鄙者"：

及鄙者为之，以为无所事圣王，欲使君臣并耕，悖上下之序。

《隋志》也说：

鄙者为之，则弃君臣之义，徇耕稼之利，而乱上下之序。

"鄙者"就是鄙俗之人，即目光短浅，看不到社会的分工。如《孟子》中所说的许行之徒。《孟子·滕文公上》说："有为神农之言者许行，自楚之滕，踵门而告文公曰：'远方之人，闻君行仁政，愿受一廛而为氓。'文公与之处。其徒数十人，皆衣褐捆屦，织席以为食。陈良之徒陈相与其弟辛，负耒耜而自宋之滕。……陈相见许行而大悦，尽弃其学而学焉。"这一派的学说有点像西方的无政府主义者，认为大家都亲身参加农业生产，自种田自己吃，不必要有管理者，也不必要事奉所谓圣王，君臣齐力种田并耕，天下便可以自治。这种理论既忽略了社会管理，也无视社会分工，更看不到社会等级秩序。只能是一种空想，在现实中自然会受到嘲讽。

2. 农家的学说及其著述

"农家"是汉儒归纳先秦学术而立之名，实际情况要复杂得多。各家各派其学说往往是相互交错的。《汉志》于《神农》二十篇下注曰："六国时，诸子疾时怠于农业，道耕农事，托之神农。"师古注曰："刘向《别录》云：疑李悝及商君所说。"所谓"诸子"而不具体实指，就反映了此非一人之言。而《别录》所疑的李悝、商君，又被后人列入法家。而且，农家在先秦也找不到代表人物。许行之流只是极端的例子，也不见有著述传世。因此，"农家"只可视作一种学说，很难从诸子中独立出来。因此此派之说，散见于诸子中。如《管子》之《度地》《地员》，《商君书》之《垦令》《农战》《算地》，《吕氏春秋》之《上农》《任地》《辩土》《审时》等，都是典型的农家著作，而李悝之"尽地力之教"，计然之"平籴论"等，显然也是农家的理论。

先秦农家的学说，主要涉及四个方面。第一在意识形态领域，强调农为国本的理念。如《荀子·富国》说："田野县鄙者，财之本也。"因田鄙生稼禾，故以为财之本。而《管子·山权数》说："谷者，民之司命也。"这是把农业生产当作了命脉。《治国》篇又说："凡治国之道，必先富民，民富则易治也，民贫则难治也。奚以知其然也？民富则安乡重家，安乡重家则敬上畏罪，敬上畏罪则易治也。民贫则危乡轻家，危乡轻家则敢陵上犯禁，陵上犯禁则难治也。

故治国常富，而乱国常贫。是以善为国者，必先富民，然后治之。昔者七十九代之君，法制不一，号令不同，然俱王天下者何也？必国富而粟多也。夫富国多粟，生于农，故先王贵之。"这等于是说，发展农业才是国家治理的根本保证。《吕氏春秋·上农》也说："古先圣王之所以导其民者，先务于农。民农非徒为地利也，贵其志也。民农则朴，朴则易用，易用则边境安，主位尊。民农则重，重则少私义，少私义则公法立，力专一。民农则其产复，其产复则重徙，重徙则死其处而无二虑。"说白了，就是农业发展了人民安居乐业，国家稳定便有了保证。所谓"贵其志"，就是坚守本土的心，用今天的话说，就是"爱国心"，这是国家实力的保证。在战争频仍、民趋利而行、动辄移民"国外"的时代，这种"志"是极端宝贵的。《商君书·农战》云："善为国者，仓廪虽满，不偷于农。""国不农，则与诸侯争权，不能自持也，则众力不足也。""圣人知治国之要，故令民归心于农。归心于农，则民朴而可正也。""一之农，然后国家可富。"这是把"民心归农"，认作了治国方略。

第二在观念形态上，则以天人一体为主导，来认识农业生产发展的各种因素和规律。如《吕氏春秋·审时》说："夫稼，为之者人也，生之者地也，养之者天也。"天地是自然形成的环境，而人则是活动于其间的主体。人如何合理适应环境，顺应自然，有限度地改造环境，这便是从事农业必须考虑的问题。不得天时，禾谷难成其好，如《吕氏春秋·审时》说："凡农之道，厚（候）之为宝。斩木不时，不折必穗。稼就而不获，必遇天灾。"又说："得时之稼兴，失时之稼约，茎相若称之，得时者重，粟之多。量粟相若而舂之，得时者多米。量米相若而食之，得时者忍饥。是故得时之稼，其臭香，其味甘，其气章，百日食之，耳目聪明，心意睿智，四卫变强，殃气不入，身无苛殃。黄帝曰：'四时之不正也，正五谷而已矣。'"不得其地，则生而不蕃，故分辨地壤，相地之宜，便成为一项重要工作。《礼记·月令》说："善相丘陵、坂险、原隰，土地所宜，五谷所殖。"《吕氏春秋·适威》："若五种之于地也，必应其类，而蕃息百倍。"《说苑》："山川污泽，陵陆丘阜，五土之宜，圣王就其势，因其便，不失其性。高者黍，中者稷，下者秔。蒲、苇、菅、蒯之用不乏。麻、麦、黍、梁亦不尽。"像《月令》甚至认为政令都必须顺天时，如"孟春行夏令，则风雨不时，草木早落，国时有恐。行秋令，则民大疫……"

　　第三在施政方面，主张国家激励农耕，掌控粮食，特别是粮食储备与粮价把控。粮食储备是国家安全的保证。如《管子·国蓄》篇就提出国家粮食储备的问题，"使万室之都，必有万钟之藏，藏襁（钱贯）千万；使千室之都，必有千钟之藏，藏襁百万"。又说："五谷食米，民之司命也。黄金刀币，民之通施也。故善者执其通施，以御其司命，故民力可得而尽也。""凡五谷者，万物之主也。谷贵，则万物必贱；谷贱，则万物必贵。两者为敌，则不俱平。故人君御谷物之秩相胜，而操事于其不平之间。"谷价直接关系着国家治理，因此掌控粮价是一项国策。歉收之年，放粮以缓物价；丰收，则高价收购余粮，以防粮价暴跌，伤及农业。这样则可以保证社会安定。同时《管子》中还提出"春赋以敛缯帛，夏贷以收秋实"的主张，这样则"民无废事，而国无失利"。相传为越国大夫范蠡之师的计然（或以为《汉志》农家类著录的《宰氏》作者即计然），也把平抑粮价认作是"治国之道"[1]，提出了"平粜"理论，即灾年粮价上涨时，官府以低于市场价的粮食出售粮食。丰年则以高于市场价的价格收购粮食。魏国的李悝所提出的"平粜"理论，大约相同，其云："粜甚贵伤民，甚贱伤农，民伤则离散，农伤则国贫。故甚贵与甚贱，其伤一也。善为国者，使民无伤而农益劝。""善平粜者，必谨观岁有上、中、下孰（熟）。""大孰则上粜三而舍一，中孰则粜二，下孰则粜一，使民适足，贾平则止。小饥则发小孰之所敛，中饥则发中孰之所敛，大饥则发大孰之所敛，而粜之。故虽遇饥馑、水旱，粜不贵而民不散，取有余以补不足也。"商鞅则推出粮食高价政策，激励农业生产。其根本点也在国家控制粮食。因为这一派是把发展农业作为国策来认识的，因此在管理上，国家必须处于主导位置。

　　第四是技术层面上的内容。这一方面内容最为丰富，像土化之法、兴修水利、耕种之法，以及作物的种植技术等，都在其中。如李悝"尽地力之教"，最大限度地发挥土地的经济效益，就曾提出种植经营规划：一、"必杂五种，以备灾害。"二、"力耕数耘，收获如寇盗之至。"三、"还庐树桑，菜茹有畦，瓜瓠果蓏，殖于疆场。"[2]计然曾提出："六岁穰，六岁旱，十二岁一大饥。"这

---

①　《汉书·食货志》，中华书局 1962 年版，第 3683 页。

②　《汉书·食货志》，中华书局 1962 年版，第 1120 页。

种丰歉循环理论，也属于技术层面上要把握的规律。有些理论今人已很难理解，有些似乎专业性很强，非亲身实践者则很难知晓。如《吕氏春秋·任地》引《后稷》云：

> 子能以窒为突乎？子能藏其恶而揖之以阴乎？子能使吾士靖而甽浴土乎？子能使保湿安地而处乎？子能使藿夷毋淫乎？子能使子之野尽为泠风乎？子能使藁数节而茎坚乎？子能使穗大而坚、均乎？子能使粟圆而薄糠乎？子能使米多沃而食之强乎？无之若何？①

这里一口气提了十个问题。用白话讲就是：1.你能把积水的低洼地改造成可以种植的高地吗？ 2.你能使干裂之地变为湿润的土壤吗？ 3.你能用沟洫排水洗的办法让土壤洁净吗？ 4.你能使土壤保墒而不跑墒吗？ 5.你能使杂草不荒芜土地吗？ 6.你能使农田通风良好吗？ 7.你能使庄稼多节而茎秆坚实吗？ 8.你能使庄稼穗大而坚实均匀吗？ 9.你能使庄稼颗粒饱满而壳薄吗？ 10.你能使庄稼颗粒油性大而耐嚼吗？前四个问题是关于土壤改良的，第五和第六个问题是关于种植的，后面四个问题是关于庄稼生长的。这在今天看来，都是很有意义的技术性问题。

先秦农家的著作，大多散佚，但其思想已为后世所继承。不过与"治道"相联系的以农富国、强国的理论，后世的农书大多是提及而已，并不作为主要论述，而关于农业技术与农业经济方面的内容，则被不断丰富。汉时农书的辑佚本，有《尹都尉书》《蔡癸书》《氾胜之书》等，所存多为具体作物的耕种管理技术，如《种瓜》《种葵》《种葱》《耕田》《收种》《区田法》之类。《氾胜之书》辑本较多，清人有七种，今人石声汉撰有《氾胜之书今释》，万国鼎撰有《氾胜之书辑释》。

南北朝时产生了一部收罗往古，泽被后世的农家名著《齐民要术》，作者是北魏贾思勰，在序言中说："今采捃经传，爰及歌谣，询之老成，验之行事。起自耕农，终于醯、醢，资生之业，靡不毕书。号曰《齐民要术》，凡九十二

---

① 陈奇猷：《吕氏春秋校释》，学林出版社1984年版，第1731页。

篇，束为十卷，卷首皆有目录，于文虽烦，寻览差易。其有五谷、果、蓏非中国所殖者，存其名目而已。种莳之法，盖无闻焉。……商贾之事，阙而不录。花草之流，可以悦目，徒有春花，而无秋实，匹诸浮伪，盖不足存。"可知他的主导思想在于发展实体经济。其内容包括古代农业、果林、蚕桑、畜牧、水产、兽医、配种、酿造、烹饪、食品加工等，十分丰富。《四库全书简明目录》称此书："于农圃、衣食之法，纤悉毕备。又文章古雅，援据博奥。农家诸书，无更能出其上者。"

唐时，农书以《四时纂要》为最著，作者韩鄂生平不详。其自序称："编阅农书，搜罗杂诀，《广雅》《尔雅》，则定其土产；《月令》《家训》，则叙彼时宜。采范（氾）胜种树之书，掇崔寔试谷之法，而又韦氏《月录》，伤于简阅；《齐民要术》，弊在迂疏。今则删两氏之繁芜，撮诸家之术数。"[1]可知其采录之广。书仿《礼记·月令》体例，分四季十二个月，列举农家事项。内容除农业生产、产品加工、医药卫生、器物修造、商业经营、文化教育之外，还涉及占候、祈禳、禁忌之类内容。可视为农民的百科全书。书中的一些内容如接木、种茶之类，为以前农书所无。

宋时，农书以陈旉《农书》为最著名。作者自署"西山隐居全真子"，是一个不求仕进，种药治圃以自给的人。其自序称："仆之所述，深以孔子不知而作为可戒，文中子慕名而作为可耻。与夫葛抱朴、陶隐居之述作，皆在所不取也。此盖叙述先圣王搏节爱物之志，固非腾口空言，夸张盗名，如《齐民要术》《四时纂要》，迂疏不适用之比也。"[2]可知其自命甚高。四库馆臣云："今观其书，上卷泛言农事，中卷论养牛，下卷论养蚕，大抵泛陈大要，引经史以证明之。虚论多而实事少，殊不及《齐民要术》之典核详明。"

元代有三部农书。《农桑辑要》属官，此书是在北方农业实践的基础上撰写的。王盘序称："诏立大司农司，不治他事，而专以劝课农桑为务。行之五六年，功效大著。民间垦辟种艺之业，增前数倍。农司诸公，又虑夫田里之人，虽能勤身从事，而播殖之宜，蚕缫之节，或未得其术。则力劳而功寡，获约而

---

① 廖启愉：《四时纂要校释》，农业出版社 1981 年版，第 1 页。
② 万国鼎：《陈旉农书校注》，农业出版社 1965 年版，第 1 页。

不丰矣。于是遍求古今所有农家之书，披阅参考，删其繁重，撷其切要，纂成一书，目曰《农桑辑要》，凡七卷。"①卷一《典训》，摘录文献重农言论和事迹。以后依次为《耕垦》《栽桑》《养蚕》《瓜菜》《果实》《竹木》《药草》《孳畜》《禽鱼》等。四库馆臣云："盖有元一代，以是书为经国要务也。……大致以《齐民要术》为蓝本，芟除其浮文琐事，而杂采他书以附益之。详而不芜，简而有要。于农家之中，最为善本。"鲁明善《农桑衣食撮要》二卷，今从《永乐大典》录出。其书以农圃诸务分系十二月令，使民及时趋事。王祯《农书》在三书中最具特色。王祯，字伯善，东平人，曾做过地方官。《广丰县志》说："知县事，以课农兴学为务，常买桑苗及木棉子导民分艺。遇旱干或淫雨，必斋戒虔祷。"此书凡《农桑通诀》六卷，《百谷谱》四卷，《农器图谱》十二卷。馆臣说："元人农书，存于今者三本，《农桑辑要》《农桑衣食撮要》二书，一辨物产，一明时令，皆取其通俗易行。惟祯此书，引据赅洽，文章尔雅，绘画亦皆工致，可谓华实兼资。""其书典赡而有法，盖贾思勰《齐民要术》之流。图谱中所载水器，尤于实用有裨。又每图之末，必系以铭赞诗赋，亦风雅可诵。"

明代的农书，以徐光启《农政全书》六十卷为最著名。徐光启是向西方学习科学技术的先驱人物。他的《农政全书》是一部集大成的著作，包括西方蓄水技术，也在采集之列。四库馆臣对其书述之甚详。其说："是编总括农家诸书，裒为一集。凡农本三卷，皆经史百家有关民事之言，而终以明代重农之典。次田制二卷，一为井田，一为历代之制。次农事六卷，自营制开垦，以及授时占候，无不具载。次水利九卷，备录南北形势，兼及灌溉器用诸图谱。后六卷则为泰西水法。考《明史》光启本传，光启从西洋人利玛窦学天文、历算、火器，尽其术。崇祯元年，又与西洋人龙华民、邓玉函、罗雅谷等，同修《新法历书》。故能得其一切捷巧之术，笔之书也。次为农器四卷，皆详绘图谱，与王祯之书相出入。次为树艺六卷，分谷、蓏、蔬、果四子目。次为蚕桑四卷，又蚕桑、广类二卷。广类者，木棉、麻苎之属也。次为种植四卷，皆树木之法。次为牧养一卷，兼及养鱼、养蜂诸细事。次为制造一卷，皆常需之食品。次为荒政十八卷，前三卷为备荒，中十四卷为救荒本草，末一卷为野菜

---

① 石声汉：《农桑辑要校注》，农业出版社1982年版，第1页。

谱。亦类附焉。"①

清代的农学著作，以乾隆时《钦定授时通考》影响最大，曾有英、俄多种译本。本书共分八门，"天时门"明耕耘、收获之节，"土宜门"尽高下燥湿之利，"谷种门"别各种植物之性，"功作门"记耕耘种植收藏之法，"劝课门"重农之政，"蓄聚门"备荒之制，"农余门"记农副业之事，"蚕桑门"记养蚕缫丝之事。"天时门"前冠以总论，余七门各冠以汇考。乾隆帝弘历为序说："因检前人《农桑通诀》《农政全书》诸编，嘉其用意勤，而于民事切也。命内廷词臣，广加搜辑，举物候早晚之宜，南北土壤之异，耕耘之节，储偫之方，蚕织蓄牧之利，自经史子集以及农家者流，凡言之关于农者，汇萃成编，命之曰《授时通考》。"②今观其书征引之博，涉及范围之广，确属前所未见。

除此之外，历代如《耒耜经》《野菜谱》《田家月令》《种树书》《稻品》等之类尚多。值得注意的是，在中国古代农业发明的各种先进技术很多，只是因为信息不通，而很难在全国普及。如《农政全书》所说的收麦的工具麦笼，一天可以收数亩，而在山西产麦区却不见有人用。再如《豳风广义》中提到的用火孵小鸡的办法，一次可以孵数百甚至上千只小鸡，这是河西的技术，而河东却不见用。这也是很遗憾的。

3. 农学著作的清理与净化

《汉志》《隋志》因其有明确的主导思想，即所谓"播百谷，劝耕桑，以足衣食""播五谷，艺桑麻，以供衣食者"，因此其农家类中，只著录与农业生产相关的书籍，如《汉志》将《神农教田相土耕种》《昭明子钓种生鱼鳖》《种树臧果相蚕》之类与农业占候相关者，则归于《数术略》。《隋志》将《相马经》入五行类，《治马经图》《马经》《治马牛驼骡等经》《龙树菩萨和香法》《食经》等，则入医方类。但到后来，史家编纂《经籍》《艺文》之类，逐渐淡化了主

---

① 《四库全书总目》，中华书局 1965 年版，第 853 页。
② 《钦定授时通考》，《影印文渊阁四库全书》，第 732 册。

导思想，只是简单地将图书归类。而在以农业为基础的国度里，很多行业与农业都有联系，故而一些与农业生产毫不相干的图书，也被相牵入农家类。如《旧唐书·经籍志·农家类》收入《竹谱》《钱谱》《禁苑实录》《种植法》《相鹤经》《鸷击录》《鹰经》《蚕经》《相马经》《相牛经》《相贝经》《养鱼经》等，《新唐书》又增入《园庭草木疏》《金谷园记》《四时记》之类的书。《宋史·艺文志》中则把《月鉴》《南方草木状》《茶经》《茶记》《采茶录》《茶苑杂录》《新煎茶水记》《茶谱》《菊谱》《花谱》《洛阳花木记》《牛书》之类归入农家类。《明史·艺文志》于农家类中又收入了《水云录》《茹草编》《学书圃杂疏》《树艺考》《群芳谱》之类。这样游离农事越来越远。故《四库全书总目》云：

> 农家条目至为芜杂，诸家著录，大抵辗转旁牵，因耕而及《相牛经》，因《相牛经》而及《相马经》《相鹤经》《鹰经》《蟹录》至于《相贝经》，而《香谱》《钱谱》相随入矣。因五谷而及《圃史》，因《圃史》而及《竹谱》《荔支谱》《橘谱》至于《梅谱》《菊谱》，而唐昌《玉蕊辨证》《扬州琼花谱》相随入矣。因蚕桑而及《茶经》，因《茶经》及《酒史》《糖霜谱》，至于《蔬食谱》，而《易牙遗意》《饮膳正要》相随入矣。触类蔓延，将因《四民月令》而及算术、天文，因《田家五行》而及风角、鸟占，因《救荒本草》而及《素问》《灵枢》乎？

《田家五行》是元代娄元礼所撰的一部在农村生活如何根据日月星云及物候变化来预测天气变化、农业丰歉的书，如书中言："七月朔日虹见，主年内米贵""重九日晴，则冬至、元日、上元、清明四日皆晴，雨则皆雨""清明午前晴，早蚕熟；午后晴，晚蚕熟"等。"风角"是古代的占卜之法，主要是以五音占四方之风而定吉凶。"鸟占"是根据鸟的飞鸣来占卜吉凶的方式。《救荒本草》是明代周王朱橚所撰的一部关于荒年食物的著作。书中记录了可以救荒解饥的野生植物四百一十四种。因为其名《本草》，而《本草》多为医家的著作，如上古有《神农本草》，宋有《证类本草》，明有《本草纲目》等，于是馆臣就嘲讽那种在图书分类上"辗转旁牵"的作风。认为并不能因书名《本草》，而把医家的经典著作《素问》《灵枢》（皆托名黄帝）也牵入农家。也不能因《田家五行》，而把风角鸟占之类的占卜之书也牵入进来。

因此，馆臣对传统农家类图书作了清理、净化，农家类只留与农耕相关的图书，而把前人"辗转旁牵"的图书，另找归属。其云：

> 今逐类汰除，惟存本业，用以见重农贵粟，其道至大，其义至深，庶几不失《豳风》《无逸》之初旨。茶事一类，与农家稍近，然龙团凤饼之制，银匙玉碗之华，终非耕织者所事，今亦别入《谱录类》，明不以末先本也。

《豳风》是《诗经》十五国风之一，其首是《七月》篇，写一年到头辛勤的农业生产。《毛诗序》说："《七月》，陈王业也。周公遭变，故陈后稷、先公风化之所由，致王业之艰难也。"朱熹《诗集传》也说："周公以成王未知稼穑之艰难，故陈后稷、公刘风化之所由，使瞽蒙朝夕讽诵以教之。"《无逸》是《尚书·周书》中的一篇，内容是讲周公教育成王不要图安逸享乐。文章说："周公曰：呜呼！君子所其无逸，先知稼穑之艰难，乃逸，则知小人之依。"这一诗一文，便成为先王重农的典范之作。"龙团凤饼"是宋朝的贡茶名。饼状，上有龙纹的称龙团，有凤纹的称凤团，也称凤饼。张舜民《画墁录》卷一："先丁晋公为福建转运使，始制为凤团，后又为龙团，贡不过四十饼，专拟上供，虽近臣之家，徒闻之而未尝见也。"宋徽宗《大观茶论》序："本朝之兴，岁修建溪之贡，龙团凤饼名冠天下，婺源之品亦自此盛。""银匙玉碗"，指吃饮时所用器皿都是金银宝玉的，表示豪华。像这些茶品、食器方面的讲究内容，自然与耕织之事无关。不应滥入农家类。为解决这些矛盾，四库馆臣于子部别立谱录一录，把《钱谱》《相鹤经》《相马经》《鸷击录》《相贝经》之类收入其中。这样虽然保持了农家类书的纯洁性，但又使"谱录类"变成了大杂烩。这也是一大憾事。

阅读参考书目

贾思勰撰，缪启愉、缪桂龙译注：《齐民要术译注》，上海古籍出版社2009年版。

朱橚撰，王锦秀、汤彦承译注：《救荒本草译注》，上海古籍出版社 2015 年版。

徐光启撰，石声汉校注：《农政全书校注》，上海古籍出版社 1979 年版。

曾雄生：《中国农学史》，福建人民出版社 2008 年版。

五、医家略说

　　医学是人类应对疾病保护健康而产生的学问。疾病是人类生命的最大威胁，每一个生命都希望能远离疾病，获得健康，这一希望在古人的命名中不时地体现出来。如秦时有人名冯去疾，汉时有人名张弃疾、霍去病、刘弃疾、王去疾，北齐有路去病，宋时有辛弃疾等。关于疾病之源，华夏先民有两种不同的认识。一种认为源于淫邪之气，或称"六淫"。如《左传·昭公元年》说："阴淫寒疾，阳淫热疾，风淫末疾，雨淫腹疾，晦淫惑疾，明淫心疾。"《素问·至真要大论》说："夫百病之生也，皆生于风、寒、暑、湿、燥、火。"另一种认为生于鬼神作祟。如疾病的"疾"，从疒从矢，甲骨文作 🏃，像一人腋下中箭之形。古人认为，人病是因被鬼蜮暗箭所射。如传说中有叫短狐的怪物，又叫蜮、射工、水弩，能含沙射人影，使人病甚至致死。张华在《博物志》里说，射工虫口中有弩形，以气射人影，射中的地方就会生疮，不及时治疗便会病死。现在人中了传染病，往往也用"中箭"来表述。由这两种不同的认识，便出现了两种不同的治疗方法，一种是巫觋驱邪，一种是医术治疗。古代"医"字有两种写法。一书作"醫"，字从"酉"。《说文》说："醫，治病工也。殹，恶姿也，医之性然。得酒而使，从酉。王育说。一曰：殹，病声，酒所以治病也。《周礼》有医酒。古者巫彭初作醫。""酉"是盛酒器，在这里代表酒。酒可以治风、寒、阴、湿所致之病，通血脉，御寒气，行药势，杀百邪，除毒气。《汉书·食货志》谓"酒，百药之长"，故"醫"字从"酉"。"医"字的另一种写法是"毉"，从"巫"，表示医病是巫觋之事。《吕氏春秋·勿躬》说："巫彭作医。"《世本》说："巫咸以鸿术为帝尧之医。""鸿术"指高超的方术。这便成为医学的两个来源。但巫治病毕竟有几分精神作用，而真正的医治疾病，还要靠实践中积累起来的医学知识，这便成为医学的主流。随着对疾病认识的深入，最终巫医退守在一个角落，而药医则成为医学的主体。

医学知识经验的积累，是从远古就开始的。如《淮南子·修务训》说："古者，民茹草饮水，采树木之实，食蠃蜻之肉，时多疾病毒伤之害。于是神农乃始教民播种五谷，相土地，宜燥湿肥硗高下，尝百草之滋味，水泉之甘苦，令民知所辟就。当此之时，一日而遇七十毒。"[①]《帝王世纪》说："黄帝使岐伯尝味草木，典医疗疾，今经方《本草》《素问》之书咸出焉。"所以在医书中就出现了《神农本草》《黄帝内经》之类托古之作。同时，先民发现了发病之治难，而预防之行易，于是有了预防为主的医学理论。如《庄子·庚桑楚》说："老子曰：'卫生之经，能抱一乎？'"郭象注："防卫其生，令合道也。"《黄帝内经》言："圣人不治已病治未病，不治已乱治未乱。"《淮南子·说山训》也说："良医者，常治无病之病，故无病。"由此而形成了中国特有的医学理论和医疗保健传统。中华人民共和国建立之后，村一级设有"保健站"，乡一级设有"卫生院"，县一级始名"医院"。这实际上在说明尊重生命，首以追求健康，次以卫护生命，病而医之，是不得已而为之的。

1. 中医的性质及其实践与理论

在汉代，医学又称作"方技"。如《史记·扁鹊仓公列传》说："方伎所长，及所能治病者有其书无有？"《汉书·艺文志》有"方技略"著录医书。又云："侍医李柱国校方技。"颜师古注说："医药之书也。"关于其性质，《汉志》云：

方技者，皆生生之具，王官之一守也。

《隋志》云：

---

① 何宁：《淮南子集释》，中华书局 1998 年版，第 1311 页。

医方者，所以除疾疢（chèn），保性命之术者也。

所谓"生生"，就是养生。如《老子》云："人之生，动之死地者，亦十有三，夫何故？以其生生之厚。"河上公注说："所以动之死地者，以其求生活之事太厚，违道忤天，妄行失纪。"元吴澄注说："生生，求以生其生也。厚谓用心太重，或仙术以延生而失宜，医药以卫生而过剂，居处奉养谨节太过而骄脆，十类之中亦有三类如此，其意正欲趋生，而其作为反以趋于死地者，为其求生之心太重，而不顺乎自然也。""生生之厚"，就是养生太过。"生生之具"就是养生的手段、工具，也就是《隋志》所说的"保性命之术"。简言之，中国传统医学的性质，重在保养生命，抵御疾病。所谓"王官之一守"，这在《周礼》中可以获得很好的说明。据《周礼·天官·冢宰》记载，西周时就建立了较完善的医疗制度和机构，这堪称是世界上最早的"医院"。其机构设置，众医之长叫医师，"医师"所掌管的是带有行政管理性质的医疗机构，机构的属下有"上士二人，下士四人，府（分管药库）二人，史（分管记录）二人，徒（干事）二十人"。主要是"掌医之政令，聚毒药（药之辛苦者）以共医事"。国人出现的各种不同的病情，由医师机构负责分派到相应的医疗机构治疗。医疗机构建立病历档案，如有死亡，"死终则各书其所以，而入于医师"，即在病历上写明死亡原因，交医师机构存档，以便总结经验。这堪称是世界上最早的病历建档制度。同时医师还负责对医生进行考核，"岁冬则稽其事，以制其食"，根据考核成绩，制定医生的俸禄。在医师的统领下，又分设有食医、疾医、疡医、兽医四个部门。食医编制"中士二人"，相当于今天的防疫站，负责食品安全及食疗，而且是与四时变化相适应来调剂的食物，"凡和，春多酸，夏多苦，秋多辛，冬多咸，调以滑甘。凡会膳食之宜，牛宜稌，羊宜黍，豕宜稷，犬宜粱，雁宜麦，鱼宜菰"。疾医相当于今之内科，有中士八人，"掌养万民之疾病……以五味、五谷、五药养其病"。疡医相当于今之外科，有下士八人，"掌肿疡、溃疡、金疡、折疡之祝药劀杀之齐。凡疗疡，以五毒攻之，以五气养之，以五药疗之，以五味节之。凡药，以酸养骨，以辛养筋，以咸养脉，以苦养气，以甘养肉，以滑养窍"。这里应特别关注这诸多"养"字，这反映了古人对待疾病的态度。在这里中医的观念与西医有了巨大的不同。中医面对的是"命","养"是对生命而言的，所谓"养病"，是要通过调理休养，增加生命的活力，使代表邪气的疾病从体内排除、消失。而西医盯的则是"病"，重在解决病情，对于生命特征并不关注，因此也没有"养"的概念。另外还有兽医，下士四人。

中医的这种观念，是在以天人一体为核心的仁学知识体系的思维框架下，经过长期的实践形成的。《汉志》云：

> **太古有岐伯、俞拊，中世有扁鹊、秦和，盖论病以及国，原诊以知政。汉兴有仓公。今其技术晻昧，故论其书，以序方技为四种。**

岐伯和俞拊，相传都是黄帝的臣子。《黄帝内经》中大讲黄帝与岐伯讨论医学问题，显然是一位医家高手。传说中他既通医术，又明"治道"。皇甫谧言"岐伯剖腹以蠲肠"（《晋书》本传），《路史》称黄帝平天下后，"复岐下，见岐伯，引载而归，访于治道"。罗苹注说："时岐伯已百余岁，见《仙传》。"俞拊，又作俞附。《史记·扁鹊仓公列传》说："上古之时，医有俞附，治病不以汤液醴洒，镵石（石针）挢引（按摩之法），案扤（玩揉肢体，使之调和）毒熨（毒病之处，以药物熨帖），一拨见病之应，因五脏之输，乃割皮解肌，诀脉结筋，搦髓脑，揲荒（肓）幕（膜，疏理膈膜），湔浣肠胃，漱涤五藏，练精易形。"无论是岐伯"剖腹蠲肠"，还是俞附"湔浣肠胃"，这都近于神话。但在我国的考古中，却发现了5000年前的开颅手术。在山东广饶傅家大汶口文化遗址中，发现成年男性头骨。该头骨右侧顶骨的靠后部有一直径为3.1×2.5厘米的圆形穿孔。此孔的整个边缘呈现非常光滑、均匀的圆弧形。医学专家对该头骨进行了人体标本观察、X线摄像、螺旋CT扫描及三维图像重建，发现头骨上的圆孔上有人工用锐利工具刮削的痕迹。神经外科专家称，这明显是做过手术的痕迹。中国科学院院士、中国科学院古脊椎动物与古人类研究所吴新智研究员说："这种开口边缘的圆弧状属自然修复，只有在十分精细的修饰和骨组织修复后才能形成，表明该墓主在手术后依然存活了很长一段时间。因而，这一史前外科手术是成功的。"头颅手术比"剖腹蠲肠"难度更大，这说明前人的传言不一定是神话。

扁鹊是春秋战国之际的名医。原名秦越人,渤海郡郑人。家于卢国,故又名卢医。他是中医脉学的创始人,故司马迁说:"至今天下言脉者,由扁鹊也。"扁鹊有起死回生之术。曾使昏迷五天的赵简子苏醒,又使已"死"的虢国太子复生。他看病不必切脉、望色、听声、写形(审察形态),即可预知疾病之所在,而采取相应的治疗方案。他有六不治理论:

> 人之所病,病疾多;而医之所病,病道少。故病有六不治:骄恣不论于理,一不治也;轻身重财,二不治也;衣食不能适,三不治也;阴阳并,藏气不定,四不治也;形羸不能服药,五不治也;信巫不信医,六不治也。有此一者,则重难治也。[1]

这完全是经验的总结,也是对世人的警示。

春秋还有一名医叫秦和,是秦国的名医,世有称医和。他是最早提出病原学理论的人。《左传·昭公元年》记载他的病原学理论说:

> 天有六气,降生五味,发为五色,征为五声,淫生六疾。六气曰阴、阳、风、雨、晦、明也,分为四时,序为五节,过则为菑:阴淫寒疾,阳淫热疾,风淫末疾,雨淫腹疾,晦淫惑疾,明淫心疾。女,阳物而晦时,淫则生内热惑蛊之疾。

秦和不仅提出了"六淫生疾"的理论,而且还把治病与治国联系起来。《国语·晋语》说:

> 平公有疾,秦景公使医和视之,出曰:"不可为也。是谓远男而近女,惑以生蛊;非鬼非食,惑以丧志。良臣不生,天命不佑。若君不死,必失诸侯。"赵文子闻之曰:"武从二三子以佐君为诸侯盟主,于今八年矣,内无苛慝,诸侯不二,子胡曰'良臣不生,天命不佑'?"对曰:"自今之

---

[1] 《史记·扁鹊仓公列传》,中华书局 1959 年版,第 2793—2794 页。

谓。和闻之曰：'直不辅曲，明不规闇，榣木不生危（高险处），松柏不生
埠（下湿地）。'吾子不能谏惑，使至于生疾，又不自退而宠其政，八年之
谓多矣，何以能久！"文子曰："医及国家乎？"对曰："上医医国，其次
疾人，固医官也。"①

孙思邈《千金要方·卷一·诊候》也曾云："古之善为医者，上医医国，
中医医人，下医医病。"故《汉志》说："论病以及国，原诊以知政。"

仓公姓淳于，名意，西汉初临淄人。他是一位脉学高手。因拒绝给一些
人看病，遭到怨恨，而被控告，获罪当刑，其女缇萦上书文帝，愿以身代，得
免。淳于意最特殊之点是，他在诊治病人时，随手记录下了病案，内容涉及患
者的姓名、职业、居处、病名、脉象、病因、治疗、用药、疗效等。《史记》
本传记录下了二十五例，成为我国最早见于文献记载的医案。不过作为一种
技术，其中之道有父子不能相传者，即所谓"道可道，非常道"。《汉志》录
《扁鹊内经》九卷，《黄帝岐伯按摩》十卷，《泰始黄帝扁鹊俞拊方》二十三卷，
《史记》载仓公有《诊籍》。故扁鹊诸人在汉时其书或存，而其术则难传。对于
史学家也只能著录其著而已。

在医疗实践的基础上，中医形成了以保养生命为核心的医学理论。《隋
志》云：

**天有阴阳风雨晦明之气，人有喜怒哀乐好恶之情。节而行之，则和平
调理；专壹其情，则溺而生疢。**

"阴阳风雨晦明"即所谓的"六气"，见于《左传》医和的理论。"喜怒哀乐好
恶"则为"六情"。汉班固《白虎通·情性》说："六情者何谓也？喜、怒、
哀、乐、爱、恶谓六情。"无论六气，还是六情，都有"节而行之"的问题。
"节"是节制，有限度，相互有个平顺调和问题。如果出现偏激，沉溺于一
种行为，即所谓"专一其情"，失去平衡，疾病就会产生。这里讲了三个问

① 徐元浩：《国语集解》，中华书局 2002 年版，第 434 页。

题。第一，"六气"不能"节而行之"，称作"六淫"，属于"外邪"。外邪侵入，会生"六疾"①。第二，"六情"不能"节而行之"，则属内邪，是致病的内因。"六情"与"六气"是相对应的，如孔颖达说："喜生于风，怒生于雨，哀生于晦，乐生于明，好生于阳，恶生于阴。"②第三，"节而行之"则能"和平"，是养生之要。这是对中医理论的高度概括。这里最强调的是"节而行之"。无论是起居住行，还是饮食男女，如不能"节"，就会伤及生命健康。《吕氏春秋·尽数》篇说：

天生阴阳寒暑燥湿，四时之化，万物之变，莫不为利，莫不为害。圣人察阴阳之宜，辨万物之利以便生，故精神安乎形，而年寿得长焉。长也者，非短而续之也，毕其数也。毕数之务，在乎去害。何谓去害？大甘、大酸、大苦、大辛、大咸，五者充形，则生害矣。大喜、大怒、大忧、大恐、大哀，五者接神，则生害矣。大寒、大热、大燥、大湿、大风、大霖、大雾，七者动精，则生害矣。故凡养生，莫若知本，知本则疾无由至矣。③

《黄帝内经素问·上古天真论》亦云：

上古之人，其知道者，法于阴阳，和于术数，食饮有节，起居有常，不妄作劳，故能形与神俱，而尽终其天年，度百岁乃去。今时之人不然也，以酒为浆，以妄为常，醉以入房，以欲竭其精，以耗散其真，不知持满，不时御神，务快其心，逆于生乐，起居无节，故半百而衰也。④

"无节"也就是不能"节而行之"，这会导致两种结果：一是"耗散"真气，使生命力衰竭；二是使过度之物郁滞于体内，导致疾病。《吕氏春秋·达郁》说："病之留、恶之生也，精气郁也。"《素问·移精变气论》云：

---

① 杜预、孔颖达：《春秋左传正义》，北京大学出版社1999年版，第1166页。
② 孔颖达：《礼记注疏》，北京大学出版社1999年版，第689页。
③ 陈奇猷：《吕氏春秋新校释》，上海古籍出版社2002年版，第138页。
④ 姚春鹏译注：《黄帝内经》，中华书局2010年版，第4页。

忧患缘其内，苦形伤其外，又失四时之从，逆寒暑之宜，贼风数至，虚邪朝夕，内至五藏骨髓，外伤空窍肌肤，所以小病必甚，大病必死。①

因此医治之方，除需"节而行之"外，则要"调中养气，通滞解结"。《隋志》云：

> 是以圣人原血脉之本，因针石之用，假药物之滋，调中养气，通滞解结，而反之于素。其善者，则原脉以知政，推疾以及国。《周官》：医师之职"掌聚诸药物，凡有疾者治之"，是其事也。鄙者为之，则反本伤性。故曰："有疾不治，恒得中医。"

"血脉"是中医学名词，指人体内血液运行的脉络。如《后汉书·方术传下·华佗》说："血脉流通，病不得生。"用药物或针石的目的，一是调理身体，补养气血，二是打通血脉，疏通淤滞，使恢复正常。但在治疗中会出现两种相反的情况。一是"善者"，如医和、扁鹊之类为之，他们能根据脉象病情，知其病之所由生，甚至可察其国之政治环境。而"鄙者"，如世俗之庸医为之，对病情断不清楚，当补而反泄，最终会适得其反。"辨症施治"是中医临床非常重要的一环，故这里特别提出"鄙者为之"的问题，"鄙者为之"，不如不为，因为有些病不治也能好的。即所谓"有疾不治，恒得中医"。

2.《汉志》的医学分类

中医的核心思想是卫护生命。通过养生、防病、治病，达到益寿延年的目的。在这种思想的主导下，《汉志》医书分为四种，即：医经、经方、房中、神仙四块。

"医经"，即医学中最主要的部分，特指中医理论著作。从春秋到西汉，早

---

① 姚春鹏译注：《黄帝内经》，中华书局 2010 年版，第 6 页。

期的中国医学理论，最主要的不是讲如何治病，而是病从何来，如何才能不生病。一旦生病，则必须探究病根何在。故《汉志》云：

> 医经者，原（推究）人血脉、经络、骨髓、阴阳、表里，以起（获取）百病之本，死生之分，而用度（测度）箴石汤火所施，调百药齐（剂）和之所宜。至齐（剂）之得，犹磁石取铁，以物相使。拙者失理，以愈为剧（厉害），以生为死。

从先秦始，各学科多有被称作"经"的著作，代表其为该领域最主要、最权威的典籍。如墨家有《墨经》，法家有《法经》，道家有《老子经》（见《汉志》）、《黄帝四经》，医家则有《黄帝内经》《黄帝外经》《扁鹊内经》《扁鹊外经》《白氏内经》《白氏外经》等。血脉、经络、骨髓、阴阳、表里等，都是医学上常用的概念。"经络"指经脉和络脉，是人体中脏腑与四肢及肌肤气血运行、交互联系的通路，布遍全身。经脉为纵行干线，络脉为横行分支，络脉又有小的分枝叫孙络，又叫孙脉。古人认为经络在皮肤之下，外邪侵入时，分层次进入人体。如《素问·调经论》说："风雨之伤人也，先客于皮肤，传入于孙脉，孙脉满则传入于络脉，络脉满则输于大经脉。"《离合真邪论》说："夫邪，去络入于经也，舍于血脉之中。"《缪刺论》说："夫邪之客于形也，必先舍于皮毛。留而不去，入舍于孙脉；留而不去，入舍于络脉；留而不去，入舍于经脉。内连五藏（脏），散于肠胃，阴阳俱盛，五藏乃伤。"

"骨髓"指骨腔内的膏状物质。骨髓是人体的最深处。疾病侵入骨髓，就很难治疗。如扁鹊就曾说："疾之居腠理也，汤熨之所及也；在血脉，针石之所及也；其在肠胃，酒醪之所及也；其在骨髓，虽司命无奈之何。"[①]

"阴阳"指天地间化生万物的二气。《周易·系辞》说："一阴一阳之谓道。"故阴阳是构成事物的基本法则，万物中皆有阴阳。在中医理论中，几乎是离开阴阳，不能成论。如《素问·阴阳应象大论》云：

---

① 《史记·扁鹊仓公列传》，中华书局 1959 年版，第 2793 页。

　　阴阳者，天地之道也，万物之纲纪，变化之父母，生杀之本始，神明
之府也，治病必求于本。故积阳为天，积阴为地。阴静阳躁，阳生阴长，
阳杀阴藏。阳化气，阴成形。寒极生热，热极生寒；寒气生浊，热气生清；
清气在下，则生飧泄；浊气在上，则生䐜胀，此阴阳反作，病之逆从也。①

在人体中，无处不分阴阳。阴阳和调，则人健康；阴阳失衡，则病从中生。如
《素问·生气通天论》云：

　　凡阴阳之要，阳密乃固。两者不和，若春无秋，若冬无夏。因而和
之，是谓圣度。故阳强不能密，阴气乃绝；阴平阳秘，精神乃治；阴阳离
决，精气乃绝。②

　　"表里"指内外，医学上病分表里，即表证、里证。张介宾《景岳全
书·表证篇》说："表证者，邪气之自外而入者也。凡风寒暑湿火燥，气有不
正，皆是也。"《里证篇》说："里证者，病之在内在藏也。凡病自内生，则或
因七情，或因劳倦，或因饮食所伤，或为酒色所困，皆为里证。"在中医诊断
中，病在何处？在血脉，还是在经络、骨髓？是属阴，还是属阳？是表证，还
是里证？这都是要搞清楚的，所以要"原"，"原"就是察看、考究、推求本
原，这样才能从根本上把握病因，即所谓"起百病之本"。然后可知"死生之
分"，病还能否有救。遂后根据情况，采取治疗措施。或用针石攻刺，或用火
煎汤。调和百药，使之适宜病情，然后即可手到病除。因此在中医治病的过程
中，"辨证施治"是最重要的一环。

　　其次是经方。经方就是验方。医家每根据自己的经验，积累一些方剂。如
后世《验方新编》《经验良方》之类。如长沙马王堆出土的《五十二病方》，
《汉志》著录的《五藏六府痹十二病方》《五藏六府疝十六病方》《风寒热十六
病方》等。《汉志》云：

---

① 姚春鹏译注：《黄帝内经》，中华书局 2010 年版，第 35 页。
② 姚春鹏译注：《黄帝内经》，中华书局 2010 年版，第 25 页。

> 经方者，本（根据）草石之寒温，量（测量）疾病之浅深，假（凭借）药味之滋（滋养），因（就）气感之宜，辩（辨）五苦六辛，致（达）水火之齐（剂），以通闭解结，反之于平。及失其宜者，以热益热，以寒增寒，精气内伤，不见于外，是所独失也。故谚曰："有病不治，常得中医。"

这是一套方剂学的理论。对症下药，这是一个原则。南齐褚澄《褚氏遗书·除疾》云："用药如用兵，用医如用将。善用兵者，徒有车之功，善用药者，姜有桂之效。知其才智，以军付之，用将之道也。知其方伎，以生付之，用医之道也。世无难治之疾，有不善治之医。药无难代之品，有不善代之人。"因此既要摸透病情，又要深知药性。在中医中，每一味药都有药性、药味、功能等。如人参，《本草纲目》说："根，气味甘，微寒，无毒。主治：补五脏，安精神，定魂魄，止惊悸，除邪气，明目开心益智，久服轻身延年。"苍术，"气味苦，温，无毒。主治：风寒湿痹……"因此开方剂，必须了解药物是寒性还是热，气味是甘还是苦、辛。这里提到的五苦，是中医中的五味苦药，即：黄连、苦参、黄芩、黄柏、大黄。"六辛"指六味辛辣的药物，即：干姜、附子、肉桂、吴萸、蜀椒、细辛。药物通过水或火加工，即可达到设想的效果。中医的一个理论认为，许多病因都在经络气血肠道等的不畅通。故有"通则不痛，痛则不通""肠道常通，肠胃常清"之说。因此中医方药，"通闭解结"便成为主要手段。

其三是房中术。房中术以夫妻生活为主的房中养生方术。在中国古代，普通百姓是一夫一妻，故称"匹夫"。班固《白虎通·爵》说："庶人称匹夫者，匹，偶也，与其妻为偶，阴阳相成之义也。"而王公士大夫，一般都是一夫多妻。要对众多的妻妾尽丈夫的责任，这便会出现问题。如春秋时医和给晋平公诊病，便指出其病根就在于性生活过度。如何才能解决此类问题？古人便在这方面做了专门研究，总结经验，研究出了一套房中技术。马王堆出土的房中术之书《十问》中就提到，大禹因为操劳过度，导致性功能低下，由此而出现家庭不和，妻妾无法管理。经过师葵的指点，采用治气之道，才使性功能恢复，"家乃复宁"。这个故事说明，房中术是家庭和睦的需要。这一门学问发展，汉代是一个高峰，这种方术在汉代士大夫中非常普及。《后汉书·方术传》称：

"冷寿光年可百五六十岁，行容成公御妇人法。""甘始、东郭延年、封君达三人者，皆方士也，率能行容成御妇人术。"张衡《同声歌》说："衣解巾粉御，列图陈枕张。素女为我师，仪态盈万方。众夫希所见，天老教轩皇。乐莫斯夜乐，没齿焉可忘。"这里显然所说的就是房中术的实施。素女、天老，都是传说中的性学专家，给黄帝传授做爱技术的教官。在古代的房中术著作中有《素女经》《素女方》《天老杂子阴道》等。"轩皇"就是轩辕黄帝，"列图"是指导房中技术的秘戏图。《白虎通义·辟雍》说："父所以不自教子何？为恐渎也。又授之道，当极说阴阳夫妇变化之事，不可父子相教也。"这说明在汉代的大学里，教学内容中有房中术。《汉志》中著录房中书 8 种，一百八十六卷。马王堆出土医书 15 种，而房中术著作就有 5 种。这一方术，后世一直在流传，并不断变化。但在先秦两汉的房中术著作中，体现出的是节欲保精的主旨思想，并没有淫乱的倾向。前引《黄帝内经素问·上古天真论》文就很能说明问题。

在中医理论中，气是生命之本，万物为一气所化，"人之生，气聚之也。聚则为生，散则为死"（《庄子·知北游》）。而"精也者，气之精者也。""精存自生，其外安荣。内藏以为泉原，浩然和平，以为气渊，渊之不涸，四体乃固；泉之不竭，九窍遂通"[1]。因而"气"与"精"是生命获得长寿的根本。特别是精，留之则可生身，使生命健康长寿，施之则生人，可以产生新的生命。房中生活，丧失精液，是对生命的消耗。故在性生活中，如何治气保精就很重要。《十问·容成之治气抟精之道》说：

> 天地之至精，生于无征，长于无形，成于无体，得者寿长，失者夭死。故善治气抟精者，以无征为积，精神泉溢，吸甘露以为积，饮瑶泉灵尊以为经，去恶好俗，神乃溜刑。吸气之道，必致之末，精生而不厥。上下皆精，寒温安生？[2]

先秦两汉的房中方术，一是讲究起居有节，顺应四时阴阳消息而调节性

---

① 黎翔凤：《管子校注》，中华书局 2004 年版，第 938—939 页。

② 《长少马王堆汉墓简帛集成·十问》第六册，中华书局 2014 年版，第 143 页。

生活；二是通过一定的技术手段，使人能在享乐中保护生命的元气不致受到伤害；三是通过药物补益，增强性功能。但节制则是最根本的。故《汉志》云：

> 房中者，情性之极，至道之际，是以圣王制（制作）外乐以禁内情，而为之节文。传曰："先王之作乐，所以节百事也。"乐而有节，则和平寿考。及迷者弗顾，以生疾而陨性命。

所谓"情性之极"，指男女情欲的极致。所谓"至道之际"，指最高之道的边际。这是说房中术著作讲的是男女情爱的最高妙界，与最高之道相通。它既能尽两性之极欢，而又能不伤及生命。所谓"制外乐"，就是制作房中之乐。房中之乐为宫中所奏，如《关雎》之类，讲后妃之德，风天下，正夫妇，挚而有别，乐而不淫，可以有效地遏制内情的冲动。所谓"节文"，即指制定准则，使行之有度。用音乐调剂人的情感，这样欢乐而有节制，就能心平气和，健康长寿。

但这一门学问和方术，传之后世，发生了很多变化，出现了一些邪门的理论，如"采阴补阴""还精补脑"之类，所谓"若御女多者，可采气。……数数易之，则得益多。……但能御十二女而不复施泻者，令人不老，有美色。若御九十三女而自固者，年万岁矣"[①]，这就纯粹是邪说了，万不可当真。

其四是神仙方术。神仙方术是求长生不老之术。因为与生命健康有关，故而归于方技中。追求长生不老，这是人类的一种愿望。《洪范》称"五福"，第一福便是一个"寿"。在《山海经》中，有不死民，"黑色，寿不死"；有众巫，"操不死之药"。又有"不死之国"，有"三面之人不死"。到战国时，求仙得道之风开始出现，曾有人献不死之药于楚王者，被人嘲弄。又传海上有三神山，上有仙人和不死之药。这时还出现了"真人"的概念。如《庄子》《列子》中都有真人。"真"又写作"眞"。《说文》说："眞，仙人变化而登天也。从匕，从目，从乚。乚，隐字也。八，所以乘载也。"这是说，"匕"是变化的"化"字，表示仙人变化而升天。从"目"，表示养生之道，耳目为先，耳目是

---

① 孙思邈：《备急千金要方·房中补益》，中医古籍出版社1999年版，第852—853页。

寻真的阶梯；"L"是隐藏的意思，表示仙人能隐形，不为人所见。"八"代表仙上脚下所乘的工具，即鞋（蹻）之类。据说仙人升天所乘有龙蹻、气蹻、鹿卢蹻等之分。但要成仙，必有其法，其一是修炼，这有一套行气导引之法。《淮南子·地形训》说："食气者神明而寿，食谷者知慧而夭。不食者不死而神。"像龟、鹤之类动物，在古人认为就属于"食气者"。故有"龟鹤延年"之颂辞。其二是服长寿药物。在《本草》之类书，常有久服轻身延年的记载。葛洪《抱朴子·释滞》说："欲求神仙，唯当得其至要。至要者，在于实精行炁，服一大药便足，亦不用多也。"《汉志》著录神仙之书十种，像《黄帝杂子步引》《神农杂子技道》之类，当是与行气有关的技术；像《黄帝杂子芝菌》《黄帝杂子十九家方》之类，则属于药食。其云：

> 神仙者，所以保性命之真，而游求于其外者也。聊以荡（涤）意平心，同死生之域，而无怵惕（惊惧）于胸中。然而或者专以为务，则诞欺怪迂之文弥以益多，非圣王之所以教也。孔子曰："索隐行怪，后世有述焉，吾不为之矣。"

内以保真，外以求道，这是求神仙不老之术的基本原则。因为神仙之术最突出之法在修行，故这里特别强调"荡意平心"的基本要求。像练气功，便绝对要求涤洗心中杂念，平和心态。

至于刻意求之，便会适得其反。而且也有悖于圣人之道，所以孔子对这种索求隐秘难明之事，行怪异之道的行为，就持反对态度。

神仙一流，在后世归于道家类。如司马光所说："老庄之书，大指欲同死生，轻去就。而为神仙者，服饵修炼，以求轻举，炼草石为金银，其为术正相戾矣。是以刘歆《七略》叙道家为诸子，神仙为方技。其后复有符水、禁呪之术，至谦之遂合而为一，至今循之，其讹甚矣。"①

---

① 《资治通鉴·宋纪》，中华书局 2013 年版，第 3149—3150 页。

3. 中医的发展及其流派与分科

中国医学是一种养生、卫生之学，前人相信这是神农、黄帝等圣人救世活人之术，因而也称"医乃仁术"。明王直《萧氏重修读书堂记》说："夫医者，仁术也。天生斯民，囿于六气之中，不能使必遂其生。圣人者出，为之医药，以济其夭死，所以成天地之仁也。"仁术必要求医者有仁心。唐之神医孙思邈《论大医精诚》说：

> 凡大医治病，必当安神定志，无欲无求，先发大慈恻隐之心，誓愿普救含灵之苦。若有疾厄来求救者，不得问其贵贱贫富，长幼妍媸，怨亲善友，华夷愚智，普同一等，皆如至亲之想。亦不得瞻前顾后，自虑吉凶，护惜身命。见彼苦恼，若己有之，深心凄怆，勿避险巇、昼夜、寒暑、饥渴、疲劳，一心赴救，无作功夫形迹之心。如此可为苍生大医，反此则是含灵巨贼。[①]

这代表着中国传统医者的主流品质和人格，直到今天，其遗风仍在。由此医生也受到了人们的尊重。"大夫""郎中""医生"本是官名，如宋朝医者官品有保和大夫、保安大夫、保和郎、保安郎等，太医局有医生，后世作医生的别称，虽说这与古代的官医的品级有关，但也反映了民间对医生的尊重。

国医的发展有几个高峰期。从《汉志》看，似乎上古人文初始时代出现过一个医学发明的高峰。《汉志》中著录的医学著作中，有署名的二十一种，其中除扁鹊、白氏二氏的《内》《外》《旁经》五种外，其余的署名全是上古人物，如宓戏、神农、黄帝、容成、务成子、天老、尧、舜、汤、盘庚等。这种情况说明，在战国秦汉的传说中，医学发生时期曾出现过为人类生命健康而君臣共同探索的时代。第二个高峰在战国后期及秦汉时期。《汉志》国医的理论基础形成于这个时期，同时出现了像仓公、张仲景、华佗等一批名医，还有一批标志性成果。像《黄帝内经》《神农本草经》《难经》《伤寒杂病论》等，都

---

① 《孙真人千金方衍义》，《四库未收书辑刊》，北京出版社1997年版，子部第9辑第11册，第39页。

被后世奉为医学经典，而且围绕这几部著作，出现了大量注解诠释的医书。在明清时医界还流行"理必《内经》，法必仲景，药必《本经》(《神农本草经》)"的信条。

第三个高峰出现在金元明时期。其标志是医学流派的涌现。流派出现是医学理论繁荣的表现。在此之前，从南北朝到唐、北宋，医学在理论上基本上没有什么突破，而是在方剂上大量搜集、整理，出现了对后世影响较大的临床疾病总结的医方和著作，如晋葛洪《肘后备急方》、隋巢元方《巢氏诸病源候论》、唐王焘《外台秘要》、孙思邈《千金方》、宋太平兴国间官修《太平圣惠方》《太平惠民和剂局方》、宋王衮《博济方》、许叔微《类证普济本事方》等。随着宋代理学思潮的兴起和理性思维的高扬，医学领域有了突破性进展，理论研究成为热点。中医的推进不是靠药方，而是靠理论。在理论讨论中，因见解分歧，便出现了诸多流派。

金元医学的最大代表，是"金元四大家"，即：刘完素、张从正、李杲、朱震亨。医学流派便是从他们开始的。刘完素（1120—1200），字守真，河北河间人，故亦称刘河间。他最主要的著作是《素问玄机原病式》，认为"法之与术，悉出《内经》之玄机"，发挥《内经》"病机十九条"理论，认为疾病多因火热而起，治则宜用寒凉药，世称"寒凉派"。张从正（1156—1228），字子和，号戴人。他是刘河间的崇拜者，但又有创新，认为治病应当以驱邪为主，"邪去则正安"。驱邪即需用攻克之法，世称"攻下派"。李杲（1180—1251），字明之，号东垣老人，世称李东垣。他是"脾胃学说"的创始人，强调脾胃在人身的重要作用。主张"调理脾胃"，"升举清阳"。因脾胃五行属于中央土，因此世称其学说为"补土派"。朱震亨（1281—1358），字彦修。浙江义乌人，世居丹溪之边，世称朱丹溪。因处江南，江南地炎热，湿热相火为病甚多，病家多易伤阴。"阳常有余，阴常不足"，故提倡滋阴降火之法，世称"滋阴派"。四库馆臣云：

儒之门户分于宋，医之门户分于金。观元好问《伤寒会要序》，知河间之学与易水之学争；观戴良作《朱震亨传》，知丹溪之学与宣和局方之学争也。

说"医之门户分于金"可信，说见于元好问的《伤寒会要序》则不可信。《伤寒会要》的作者是金元四大家之一的李杲。李杲是名医张元素的高徒，张元素是易州人，世称其学说为"易水派"。元好问为《伤寒会要》作序，只称李杲为易州张元素的学生，并没有提到刘河间与张易水之争。戴良（1317—1383）是元末明初浦江人，撰《丹溪翁传》，称朱震亨曾师罗知悌，罗知悌是刘完素的再传弟子，旁通张从正、李杲二家之说。罗"即授以刘、张、李诸书，为之敷扬三家之旨，而一断于经"。朱震亨尽得其学以归，"乡之诸医，泥陈、裴之学者，闻翁言，即大惊而笑且排"。这里所说的"陈、裴之学"，指宋陈师文、裴宗元，宋徽宗大观年间，他们受命校正官修的《太平惠民和剂局方》，编成《校正太平惠民和剂局方》。此书在宋元间影响甚大。不少医生不问病因，只以局方成方下药。朱震亨对此大为不满，撰《局方发挥》一书以批评之。这就是馆臣所说的"丹溪之学与宣和局方之学争"。不过把时间定在"宣和"，这当是错记。

　　学派、学说之争，有明仍在继续。但其时医学发展最突出的表现是出现了一批集成性质的著作。朱橚撰《普济方》四百二十六卷，"凡一千九百六十论，二千一百七十五类，七百七十八法，六万一千七百三十九方，二百三十九图，可谓集方书之大全者"[1]。采摭之富，于此可见。李时珍撰《本草纲目》五十二卷，集古今本草之大成，馆臣称："是编取神农以下诸家本草，荟粹成书，复者芟之，阙者补之，讹者纠之。凡一十六部，六十二类，一千八百八十二种。每药标正名为纲，附释名为目，次以集解、辨疑、正误，次以气味、主治、附方。其分部之例，首水火，次土，次金石，次草谷菜果木，次服器，次虫鳞介禽兽，终之以人。前有图三卷，又序例二卷，百病主治药二卷，于阴阳标本、君臣佐使之论，最为详析。考诸家本草，旧有者一千五百一十八种，时珍所补者又三百七十四种。搜罗群籍，贯串百氏，自谓岁历三十，书采八百余家，稿凡三易，然后告成者，非虚语也。"[2]王肯堂撰《证治准绳》一百二十卷，这是一部综合性的集明代以前医学大成的著作，共220万字，包括杂病、类方、伤

---

①　朱橚：《普济方》，《影印文渊阁四库全书》，第747册，第1页。

②　《四库全书总目·医家类》，中华书局1965年版，第875页。

寒、疡医、幼科、妇科共六科，故又称为《六科证治准绳》。四库馆臣称："其书采摭繁富，而参验脉证，辨别异同，条理分明，具有端委，故博而不杂，详而有要。……宜其为医家之圭臬矣。"①陈实功撰《外科正宗》，集外科之大成，录 120 余种常见外科疾病的病因病机、诊断证候和治法，提出外科内治的理论，成为后世从事外科者必读之书，而且形成了"正宗派"。薛己、张介宾等在理论上创立了温补学说，认为"命门者，为水火之府，为阴阳之宅，为精气之海，为死生之窦。若命门亏损，则五藏六府，皆失所恃，而阴阳病变，无所不至"②。形成了"温补派"，成为对后世影响最大的一个中医流派。

四库馆臣面对前述医学著作，特别是高峰期出现的各种不同理论学说，采取了很慎重的态度。故云：

然儒有定理，而医无定法，病情万变，难守一宗。故今所收录，兼众说焉。

医学高峰的出现，还体现在医学分科上。医学分科，周朝就开始了。周朝分医四科：食医（营养科）、疾医（内科）、疡医（外伤科）、兽医。唐朝官方建立起了"医学院"性质的机构。《新唐书·百官志》云："太医署，令二人，从七品下。丞二人，医监四人，并从八品下。医正八人，从九品下。令掌医疗之法。其属有四：一曰医师，二曰针师，三曰按摩师，四曰咒禁师。皆教以博士，考试登用，如国子监。"这等于是根据不同医术分成了四科。在医科中又分为五科："一曰体疗（内科），二曰疮肿（外科），三曰少小（儿科），四曰耳目口齿，五曰角法（拔罐）。"宋朝设有太医局，"太医局有丞，有教授，有九科，医生额三百人。"③到南宋嘉定时的《太医局诸科程文格》，则出现了"大方脉至书禁凡十有三科"之文。《明史·职官志三》则明确记载："太医院掌医疗之法，凡医术十三科，医官、医士、医生，专科肄业，曰大方脉，曰小方脉，曰妇人，曰疮疡，曰针灸，曰眼，曰口齿，曰接骨，曰伤寒，曰咽喉，曰

①　《四库全书总目·医家类》，中华书局 1965 年版，第 875 页。
②　张介宾：《类经附翼·焦包络命门辨》，《影印文渊阁四库全书》，第 776 册，第 995 页。
③　《宋史·职官志四》，中华书局 1977 年版，第 3885 页。

金镞，曰按摩，曰祝由。"这其实是"医学院"的学科分类，是属于国家培养医学人才的教育体制。实践的临床医学的分科，要比这复杂。但无论如何，分科的增多，反映了医学的发展。对具体医学家来说，很难为分科所限，故四库馆臣云：

> 明制，定医院十三科，颇为繁碎，而诸家所著，往往以一书兼数科，分隶为难。今通以时代为次，《汉志》医经、经方二家，后有房中、神仙二家，后人误读为一，故服饵导引，歧途颇杂，今悉删除。《周礼》有兽医，《隋志》载《治马经》等九家，杂列医书间，今从其例，附录此门，而退置于末简，贵人贱物之义也。《太素脉法》，不关治疗，今别收入术数家，兹不著录。

清代医学延续明代的集成传统，在理论上没有多少成就。而且开始与西医接触、碰撞，在"科学"观念下，逐渐受冲击而衰落。到民国时曾出现了取消中医的提案。但中西结合的道路一直有学者在探索，如清末民初的唐宗海《中西汇通医经精义》，张锡纯《医学衷中参西录》等，可称是这方面的先驱。学西医三个月，即可下药治病。中医学三年，也不能出道。古人言："医不三世，不服其药。"因此，在急功近利的社会风气中，中医发展遇到了大困境。更由于人们用"科学"观念要求中医，发现其不"科学"，甚至是"伪科学"，这就更使得中医发展举步维艰。不过，人类积累了几千年的智慧和经验，是不会轻易被击败的。中医的前景，在西医无法看见的荒原上。生命现象是复杂的，需要有"仁学"知识体系的观照，才能发现其世界千丝万缕的联系，不是分科的知识体系所能领悟的。面对新的疾病，中医必须有理论上的重大突破，才会有实践中的巨大创新。

阅读参考书目

姚春鹏译注：《黄帝内经》，中华书局 2011 年版。

李时珍：《本草纲目》，人民卫生出版社 1982 年版。

贾得道：《中国医学史略》，山西人民出版社 1979 年版。

六、天文算法略说

"天文算法"是关于天文历法的学问。在《汉志》中，这类图书归属于《数术略》，分为"天文""历谱"两类。《隋志》归于子部，但仍分为"天文""历数"两类。历法是根据天体日月星辰的运行变化推算而出的，历法离不开天象，天文知识之大用首在历法，故《四库全书总目》将这两类图书归于一处。天文历法是只有用科学方法才能够做出更精密计算和精确规定的知识，在中国古代却从另一个角度做出了完全脱离科学的认识，而且产生了一套富有神秘色彩的理论。尽管中国古代的这门学问遭到了近人的嘲讽和抛弃，但从中可以看到在天人一体观念的观照下，人们是如何建构天人之间关系的，并是如何为天人感应寻找道德依据的，又是如何窥察天道以警人事的。这种看似愚昧的学问，也有可能为未来的人类思考问题，提供参考。

1. 中国古代的天文学

天文知识对上古人类来说，近乎生活的常识。人们要靠月满月亏的变化，来把握岁月的周期循环，要靠天上的星象，来把握四时的变化。顾炎武曾云：

> 三代以上，人人皆知天文。"七月流火"，农夫之辞也；"三星在天"，妇人之语也；"月离于毕"，戍卒之作也；"龙尾伏晨"，儿童之谣也。后世文人学士有问之而茫然不知者矣。若历法，则古人不及近代之密。[1]

---

① 黄汝成：《日知录集释》，上海古籍出版社 2006 年版，第 1673 页。

中国古代的天文学，与今天的天文学不同，除了研究日月星辰等分布运行外，风云雨霜等气象变化的内容也包括在内。因此《汉志》"天文"部分著录有《国章观霓云雨》《泰壹杂子云雨》之类的著作。古人认为这种自然现象并不一定是自然地发生，而是与人事间有诸多的联系。《汉书·天文志》叙述古天文学理论说：

> 凡天文在图籍昭昭可知者，经星常宿中外官凡百一十八名，积数七百八十三星，皆有州国官宫物类之象。其伏见（现）蚤（早）晚，邪正存亡，虚实阔狭，及五星所行，合散犯守，陵历斗食，彗孛飞流，日月薄食，晕适背穴，抱珥虹霓，迅雷风袄，怪云变气：此皆阴阳之精，其本在地，而上发于天者也。政失于此，则变见于彼，犹景（影）之象形，乡（响）之应声。是以明君睹之而寤（悟），饬身正事，思其咎谢，则祸除而福至，自然之符也。

这里出现了不少古天文学术语，但大意还是可以理解的。理论的核心是天文现象与政治相联系，因此天文学便不是纯自然现象的研究，而是服务于政治的一门学问。故《汉志》云：

> **天文者，序二十八宿，步五星日月，以纪吉凶之象，圣王所以参政也。**

《隋志》亦云：

> **天文者，所以察星辰之变，而参于政者也。**

所谓"序二十八宿"，就是序次二十八宿。二十八宿是天上的二十八个星座。又称二十八舍。这个"宿"字，古今皆读"xiù"。但根据又名"舍"测之，则应当读"sù"音。清时胡鸣玉《订讹杂录》卷三曾辨之云：

> 二十八宿，音肃，俗读秀，非古人皆尝言之。《容斋随笔》云：二十八

宿，宿音秀。若考其义，则止当读如本音。尝记前人有说如此。《说苑·辨物》篇曰：天之五星运气于五行。所为宿者，日月五行之所宿也。其义昭然。《懒真子录》云：二十八宿，谓之二十八舍，又谓之二十八次。次也，舍也，皆有止宿之意。今《韵略》乃音秀，此何理也？焦竑云：星宿，《韵略》音秀，误也。宿是日月五星之次舍，以止宿为义。[1]

这应该是对的。但俗讹已久，正之甚难。二十八宿分四方排序，每一方有七宿。东方：角、亢、氐、房、心、尾、箕；南方：井、鬼、柳、星、张、翼、轸；西方：奎、娄、胃、昴、毕、觜、参；北方：斗、牛、女、虚、危、室、壁。所谓"步五星日月"，指测量、推算五星日月的运行规律。古人以脚步测量远近，便想象天体也是可以用步量的。如岁星的"岁"，繁体作"歲"，金文作"𣥜"，从步，戌声。表示木星像在天上步行似的。《说文》说："岁，木星也。越历二十八宿，宣徧阴阳，十二月一次。从步戌声。《律历书》名五星为五步。"

"五星"指金木水火土五大行星。关于日月五星及二十八宿的分布及其与人事的联系，张守节《史记·天官书·正义》引张衡论述云：

> 文曜丽乎天，其动者有七，日、月、五星是也。日者，阳精之宗；月者，阴精之宗；五星，五行之精。众星列布，体生于地，精成于天，列居错峙，各有所属。在野象物，在朝象官，在人象事。其以神着有五列焉，是有三十五名：一居中央，谓之北斗；四布于方各七，为二十八舍；日月运行，历示吉凶也。

《史记》述天文的部分名《天官书》，所以名"天官"，是指天上的星座犹如地下的官员，有尊卑之分。如开首言：

> 中宫天极星，其一明者，太一常居也。旁三星三公，或曰子属。后句四

---

[1]　胡鸣玉：《订讹杂录》，《影印文渊阁四库全书》，第 861 册，第 454 页。

星，末大星正妃，余三星后宫之属也。环之匡卫十二星，藩臣。皆曰紫宫。[①]

这里有"三公"，有"正妃"，有"后宫"，有"藩臣"，这分明就是人间帝王宫廷的翻版。天上的群星，有代表人的，也有代表器物的，如天枪、天矛、天锋、天棓等星；代表动物的，如天狗、天狼等；代表宫室的，如《天官书》言"心为明堂""旗中四星曰天市，中六星曰市楼"等。天上的世界分明就是人世的克隆。天上与地下有一种对应关系，如《天官书》说：

> 天则有日月，地则有阴阳，天有五星，地有五行，天则有列宿，地则有州域。三光者，阴阳之精，气本在地，而圣人统理之。[②]

地上有十二州，天上有二十八宿。《星经》云：

> 角、亢，郑之分野，兖州；氐、房、心，宋之分野，豫州；尾、箕，燕之分野，幽州；南斗、牵牛，吴越之分野，扬州；须女、虚，齐之分野，青州；危、室、壁，卫之分野，并州；奎、娄，鲁之分野，徐州；胃、昴，赵之分野，冀州；毕、觜、参，魏之分野，益州；东井、舆鬼，秦之分野，雍州；柳、星、张，周之分野，三河；翼、轸，楚之分野，荆州也。[③]

星座各有所主，如"亢为疏（外）庙，主疾""氐为天根，主疫""柳为鸟注，主木草"等（《天官书》）。天上的日月星辰、风云气象的变化，与人事有着某种神秘的联系，往往兆示着某种事件的发生。因此对圣王处理政事就有了参考意义。如《史记·天官书》说：

> 日变修德，月变省刑，星变结和（和睦邻邦）。凡天变，过度乃占。

---

① 《史记·天官书》，中华书局1959年版，第1289页。
② 《史记·天官书》，中华书局1959年版，第1342页。
③ 《史记·天官书·正义》，中华书局1959年版，第1346页。

国君强大有德者昌，弱小饰诈者亡。太上修德，其次修政，其次修救，其次修禳，正下（最下）无之（无视）。夫常星之变希见，而三光之占亟（屡）用。日月晕适（孟康曰：晕，日旁气也；适，日之将食，先有黑气之变），云风，此天之客气，其发见亦有大运。然其与政事俯仰，最近天人之符。①

这些理论实际上给天文学一个政治定位，使其成为政治体制中不可或缺的一部分。《汉志》又云：

> 易曰："观乎天文，以察时变。"然星事殑（凶）悍，非湛密者弗能由（用）也。夫观景以遣形，非明王亦不能服听也。以不能由之臣，谏不能由之王，此所以两有患也。

这里引《周易》文，见于《贲卦》的《彖辞》。《彖传》云："观乎天文，以察时变；观乎人文，以化成天下。"王弼注说："观天之文，则时变可知也；观人之文，则化成可为也。""时变"有两个意思，一是四时变化，二是吉凶变化。只是通过天文变化观察吉凶，这是一门很深的学问，非一般人所能为。张舜徽《汉书艺文志通释》于此加按语云："上世神道设教，用意非无可取。盖有鉴于帝王权太重、位太高，无可使之修省惕厉而改过迁善者，惟有因天道之变化以进谏诤而警戒之。故历代臣工多以日月星辰之失常，引归人事以箴其上。直言急谏，孰能听之。因言而取祸者至多，故《汉志》论之有余慨。"②

《隋志》补充《汉志》之说云：

> 《易》曰："天垂象，见吉凶。"《书》称："天视自我人视，天听自我人听。"故曰："王政不修，谪见于天，日为之蚀。后德不修，谪见于天，月为之蚀。"其余孛彗飞流（孛星和彗星，亦特指彗星），见伏（显现和隐

---

① 《史记·天官书》，中华书局 1959 年版，第 1351 页。
② 张舜徽：《汉书艺文志通释》，湖北教育出版社 1990 年版，第 262 页。

没）陵犯，各有其应。《周官》冯相"掌十有二岁、十有二月、十有二辰、十日、二十有八星之位，辨其叙事，以会天位"是也。小人为之，则指凶为吉，谓恶为善，是以数术错乱而难明。

这里引《周易·系辞》，是对《汉志》"以察时变"的补充。引《尚书·泰誓中》话，是对天人关系的认定。天心即民心，民心有苦，天必知之，垂象告警，示以吉凶。这是上天特用的一套语言表述系统，古人又谓之"天数"，为了获得天数，周朝设立冯相氏之职，专司观察天文。但真正能获得天数、诠释这一套语言系统的人并不多，故便有了"数术错乱而难明"之叹。

在这样的观念下，自然真正的天文测算要受到制约。故而在近世，这种天人感应的天文学，彻底为科学的天文学所取代。

2. 中国古代的历法

历法是推算日月星辰之运行以定岁时节候的方法，因此是基于天文学而产生的技术。这门技术在中国出现很早，早在公元前二三千年，中国人就掌握了"观象授时"的方法。《尧典》中曾记载尧命令羲、和"历象日月星辰，敬授民时。"而且测算出了一年有 366 天，并以置闰月的办法调配岁时。据《史记》的记载，这项技术早在黄帝的时代就掌握了。"黄帝考定星历，建立五行，起消息，正闰余，于是有天地神祇物类之官，是谓五官，各司其序，不相乱也。"[1]《汉志》"历谱类"著录有《黄帝五家历》《颛顼历》《夏殷周鲁历》等，这不仅说明了历法起源之早，也说明了不同的历史时期历法都有变化。

历法与单纯的天文现象的观测不同，它带有实际操作性。而且不是个人行为，而是要大家都要遵循的。因此官方必须设专人管理。历法一旦推算有误，就有可能寒暑失节，号令不时。《尚书·胤征》就记载了"羲和湎淫，废时乱日"而遭到讨伐的事。其云：

---

① 《史记·历书》，中华书局 1959 年版，第 1256 页。

　　惟时羲和，颠覆厥德，沈乱于酒，畔官离次（乱其所治之职，离其所居之位），俶扰（俶，始；扰，乱）天纪（岁月日星辰历数。盖自尧舜命羲和，历象日月星辰，之后为羲和者，世守其职，未尝紊乱。至是，始乱其天纪），退（远）弃厥司（所司之事），乃季秋月朔，辰（日月会次之名）弗集于房（所次之次），瞽奏鼓，啬夫驰，庶人走（此指日蚀，使众惊恐），羲和尸厥官，罔闻知（空居其官，事先不知），昏迷于天象，以干（犯）先王之诛（言其犯必诛之重罪）。①

历法搞乱，这是天大的事情。古人认为这会导致天下大乱，因为在一个区域大家无法遵循统一的时间。如《汉书·律历志》云：

　　历数之起上矣，传述颛顼命南正重司天，火正黎司地，其后三苗乱德，二官咸废，而闰余乖次，孟陬殄灭，摄提失方。

孟陬是古历法术语，就是孟春正月，历法上的正月不能与天文上的正月相值，这便是"殄灭"。摄提是星名，随斗杓所指，建十二月。如果当指辰位而指到巳位，这就叫"失方"。"孟陬殄灭，摄提失方"，这是天下大乱的征兆和说明，故刘向《复上灾异书》说：

　　昔孔子对鲁哀公，并言夏桀殷纣暴虐天下，故历失，则摄提失方，孟陬无纪，此皆易姓之变也。②

《大戴记·用兵》云：

　　夭替天道，逆乱四时，礼乐不行，而幼风是御（任童幼之人使专政）。历失制，摄提失方，邹（陬）大无纪。不颁朔于诸侯，玉瑞不行，诸侯力

---

①　孔颖达：《尚书正义》，北京大学出版社 1999 年版，第 183 页。
②　马端临：《文献通考》，中华书局 1986 年版，第 2244 页。

政，不朝于天子，六蛮四夷交伐于中国。于是降之灾，水旱臻焉，霜雪大薄，甘露不降，百草蔫黄，五谷不升，民多夭疾，六畜瘁胔。①

可知历法关乎天下安稳，因此历法确立，便成了国家行为，而非一人之私。历代王朝确立后，都要"改正朔，易服色"。《史记·历书》云："夏正以正月，殷正以十二月，周正以十一月。盖三王之正若循环，穷则反本。天下有道，则不失纪序；无道，则正朔不行于诸侯。"历法属科学研究的范畴，后出转精，因此历代要不断地修改完善。《明史·历志一》云：

> 后世法胜于古，而屡改益密者，惟历为最着。……黄帝迄秦，历凡六改。汉凡四改。魏迄隋，十五改。唐迄五代，十五改。宋十七改。金迄元，五改。惟明之《大统历》，实即元之《授时》，承用二百七十余年，未尝改宪。成化以后，交食往往不验，议改历者纷纷。②

西方科学传入后，其计算之精，为国人叹服。因此中国古代的历法，作为一种古代知识尚可，实践操作的意义已经失去，同时古人的思维方式尚有可留意处。

《汉志》著录历谱十八家，对历谱的性质、意义及其制作之难度作了论述。其云：

> 历谱者，序四时之位，正分至之节，会日月五星之辰，以考寒暑杀生之实。故圣王必正历数，以定三统服色之制，又以探知五星日月之会。凶阨之患，吉隆之喜，其术皆出焉。此圣人知命之术也，非天下之至材，其孰与（豫）焉！道之乱也，患出于小人而强欲知天道者，坏大以为小，削远以为近，是以道术破碎而难知也。

---

① 王聘珍：《大戴记解诂》，中华书局 1983 年版，第 211 页。
② 张廷玉等：《明史》，中华书局 1974 年版，第 515 页。

古人认为，春、夏、秋、冬四时，不仅有其次序，也有其方位。东为春，南为夏，西为秋，北为冬。东西南北又按十二支分为十二位，从东北为寅，正东为卯，依次排序。这样十二支就是一周，正好一年。正月斗柄正对寅位，二月对卯位。《淮南子·天文训》说："帝张四维，运之以斗。月徙一辰，复反其所。正月指寅，十二月指丑，一岁而匝，终而复始。"[①]所谓"四时之位"，即指此。如果书上说的是正月，而天上的斗柄却指的不是寅位，这便出了问题。

春夏秋冬四时中，有二十四节气。二十四节气中，最具标志的是春分、秋分、夏至、冬至四节。夏天白日长，"夏至"这一天则是一年昼最长夜最短的一天。之所以称"至"，是指阳气至极，阴气始和日行北至。"冬至"日则相反，是一年中夜最长昼最短的一天。春分、秋分则是太阳直射赤道，昼夜长短平分之日。这四个节点正了，其他的节气时间便好把握了。所以要"正分至之节"。

五星，指金、木、水、火、土五大行星，合起来又称作五纬。这五颗行星在天空上，像纬线一样由东向西穿梭行进，故称作五纬。亦称作五曜，连日月则称七曜。《隋志》著录有《七曜历法》《推七曜历》《陈永定七曜历》《陈天嘉七曜历》等。《宿曜经》说："夫七曜日月五星也。其精上曜于天，其神下直于人，所以司善恶而主理吉凶也。其行一日一易，七日一周，周而复始。"西洋历法也以七日为一周，即所谓"星期"，与此同。日月五星，交会有时，需要计算得出。如《南齐书·祖冲之传》载祖冲之提出修改历法时，称："又承天法，日月五星，各自有元，交会迟疾，亦并置差，裁得朔气合而已。条序纷错，不及古意。今设法日月五纬交会迟疾，悉以上元岁首为始，群流共源，庶无乖误。"[②]通过序四时，正分至，计日月，最后来考定寒暑与植物生杀的实际。这就是历法的性质和制历法的目的。

因为历法是关乎天下的大事，"圣王必正历数"。"三统"指夏、商、周三代的正朔。《汉书·刘向传》说："王者必通三统，明天命所授者博，非独一姓也。"颜师古注引张晏曰："一曰天统，为周十一月建子为正，天始施之端也。二曰地统，谓殷以十二月建丑为正，地始化之端也。三曰人统，谓夏以十三月

① 何宁：《淮南子集释》，中华书局1998年版，第238页。
② 沈约：《南齐书》，中华书局1972年版，第905页。

建寅为正，人始成立之端也。"汉武帝时修改历法，编《太初历》，后则更名为《三统历谱》。《礼记·大传》："改正朔，易服色。"郑玄注："服色，车马也。"孔颖达疏："谓夏尚黑，殷尚白，周尚赤，车之与马，各用从所尚之正色也。"孙希旦集解："服，如服牛乘马之服，谓戎事所乘；若夏乘骊，殷乘翰，周乘骝是也。色，谓祭牲所用之牲色；若夏玄牡，殷白牡，周骍犅是也。"王者要根据历法建正辨统，变易服色，推算日月交会，预知吉凶祸福。因而说是"知命之术"。像江湖术士之流，唯利是求，破碎道术，颠倒是非，自难得天道之真。

《隋志》变"历谱"为"历数"。"历数"显然更具有学术含量，虽只一字之差，反映了此道的发展。《隋志》发挥并补充《汉志》说云：

> 历数者，所以揆天道，察昏明，以定时日，以处百事，以辨三统，以知厄会（厄运），吉隆（吉祥兴盛）终始，穷理尽性，而至于命者也。《易》曰："先王以治历明时。"《书》叙："期三百有六旬有六日，以闰月定四时，成岁。"《春秋传》曰："先王之正时也，履端（年历的推算始于正月朔日）于始，举正于中，归余于终。"又曰："闰以正时，时以序事，事以厚生，生民之道。"其在《周官》，则亦太史之职。小人为之，则坏大为小，削远为近，是以道术破碎而难知。

《隋志》引《易》《书》《春秋》，目的是要说明，"历数"乃属先王之政的一部分，是"生民之道"，非常重要而且意义重大。但这门学问很深，非"天下之至材"不能为，故周朝由最有学问的太史职掌。《周礼·春官》言：太史负责"正岁年以序事，颁之于官府及都鄙，颁告朔于邦国，闰月，诏王居门终月"。《礼记·月令》说：孟春之月，"乃命大史守典奉法，司天日月星辰之行，宿离不贷，毋失经纪，以初为常"。

3. 西学东渐后天文算法的巨变

中国天文算法的巨变是从晚明开始的。在明之前，曾出现过多种历法，如汉有太初历，魏有景初历，晋有元嘉历，南朝之大明历，隋有皇极历，唐有大衍历、符天历、宣明历等，宋之应天历、干元历、仪天历、统天历等多种，元有授时历等。为什么会有如此多的历法？原因在于不断有问题出现。为了补救前历出现的问题，便要修改完善，于是后出转精。故《四库全书总目·子部·天文算法类序》云：

> **三代上之制作，类非后世所及。惟天文算法，则愈阐愈精。容成造术，颛顼立制，而测星纪闰，多述帝尧，在古初已修改渐密矣。**

明朝晚期，因为推算日食时间屡次出错，加之西方科学的东渐，便出现了接受西法改革历法的呼声。崇祯二年，以徐光启为代表的西学先驱者，挑起了历法改革的担子，聘请了耶稣会士邓士函、罗雅谷、汤若望等参与工作。由此而开始了中国天文算法的新里程。将中国天文计算体系由传统的代数学体系转为欧洲古典的几何学体系。馆臣云：

> **洛下闳以后，利玛窦以前，变法不一。泰西晚出，颇异前规。门户构争，亦如讲学，然分曹测验，具有实征，终不能指北为南，移昏作晓。故攻新法者，至国初而渐解焉。**

洛下闳姓洛下，名闳，或作落下闳，是武帝时太初历的作者。利玛窦字西泰，是意大利传教士。万历十年到中国。把西方的科学知识传到了中国。著译有《几何原本》《乾坤体义》等。"泰西"是古人对西方国家的通称。由利玛窦传入的天文知识，与先前中国人对天文的认识差别很大。因而在晚明修改历法的过程中，便出了"门户之争"，一批学者不接受洋学。虽在崇祯皇帝的授意下，徐光启经过五年的努力，主持编纂了一百三十七卷的《崇祯历书》，但却受到了当时守旧人物如魏文魁、冷守忠的多方阻挠，到明朝灭亡，这部新历法也未能颁行。入清后，耶稣会传教士汤若望把《崇祯历书》删简成《西洋新法历书》，献给清政府。清政府据此编出了时宪历，颁发全国。实践证明，西洋新法计算出的年历其精确度远高于旧历，反对者的声音就越来越小。在明万历之后，西洋天文算法方面的图书，不断译介入中国，如西洋人熊三拔《表度说》《简平仪说》、西洋人阳玛诺《天问略》、徐光启等《新法算书》（与李之藻、李天经及西洋人龙华民、邓玉函、罗雅谷、汤若望等撰）《测量法义》《测量异同》《勾股义》、李之藻《圆容较义》（利玛窦所授）、薛凤祚《天步真原》（译西洋穆尼阁法）《天学会通》等。在这些著作的基础上，康熙时编撰出集大成之作《御制数理精蕴》。凡五十三卷。四库馆臣云：

> 圣祖仁皇帝《御制数理精蕴》诸书，妙契天元，精研化本，于中西两法权衡归一，垂范亿年。海宇承流，递相推衍，一时如梅文鼎等，测量撰述，亦具有成书。故言天者，至于本朝，更无疑义。今仰遵圣训，考校诸家，存古法以溯其源，秉新制以究其变，古来疏密，犂然具矣。

当时，康熙除《数理精蕴》外，还有《御定律吕正义》五卷，《御定历象考成》四十二卷等书，故说"诸书"。因为是"御制"，因此在清一代地位甚高，影响甚大，习算学者皆奉为圭臬。"天元"是古算法名。相当于今代数中的一元方程式。张舜徽先生《四库提要叙讲疏》云："其法本于古之九章方程，借'天元一'代未知之数，与后世借根方、代数术相似。宋秦九韶《数学九章》，元李冶《测圆海镜》，皆以此演算。至明而其学失传。清初借根方术由欧洲输进，其理与天元相通，始稍稍阐明其法。乃知西洋借根方，即古之立天元术，于是其学复明于世。"[1] 因为西洋新入，生气十足，从之者众多。也有一批学者，参合中西法而进行研究，梅文鼎即系其中代表。梅文鼎（1633—1721），字定九，号勿庵，汉族，宣城（今属安徽）人。为清代"历算第一名家"。著有《历算全书》《大统书志》《勿庵历算书记》等算学书数十种，即《梅氏丛书》。此外有梅文鼐（文鼎弟）《中西经星同异考》、许伯政《全史日至源流》、江永《算学》等。

在西法进入之前，天文历法与数术相混，每多占验吉凶的内容混入其中。科学知识渐使人产生了人天分离的意识。因而《四库全书》于此便有了清晰的

---

① 张舜徽：《四库提要叙讲疏》，台湾学生书局 2013 年版，第 147 页。

认识，将掺杂神秘主义因素的数术，从天文历算中清理出来。故其云：

> 若夫占验禨祥，率多诡说，郑当再火，裨灶先诬。旧史各自为类，今亦别入之术数家。

"占验"指占卜应验之事，"禨祥"指祈禳求福之事。这是古代天文历法学说常出现的内容。如《隋志》天文类就著录有《天文占云气图》《天文洪范日月变》《黄道晷景占》《月晕占》《日月食晕占》《日食占》等之类。春秋时，郑国的大夫裨灶，曾据星象预言宋、卫、陈、郑将同月火。子产不信那一套，说："天道天，人道迩，非所及也。何以知之灶焉？"结果火也没有发生。说明这类学说靠不住。《四库全书》将这类内容归于术数类。

言天文历法，必然要涉及算学，但算学又毕竟不能等同于天文历法。故馆臣云：

> 惟算术天文，相为表里。《明史·艺文志》以算术入小学类，是古之算术非今之算术也。今核其实，与天文类从焉。

在《四库全书》中，纯算术类的著作，放在了天文算法类之后，此即所谓的"类从"。在《四库全书总目》中，则为两个类属，天文历法类为"推步之属"，纯算学之书则为"算书之属"。"推步之属"按语云：

> 言天三家，惟周髀有书。然周人不甚讲推步，故动辄失闰，《左传》所记可考也。汉以后虽测算渐精，又往往得诸神解。其法多见于史志，书亦罕传，传者惟宋元以下数家而已。故今所著录，新法为多。诸家算术为天文而作者入此门，其专言数者，则别立为算书一类。

这里所说的"言天三家"，指战国齐人甘公、魏人石申、周髀三家。虽然说《四库》著录，"新法为多"。但对于传统，馆臣也给予充分的评价，而且在提要中，也表达了一种文化自信。如《周髀算经》提要说：

今详考其文，惟论南北影差以地为平远，复以平远测天，诚为臆说。然与本文已绝不相类，疑后人传说而误入正文者。如《夏小正》之经传参合，傅崧卿未订以前，使人不能读也。其本文之广大精微者，皆足以存古法之意，开西法之源。如书内以璇玑一昼夜环绕北极一周而过一度，冬至夜半璇玑起北极下子位，春分夜半起北极左卯位，夏至夜半起北极上午位，秋分夜半起北极右酉位，是为璇玑四游所极，终古不变。以七衡六间测日躔发敛，冬至日在外衡，夏至日在内衡，春秋分在中衡，当其衡为中气，当其间为节气，亦终古不变。古盖天之学，此其遗法。盖浑天如球，写星象于外，人自天外观天。盖天如笠，写星象于内，人自天内观天。笠形半圆，有如张盖，故称盖天。合地上地下两半圆体，即天体之浑圆矣。其法失传已久，故自汉以迄元、明皆主浑天。明万历中欧逻巴人入中国，始别立新法，号为精密。然其言地圆，即《周髀》所谓地法覆盘、滂沱四隤而下也。其言南北里差，即《周髀》所谓北极左右，夏有不释之冰，物有朝生暮获，中衡左右，冬有不死之草，五谷一岁再熟，是为寒暑推移，随南北不同之故。及所谓春分至秋分极下常有日光，秋分至春分极下常无日光，是为昼夜永短，随南北不同之故也。其言东西里差，即《周髀》所谓东方日中，西方夜半，西方日中，东方夜半。昼夜易处如四时相反，是为节气合朔，加时早晚随东西不同之故也。又李之藻以西法制浑盖通宪，展昼短规使大于赤道规，一同《周髀》之展外衡使大于中衡，其《新法历书》述第谷以前西法，三百六十五日四分日之一，每四岁之小馀成一日，亦即《周髀》所谓三百六十五日者三，三百六十六日者一也。西法出于《周髀》，此皆显证。特后来测验增修，愈推愈密耳。《明史·历志》谓尧时宅西居昧谷，畴人子弟散入遐方，因而传为西学者，固有由矣。

这无疑是说，我国之《周髀算经》乃西洋算学之祖。虽言"畴人子弟散入遐方，传为西学者"之说有争胜之嫌，但也反映了中国人的智慧。

其"算书之属"按语云：

数为六艺之一，百度之所取裁也。天下至精之艺，如律吕、推步，皆由是以穷要眇；而测量之术，尤可取资。故天文无不根算书。算书虽不言天文者，其法亦通于天文。二者恒相出入，盖流别而源同。今不入小学，而次于天文之后，其事大，从所重也；不与天文合为一，其用广，又不限于一也。

"六艺"是周代教育的六种科目。《周礼·地官·大司徒》："三曰六艺：礼、乐、射、御、书、数。""数"即算术，作为周代儿童教育的一项内容，其起源之早可想而知。在春秋时代十进位制的筹算已经普及，远早于西方及中亚。被四库馆臣称作"周礼保氏之遗法"的《九章算术》，其中的开平方、开立方、算术应用、正负数、联立一次方程、二次方程等都领先世界几个世纪。西学东渐，在数学研究领域中国虽落后于西方，但在西方数学体系为主流的今天，中国传统算学如算盘、九九表之类，仍用于日常生活中。中国算学虽也有高深的计算，但它的意义更在于寻常日用之间。《四库全书》算书之属二十五部二百八十卷，其中晚明以下十一部，皆参以西洋新法。另外的十四部，乃是数学史的材料。在实践应用中，逐渐被淡出。

阅读参考书目

郭书春、刘钝点校：《算经十书》，辽宁教育出版社 1998 年版。

钱宝琮：《中国数学史》，科学出版社 1964 年版。

陈遵妫：《中国天文学史》，上海人民出版社 2016 年版。

韩霞：《中国古代天文历法》，中国商业出版社 2015 年版。

七、术数略说

"术数"又称"数术"，这是一种以天人一体为基础、以神秘主义为核心、以推衍阴阳五行变化为手段、以预测吉凶为宗旨的学问。之所以叫"数术"，这与《周易》的象数相关。事物皆有象，有一象必有一数，有一数必有一理，有一理必有一归宿。其中数是一个关键。就像计算机视频，看到的是图像，而决定这图像的却是一堆数字。古人认为，人可以通过一定的手段把握天数、地数、用数、命数、气数等，用数来测算事物的变化、走向。这种把握数的手段方法，便称作"数术"。

数术在中国文化体系中，是一个先觉系统，它体现着人们希图把握命运、操纵生活的追求。作为一种学问和知识，其发展越来越复杂，在《汉志》中"数术"包括天文、历谱、五行、蓍龟、杂占、形法等六块内容。《隋志》把天文、历谱（改历谱为历数）两类从数术中分离出来，而将其余用"五行"括之。因为从《汉书》开始，历代史书都有《五行志》，而其所记载的内容，都是预占天人、与灾异相关的。数术之书所言正为此类。《四库全书总目》则另立"术数类"代替"五行类"，其内容又别而为六，如数学、占候、命相、相宅相墓、占卜、阴阳五行等。实际内容更为复杂，多不胜举。

1. 数术与五行

数术的基本理论框架是阴阳五行，而又以五行为根本。在中国文化中，五行似乎无处不在。如《隋志》云：

> 五行者，金、木、水、火、土，五常之形气者也。在天为五星，在人为五藏，在目为五色，在耳为五音，在口为五味，在鼻为五臭。在上则出气施变，在下则养人不倦。故《传》曰："天生五材，废一不可。"是以圣人推其终始，以通神明之变。为卜筮以考其吉凶，占百事以观于来物，观形法以辨其贵贱。

这等于是说，五行存在于天地上下。因为五行相互有生克循环，故可推导它周而复始的发展变化规律，从而通过龟卜、蓍筮、占候、相法等多种手段，预测吉凶，辨识贵贱。

关于"五行"，有人认为是五种材用，像《隋志》引《左传·襄公二十七年》"天生五材"之说，就是以其为五种材用的。《孔子家语·五帝》说："天有五行，水、火、金、木、土，分时化育，以成万物。"今人大多据此认为，五行是古代中国哲学中构成世界的五种元素。但值得注意的是，"五行"之"行"读同行走之"行"，而不是行业之"行"。名词读"háng"，动词读"xíng"，因此这个"行"字其义是行走，而不是行类。董仲舒《春秋繁露·五行相生》说："五行，行者行也，其行不同，故谓之五行。"《五行之义》又以五行相生比拟君臣父子，而曰："五行者，乃孝子忠臣之行也。"《白虎通·五行》说："五行者何谓也？谓金木水火土也。言行者，欲为天行气之义也。"孙星衍《尚书今古文注疏·洪范》引郑康成说："行者，顺天行气。"这种解释应该是对的，"五行"是言五种不同的行气。《尚书·洪范》已经说明了这个问题，其云："五行：一曰水，二曰火，三曰木，四曰金，五曰土。水曰润下，火曰炎上，木曰曲直，金曰从革，土爰稼穑。"这是说水的行气向下，火的行气向上，二者虽有燥润的不同，但在自然状态下行气是直的，直上直下。木的行气或曲或直，伸屈无方。金的行气则是变化的，加热溶化之后，可以随物赋形，没有固定的状态。土的行气是生物，庄稼赖其而生长。

关于五行的起源，有夏、商、周几种不同说法，但我认为商代的可能性最大。中国古人有数崇拜的现象。夏人崇拜"九"，因此与夏朝相关的传说中出现最多的数字是九，如治水"九载绩用弗成"，禹"惟和九功，惟叙九叙""劝之以九歌""惇叙九族"，它如"九德""九川""九成""九河""九江""九州岛""九山""九泽""九鼎""九辨"等（见《尚书》及《山海经》）。周人崇拜"三"，故《诗经》中诗分三章者最多。每以三代表多，如《诗经》有"三岁食贫""一月不见，如三秋兮""三英粲兮""三百亿兮""三岁贯女""一月三捷"等。在《周书》中出现频率最高的数字是"三"，如"越三日庚戌""为三坛""若尔三王""乃卜三龟""惟三月哉生魄""越若来三月，……越三日戊申……越三日庚戌……越三日丁巳""惟三月周公初于新邑洛""三年不言""享国三十有三年"之类。《周本纪》频率最高的数字还是"三"，如"文王遂率戎车三百乘，虎贲三千人""武王自射之三发""武王又射三发""其登名民三百六十夫""兽三为群，人三为众，女三为粲""三川皆震"之类。商人崇拜"五"。水火木金土五行，最早见于商王子箕子的陈述《洪范》中，《洪范》中同时还出现了"五事""五纪""五福"等概念。又有"曰雨曰霁曰蒙曰驿曰克"五兆与"曰雨曰旸曰燠曰寒曰风"五气之说。在殷墟卜辞中，"五"出现的频率也是最高的。如"帝五臣正""帝五丰臣""宁于四方其五犬""又于五火"等。这一方面曾有人写过文章。"五行"的五种物质最早由商人陈述，商人又最喜欢用数五，因此说起源于商应该是可靠的。

不过五行形成一套系统的学说，则应该在战国。《汉志》小序云：

五行者，五常之形气也。《书》云："初一曰五行，次二曰羞（进）用五事。"言进用五事以顺五行也。貌（举止容仪）、言、视、听、思心失，而五行之序乱，五星之变作，皆出于律历之数而分为一者也。其法亦起五德终始，推其极则无不至。而小数家因此以为吉凶而行于世，浸以相乱。

这里的"五常"就是"五行"。《礼记·乐记》说："道五常之行。"郑玄注说："五常，五行也。""形气"即"行气"，"形"通"行"，太行山，《列子》愚公移山故事中作"太形"，即是证明。这里有三点值得注意：第一，五行、五星之异变，都是由数决定的。第二，推衍五行，其法起于战国阴阳家邹衍的"五德终始"。第三，推而广之，五行便无所不包。这就说明战国"五德终始"理论的出现，在五行学说发展史上是一个重大事件。

"五德终始"理论为齐人邹衍发明，在下文将会细述。邹衍之后，五行观念开始渗透到了天文、地理、医药、卜筮、音乐、律历等几乎所有的领域。有些明显是套用五行，如《左传·文公七年》说："水，火、木、金、土、谷，谓之六府。"谷也在其中，可是有了"五行"框架，谷被裁掉了。在郭店简中有"六帝""六德"的概念，可是到战国末却固定为"五帝"，"六帝"很少有人提了。于是天有五帝，地有五方，人有五常，身有五脏，物有五色，乐有五音，食有五味，山有五岳等，如此无限推衍，"至于无垠"，遂而五行之水火木金土也各有了"五"，如《孔子家语·相鲁》："乃别五土之性，而物各得其所生之宜。"《尸子》卷上："燧人上观星辰，下察五木以为火。"《太平寰宇记·关西道》："五水：汧、渭、岐、漆、雍。"《孙子·火攻》："凡火攻，必因五火之变而应之。"汉赵晔《吴越春秋·阖闾内传》："五金之阴，太阳之精。"有意思的是，春夏秋冬，只有四季，不合于五行之数，而在数术操作中，还必须把四季框架于五行之中，怎么办？于是古人想出了妙招，先根据五行生克的原理，把四季与五行粗作对应，如春为木，木生火，故夏为火。秋属金，金生水，故冬属水。冬水生春木，正好转回来，可是缺了五行中的土，火生土，土生金，这样就只能把土放在夏火与秋金之间了。故《春秋繁露·五行对》篇说：

> 木生火，火生土，土生金，金生水。水为冬，金为秋，土为季夏，火为夏，木为春。春主生，夏主长，季夏主养，秋主收，冬主藏。①

如此等等，难以枚举。五行也变得越来越神秘。而以神秘主义为基本内核的数术，更不能摆脱五行的制约，成为推销五行的最大市场。

2. 数术之学历史地位的变迁

《汉志》不是将数术放入诸子中，而是自成一"略"，这标志着数术的历史地位。因为数术开始不是一种民间学术或技艺，而是由王官所职掌的职事。在

---

① 苏舆：《春秋繁露义证》，中华书局 1992 年版，第 315 页。

中国学术中，"数术"属没落贵族。《汉志》云：

数术者，皆明堂羲和史卜之职也。

《孟子·梁惠王下》说："夫明堂者，王者之堂也。"所谓"王者之堂"，就是王者处理政务的地方，而在明堂走动的羲、和、史、卜也都是王者之官。羲氏、和氏，是尧舜时期掌管天地四时的两个家族。《尚书·尧典》说：尧"命羲、和，钦若昊天，历象日月星辰，敬授人时"。这是说，让羲氏、和氏谨遵天道，推算历数，观测天象，制定历法，教民众掌握节候，按时耕作。《尧典》又提到分别委派这两个家族的人到东西南北四方极远的地方，观测日影，确定时节。他们根据观测情况，遵循尧的指示，发明了置闰月的办法，来调整四时节候。这显然是一种技术含量的学问，因此在当时充满着神秘性。于是有了后来羲和酗酒乱日的传说。周朝掌管天文历法以及神秘主义一套的有太史、太卜。

《隋志》云：

《周官》则分在保章、冯相、卜师、筮人、占梦、视祲，而太史之职，实司总之。小数者才得其十觕（cū，粗浅），便以细事相乱，以惑于世。

《周礼·春官》有太史之职，有太卜之职。在上古，太史是最有学问的人，知天道，明地理，通人事，甚至交通人神。《周礼·春官·太史》郑玄注引郑司农云："史官主知天道，故《国语》曰：'吾非瞽史，焉知天道。'《春秋传》曰：'楚有云如众赤乌，夹日以飞。楚子使问诸周太史。太史主天道。'"[1] 像《周礼》言太史"正岁年以序事"，这是与治历时有关的工作；"大祭祀，与执事卜日，戒及宿之日，与群执事读礼书而协事"等，这是与祭祀有关的工作；"大师（出师），抱天时，与大师同车"等，这则是与出师吉凶有关的职事。这些都与天道之吉凶把握有关。太史的下属有冯相氏、保章氏等。所谓"冯相"，就是登高观察天象。《周礼》云：

---

① 郑玄、贾公彦：《周礼注疏》，北京大学出版社 1999 年版，第 697 页。

冯相氏，掌十有二岁，十有二月，十有二辰，十日，二十有八星之位，辨其序事，以会天位。冬夏致日，春秋致月，以辨四时之叙。[1]

郑玄注说："冬至，日在牵牛，景丈三尺。夏至，日在东井，景尺五寸。此长短之极，极则气至，冬无愆阳，夏无伏阴。春分日在娄，秋分日在角，而月弦于牵牛、东井，亦以其景知气至不。春秋冬夏气皆至，则是四时之叙正矣。"《周礼》云：

保章氏，掌天星，以志星辰日月之变动，以观天下之迁，辨其吉凶。[2]

郑玄注说："星谓五星，辰，日月所会。五星有赢缩圆角，日有薄食运珥，月有盈亏胐侧匿之变。七者右行列舍，天下祸福变移所在皆见焉。"[3] 无论保章氏还是冯相氏，他们都是从不同的角度来把握日月星辰运行变化的。

周王朝设有专门掌握卜筮的官，卜筮官之长叫太卜。《周礼·春官·太卜》说：

大卜掌三兆之法，一曰《玉兆》，二曰《瓦兆》，三曰《原兆》。……掌三易之法，一曰《连山》，二曰《归藏》，三曰《周易》。……掌三梦之法，一曰致梦，二曰觭梦，三曰咸陟。……以邦事作龟之八命，一曰征，二曰象，三曰与，四曰谋，五曰果，六曰至，七曰雨，八曰瘳。以八命者赞三兆、三易、三梦之占，以观国家之吉凶，以诏救政。[4]

太卜总领的有卜师、龟人、占人、筮人、占梦、视祲等。据《周礼》说，他们的分工是：

卜师，掌开龟之四兆：一曰方兆，二曰功兆，三曰义兆，四曰弓兆。凡

---

① 郑玄、贾公彦：《周礼注疏》，北京大学出版社 1999 年版，第 700 页。
② 郑玄、贾公彦：《周礼注疏》，北京大学出版社 1999 年版，第 702 页。
③ 郑玄、贾公彦：《周礼注疏》，北京大学出版社 1999 年版，第 704 页。
④ 郑玄、贾公彦：《周礼注疏》，北京大学出版社 1999 年版，第 635 页。

卜事，视高，扬火以作龟，致其墨。凡卜，辨龟之上下左右阴阳，以授命龟者而诏相之。[1]

    筮人，掌三《易》，以辨九筮之名。一曰《连山》，二曰《归藏》，三曰《周易》。九筮之名，一曰巫更，二曰巫咸，三曰巫式，四曰巫目，五曰巫易，六曰巫比，七曰巫祠，八曰巫参，九曰巫环，以辨吉凶。凡国之大事，先筮而后卜。[2]

    占梦，掌其岁时观天地之会，辨阴阳之气，以日月星辰占六梦之吉凶。一曰正梦，二曰噩梦，三曰思梦，四曰寤梦，五曰喜梦，六曰惧梦。季冬，聘王梦，献吉梦于王，王拜而受之，乃舍萌于四方，以赠恶梦，遂令始难殴疫。[3]

    视祲，掌十辉之法，以观妖祥，辨吉凶。一曰祲，二曰象，三曰镌，四曰监，五曰暗，六曰瞢，七曰弥，八曰叙，九曰隮，十曰想。掌安宅，叙降正岁，则行事，岁终，则币（断）其事。[4]

这里所提到的一些名词，以及"九筮""十辉"之类烦琐的分目，我们今天因已远离那个时代，所以一时半会儿很难弄清其中的奥秘。但有一点则可以明白，这一切以把握吉凶祸福为目的的技术和学问，都是与国家治理相联系的。其所谓"观国家之吉凶，以诏救政""凡国之大事，先筮而后卜""王拜而受之"等，无不在证实这种技术的政治属性。

    这种学问因技术含量高，难以把握，因此经过春秋战国之乱，王官失守，其书或有存亡，而真正能掌握这门学问的人则少之又少。故《汉志》云：

---

[1]　郑玄、贾公彦：《周礼注疏》，北京大学出版社 1999 年版，第 644 页。
[2]　郑玄、贾公彦：《周礼注疏》，北京大学出版社 1999 年版，第 650 页。
[3]　郑玄、贾公彦：《周礼注疏》，北京大学出版社 1999 年版，第 652 页。
[4]　郑玄、贾公彦：《周礼注疏》，北京大学出版社 1999 年版，第 656 页。

　　史官之废久矣，其书既不能具，虽有其书而无其人。《易》曰："苟（诚）非其人，道不虚行。"春秋时鲁有梓慎，郑有裨灶，晋有卜偃，宋有子韦。六国时楚有甘公，魏有石申夫，汉有唐都，庶得麤觕（粗略）。盖有因而成易，无因而成难，故因旧书以序数术为六种。

这里提到了七位初得数术学奥秘的高手。第一位是春秋时期的梓慎，他是鲁国的大夫，是一位星象学家。《左传·襄公二十八年》记载他曾根据岁星运行失次的情况，预测宋、郑两国要发生饥荒。《左传·昭公十五年》记载，他根据禘祭之日出现的反常的妖氛云气，预测会有丧事发生。《左传·昭公二十年》记载，他根据云气预测宋国会出现几近亡国的大乱。而且多有应验。第二位是裨灶，他是春秋时期郑国大夫。《左传》记载，他曾预测郑国要发生火灾，周王及楚子将死。其说有中有不中。第三位是卜偃，他是春秋时期晋国大夫，他曾根据预测帮助晋国选择灭虢的时机，根据童谣预测晋国必能夺取上阳。第四位是子韦，他是春秋时期宋国大夫。《汉志·阴阳家》著录《宋司星子韦》三篇。《吕览·制乐篇》记载了关于子韦的一个很美妙的故事：

　　宋景公之时，荧惑在心。公惧，召子韦而问焉，曰："荧惑在心，何也？"子韦曰："荧惑者，天罚也。心者，宋之分野也。祸当于君。虽然，可移于宰相。"公曰："宰相所与治国家也，而移死焉，不祥。"子韦曰："可移于民。"公曰："民死，寡人将谁为君乎？宁独死。"子韦曰："可移于岁。"公曰："岁害则民饥，民饥必死。为人君而杀其民以自活也，其谁以我为君乎？是寡人之命固尽已，子无复言矣。"子韦还走，北面再拜曰："臣敢贺君！天之处高而听卑，君有至德之言三，天必三赏君。今夕荧惑其徙三舍，君延年二十一岁。"①

这是一个很富道德教育意味的故事。说明天数是可因人的道德行为发生变化的。但同时说明宋子韦是一位高明数术家。第五位是战国时楚国的甘公（一说

---

　　①　陈奇猷：《吕氏春秋新校释》，上海古籍出版社 2002 年版，第 351 页。

齐国人）。第六位是战国时魏国的石申。《史记·天官书》说："昔之传天数者：高辛之前，重、黎；于唐、虞，羲、和；有夏，昆吾；殷商，巫咸；周室，史佚、苌弘；于宋，子韦；郑则裨灶；在齐，甘公；楚，唐昧；赵，尹皋；魏，石申。"《晋书·天文志上》说："诸侯之史，齐有甘德，魏有石申夫，皆掌着天文。"第七位是西汉的唐都，曾参与武帝时《太初历》的修撰。《史记·天官书》云："夫自汉之为天数者，星则唐都，气则王朔，占岁则魏鲜。"这是王官失守之后，可传天数的屈指可数的七人。

随着人类意识的发展，带有科学性的天文、历法，逐渐从数术中剥离出来，仍作为官方学术，由专门官员职掌。而以五行占卜之类为主体的"数术"之学，在"夫子罕言"的思想主导下，被从官学体系中剔除，由"王爷"沦为"乞丐"，变为民间谋生的方术。故到四库馆臣编辑《四库全书总目》时，对其意义的认识与评价发生了根本性的变化，馆臣云：

> 术数之兴，多在秦汉以后，要其旨不出乎阴阳五行，生克制化，实皆《易》之支派，付以杂说耳。

既然是"杂说"，也只能是"姑存其说"而已了。

3. 数术之学的分类

《汉志》"因旧书以序数术为六种"，即：天文、历谱、五行、蓍龟、杂占、形法等。天文、历谱自《隋志》以降即从数术（五行）中分离而出。其余则剩四种。四种中"五行"居首。《汉志》"五行"之属中所著录图书，如《务成子灾异应》《典灾异应》《钟律灾应》《钟律丛辰日苑》《钟律消息》《转位十二神》等，从这些书名即可以测知，其内容与灾异吉凶相关。

"五行"之下是"蓍龟"。"蓍"是用蓍草占卜，"龟"是用龟甲占卜。像商代的甲骨文即是龟卜的遗物，《周易》则是蓍草占卜。《汉志》著录有《夏龟》《南龟书》《巨龟》《周易》《大筮衍易》等。这两种很古老的占卜方式，现在基本上不用了。起初这两种方式多用于卜疑，如仗能不能打，出行吉利不吉利等。故《汉志》云：

> 蓍龟者，圣人之所用也。书曰："女则有大疑，谋及卜筮。"易曰："定天下之吉凶，成天下之亹亹者，莫善于蓍龟。""是故君子将有为也，将有行也，问焉而以言，其受命也如向，无有远近幽深，遂知来物。非天下之至精，其孰能与于此！"及至衰世，解于齐戒，而娄烦卜筮，神明不应。故筮渎不告，易以为忌；龟厌不告，诗以为刺。

其三是"杂占"。杂占是指"蓍龟"之外的占卜术。因其占法不一，所以称"杂占"。如《汉志》著录的《黄帝长柳占梦》《武禁相衣器》《嚏耳鸣杂占》《请雨止雨》《泰壹杂子候岁》等，很是杂乱。《汉志》云：

> 杂占者，纪百事之象，候善恶之征。易曰："占事知来。"众占非一，而梦为大，故周有其官。而诗载熊罴（熊的一种）虺蛇众鱼旐旟之梦，着明大人之占，以考吉凶，盖参卜筮。春秋之说訞也，曰："人之所忌，其气炎以取之，訞由人兴也。人失常则訞兴，人无衅焉，訞不自作。"故曰："德胜不祥，义厌不惠。"桑谷共生，大戊以兴；鸲雉登鼎，武丁为宗。然惑者不稽诸躬，而忌訞之见，是以诗刺"召彼故老，讯之占梦"，伤其舍本而忧末，不能胜凶咎也。

从这里披露了两个信息：一是杂占起源甚早，商时就很盛行。二是在古人的观念中，妖孽是人招致的，有胜德则妖孽不作。

其四是"形法"。形法指形貌骨法，与后世相面、相宅、相墓之类略同。《汉志》著录《相人》《相六畜》《宫宅地形》等即能说明问题。《汉志》云：

> 形法者，大举九州岛岛之势以立城郭室舍形，人及六畜骨法之度数、器物之形容以求其声气贵贱吉凶。犹律有长短，而各征其声，非有鬼神，数自然也。然形与气相首尾，亦有有其形而无其气，有其气而无其形，此

精微之独异也。

不过，《汉志》分类中，多驳杂不纯。如"形法"著录《山海经》，"杂占"中著录《神农教田相土耕种》《昭明子钓种生鱼鳖》《种树臧果相蚕》等，甚是不类。到《四库全书总目》，其分类则明显要合理得多。《四库全书总目》立"术数类"，剔除了《汉志·数术略》中的天文、历谱，分其书为六类。第一是"数学"之属，其云：

物生有象，象生有数，乘除推阐，务究造化之源者，是为数学。

这里的"数学"是指以数字计算为主要手段的学问，所以说是"乘除推阐，务究造化之源"。数学大多与推算吉凶有关。如宋俞文豹《吹剑四录》云"康节讳人言其数学，温公种牡丹，先生曰：某日午时马践死。至日，厩马绝缰奔赴之。此非数学而何？"像《周易》就是数字算卦。《四库》中所列，如扬雄拟《易》之著《太玄经》，分一玄、三方、九州岛、二十七部、八十一家、七百二十九赞，以模仿《周易》之两仪、四象、八卦、六十四重卦、三百八十四爻。司马光拟《太玄》而著的《潜虚》，"以五行为本，五行相乘为二十五，又两之为五十章"。邵雍所著的《皇极经世书》，"借《易》以推衍"。《四库全书总目》数学之属按语说：

案《太元经》称准《易》而作，其揲法用三十六策。王谠《唐语林》曰、王相涯注《太元》，尝取以卜，自言所中多于《易》筮。则《太元》亦占卜书也。然自涯以外，诸儒所论，不过推其数之密、理之深耳，未闻用以占卜者。亦未有称其可以定吉凶、决疑惑者。即王充以下诸儒，递有嗤点，亦未有诋以占卜无验者。则仍一数学而已，故今仍隶之数学，不入占卜。《元包》《潜虚》以下，亦以类附焉。《皇极经世》虽亦《易》之余绪，而实非作《易》之本义。诸家著录，以出于邵子，遂列于儒家。然古之儒者，道德仁义，诵说先王；后之儒者，主敬存诚，阐明理学，均无以数为宗之事，于义颇属未安。夫著述各有体裁，学问亦各有派别。朱子《晦庵大全集》，皆六经之旨也，而既为诗文，不得不列为集；《通鉴纲目》，亦《春秋》之义也，而既为编年，不得不列为史；此体例也。《阴符经刊误》《参同契刊误》，均朱子手著，而既为黄老神仙之说，不得不列为道家，此宗旨也。邵子既推数以著书，则列之术数，其亦更无疑义矣。

第二类是"占候"。占候是视天象变化以预言吉凶的学问。馆臣云：

> 星土云物，见于经典。流传妖妄，浸失其真，然不可谓古无其说。是为占候。

关于根据星象和云气来辨吉凶、水旱、丰荒的一套技术，《周礼》中已有记载，原本是官学。后沦为民间方术，所以馆臣以"妖妄""失真"斥之。四库馆臣于占候之属按语云：

> 作《易》本以垂教，而流为趋避祸福；占天本以授时，而流为测验灾祥，皆末流迁变，失其本初。故占候之与天文，名一而实则二也。王者无时不敬天，不待示变而致修省，王者修德以迓福，亦不必先期以告符命。后世以占候为天文，盖非圣人之本意。《七略》分之，其识卓矣。此类本不足录，以《灵台秘苑》《开元占经》，皆唐以前书，古籍之不存者，多赖其征引以传，故附败之，非通例也。

以星象气象变化来占吉凶，这是一种原始的观念。在西方科学知识输入的清代，有识之士自然对这种学说已不相信，故馆臣的态度很明确，存占候之书并不是存其术，而是从文献的角度考虑的。如《灵台秘苑》提要言："《隋志》所载天象诸书，今无一存。此书既据季才所撰为蓝本，则周以前之古帙尚借以略见大凡。存为考证之资，亦无不可也。"[①] 在馆臣看来，术数类图书，"数学""数密理深""占候"可为"考证之资"，这两种图书尚有一定的意义。除

---

① 《四库全书总目》，中华书局 1965 年版，第 920 页。

此之外，则属"末流猥杂"，勉强可析之为四。其云：

> 自是以外，末流猥杂，不可殚（尽）名，史志总概以五行。今参验古书，旁稽近法，析而别之者三，曰相宅相墓，曰占卜，曰命书相书，并而合之者一，曰阴阳五行，杂技术之有成书者，亦别为一类附焉。

据此，则第三类为"相宅相墓"之属。这是后世风水先生所掌握的技术，也叫堪舆，主要是相看住宅基地或墓地的形势。"堪"为高处，"舆"为下处。宋濂《〈葬书新注〉序》说："堪舆家之术，古有之乎？《周礼》墓大夫之职，其法制甚详也，而无所谓堪舆家祸福之说，然则果起于何时乎？盖秦汉之间也。"馆臣按语云：

> 相宅相墓，自称堪舆家。考《汉志》有《堪舆金匮》十四卷，列于"五行"。颜师古注引许慎曰：堪天道，舆地道。其文不甚明，而《史记·日者列传》有"武帝聚会占家，问某日可娶妇否？堪舆家言不可"之文。《隋志》则作"堪余"，亦皆日辰之书。则堪舆，占家也。又自称曰"形家"。考《汉志》有《宫宅地形》二十卷，列于"形法"，其名稍近，然形法所列，兼相人相物，则非相宅相地之专名，亦属假借。今题曰"相宅相墓"，用《隋志》之文，从其质也。

第四类为"占卜"之属。即今所谓的算卦。此类书本甚多，但《四库全书》仅收《灵棋经》与《焦氏易林》等五部。其按语云：

> 《汉志》《隋志》皆立蓍龟一门，此为古法言之也。后世非惟龟卜废，并蓍亦改为钱卜矣。今于凡依托《易》义，因数以观吉凶者，统谓之占卜。

第五类为"命书相书"之属，是算命、相面、推骨之类的书，言人生贵贱，由天命注定。如《珞琭子三命消息赋注》《三命指迷赋》《星命总括》《人伦大统赋》等类。馆臣按语云：

> 相人见《左传》，《汉志·形法》有《相人》二十四卷。人生时值星贵贱，见王充《论衡》。《隋志》有《杂元辰禄命》二卷，《涩河禄命》三卷，则其来已久，特书之。传于今者，大抵附会依托耳。谨择其稍古，与稍近理者，录存数家，以见梗概。其说亦本五行，故古与相宅相墓之属均合为一，今别为类，盖命言前知，主于一定不可移。他术则皆言可趋避。其持论殊也。

第六是"阴阳五行"类。虽然阴阳五行渗透到了数术之类所有的角落中，但馆臣将其独立列为一类，主要是从理论的角度考虑的。馆臣按语云：

> 五行休咎，见于《洪范》。盖以征人事之得失，而反求其本，非推测祸福，预为趋避计也。后世寖失其初，遂为术数之所托。《史记·日者列传》载：武帝聚占者，论娶妇之日，有五行家、堪舆家、建除家、丛辰家、历家、天文家、太乙家，凡七家。《汉志》并为阴阳、五行二家，而兵家又出阴阳十六家。阴阳家所列诸书，不甚可考。《隋志》以下，并有五行而无阴阳，殆二家之理本相出入，末流合而一之，习其技者亦不能自分别矣。今总题曰"阴阳五行"，以存旧目。其书则略以类聚，不复琐屑区分云。

馆臣于《总目》小序总结言之曰：

> 中惟数学一家，为《易》外别传，不切事而犹近理，其余皆百伪一真，递相煽动，必古无是说，亦无是理，固儒者之迂谈；必谓今之术士能得其传，亦世俗之惑志。徒以冀福畏祸，今古同情。趋避之念一萌，方技者流各乘其隙以中之。故悠谬之谈，弥变弥伙。然众志所趋，虽圣人有所弗能禁，其可通者存其理，其不可通者姑存其说可也。

这就是说，在这一部分中，只有"数学"之属"近理"，其余"百伪一真"。张舜徽先生《四库提要叙讲疏》云：

> 此言术数之士所以不绝于后世者，良由冀福畏祸，趋吉避凶之俗，仍世益甚，而术士得乘其隙以起，挟其说以惑世也。征之于古，先民所以谆谆垂教者，如曰"积善之家，必有余庆；积不善之家，必有余殃。"此《易》教也。"作善，降之百祥；作不善，降之百殃。"此《书》教也。"祸福无门，唯人自召。"此闵子马之语也。"天道无亲，常与善人。"此老聃之言也。推之经史子集，斯类言论至多，莫不重在修身饬行，自求多福。朝干夕惕，必能免祸，何假乎术数推算以图趋避乎？故术数之书，名类虽繁，今悉归诸迷信纪录，置而不顾可也。[1]

张先生言古人谆谆垂教的用心，甚值得后人深思。这里有两点值得注意，一是数术之学其神秘性中所蕴有的规世为善的意义。人之命运及吉凶祸福，如鬼神操握，有时而至，但也会因人之积德善行而化凶为吉。即前所言："德胜不祥，义厌不惠。"预言吉凶而设规避之法，其中自有深义在焉。即如明薛惠《约言》言鬼神之事的规劝意义云：

> 太虚之中，一理旁薄，宁有二乎？幽明人鬼，未始不一。上帝固曰天，吾心亦天也。鬼神固曰神，吾心亦神也。古之人其知此矣，畏天而尊神，有为言之也。及世愈衰，小人自智其愚，妄意神道为茫昧，故肆其恶而无忌惮，谓天为弗知，而吾心已知矣。谓神为可欺，而吾心已不可欺矣。《书》曰："天聪明自我民聪明"，民之聪明，即天之聪明也，不然，亿兆至众，天将竭聪明以伺之，不亦劳乎？[2]

二是数术之学中藏有古人的经验在，尽管他们不能解释因果原委，但根据归纳

---

① 张舜徽：《四库提要叙讲疏》，台湾学生书局 2013 年版，第 153 页。
② 黄宗羲撰，沈芝盈校注：《明儒学案》，中华书局 2008 年版，第 1277 页。

而总结出的结论，有些是值得今人思考和进一步研究的。如相书有言：法令纹有黑痣者克父。经调查，发现有此种情况者，大多小时父亲就离世了。是否这是父亲身上疾病在儿子身上的反应呢？有的说准头（鼻尖）左歪克父，右歪克母。经调查发生，克父克母不可靠，但发现准头歪，相应的会有几种情况：一是父亲或母亲有一方，在六十岁前过世；二是父亲或母亲有一方身体很不好；三是父母离异。这说明前人之说非无根之谈。需要用科学方法面对。

阅读参考书目

庾季才：《灵台秘苑》，丛书集成续编本。

瞿昙悉达：《唐开元占经》，九州出版社 2012 年版。

张述任、张怡鹤：《黄帝宅经》，团结出版社 2009 年版。

徐子平：《徐氏珞琭子赋注》，丛书集成初编本。

王朴：《太清神鉴》，丛书集成初编本。

张行简撰，薛延年注：《人伦大统赋》，丛书集成初编本。

宋会群：《中国术数文化史》，河南大学出版社 1999 年版。

八、艺术略说

"艺术"指含技巧性的活动与制作，如《晋书》有《艺术传》，其所载的是"其推步尤精，伎能可纪者"。今所说的"艺术"，则多为有美学价值者，如绘画、书法、篆刻、音乐、舞蹈等，也包括一些游戏类物。《汉志》和《隋志》没有专门的艺术门类。与艺术类相关的图书，分列于各部。如《隋志》把《书品》《名手画录》等，著录入史部；而把《棋势》《博经》《杂博戏》《围棋品》之类，归于兵家。《旧唐书·经籍志》与《新唐书·艺文志》始列有"杂艺术类"。《明史》列有《艺术类》。不过，无论《唐书》《宋史》还是《明史》，其"艺术类"收书都较驳杂。如《宋史·艺文志·杂艺术类》著录有《马经》《辨马图》《马口齿诀》《医马经》等兽医书，《明史·艺文志·艺术类》则附医书于其中。唯黄虞稷《千顷堂书目》与《四库总目》相近。《四库总目》将艺术类分为书画、琴谱、篆刻、杂技四块。今分述如下。

1. 书画

书画同源，这从早期的文字看得很清楚。从陶文到甲骨文、金文，其中大量如画之字与如字之画，煞费周折，不知所从。如：

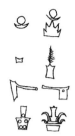

图1　大汶口文化陶器符号　　　　　图2　商且辛鼎

看起来是各种不同实物的图画或不成熟写意简笔画，但大多文字学家都认为应当是早期的文字。随着文字的发展，字与画逐渐分离。文字走向抽象，绘画走向形象。

文字贵在实用，故西周以前文字很难说有审美上的追求。青铜器上的文字，多属纪念性的，对重大事件的记述，说明制造彝器的原因。但春秋以降，文字作为一种装饰，出现在了常用器物上，并且有了造型意识，盛行于春秋晚期战国早期的鸟虫书就是很好的说明。用鸟形和虫形修饰文字，"王"字

图3　王子于戈

图4　越王勾践剑

上面装饰两只鸟，"子"字旁边饰一条龙。这些字饰并没有使文字内容发生变化，其是否有宗教上的意义，则不敢说，但它主要起着修饰文字的作用，这一点则是可以肯定的。而且文字本身也成了器物的装饰。如出土的越王勾践剑就是典型的例子。两行齐整的鸟虫书装饰于剑的下端，而每一个字则又有花饰装点。春秋以降的文字修饰不只限于鸟虫书，有些只增加字构件，而意思不变。这种对文字装饰与美化的倾向，表示着这个时代文字已经不单纯是记录语言，而走向了艺术的境界。同时，自春秋始，文字失去了西周的凝重气息，趋向华美纤巧。像东方的齐国，其钟鼎文字整体狭长，笔画齐整，故作宛曲之态。西方的秦国，其石鼓文结构严谨，笔体圆润，布陈规则。显然书写

者是从视觉艺术出发，对文字进行着艺术化处理的。不过，文字上的这种变化，只停留于器物上，在记述性的简帛书中则很少见。因此在秦汉时有所谓"八体"之称，即：大篆、小篆、刻符、虫书、摹印、署书、殳书、隶书八种书体。《汉书·艺文志》在《六艺略》的小学类中著录有《八体六技》。大篆、小篆、虫书、隶书是四种字体，像刻符、摹印、署书、殳书，则是书的四种特殊用途。这中间自然也有交叉，如"殳书"就是刻于兵器以及觚形器物上的文字，像王子于戈、越王勾践剑上的文字都属于殳书。王莽时改"八体"为"六书"。但这六种书体，重心仍在实用，即不同的用途，并没有从书法艺术的角度考虑。真正的书法艺术意识，应该是东汉出现的。如蔡邕的《笔论》云：

> 书者，散也。欲书先散怀抱，任情恣性，然后书之。若迫于事，虽中山兔毫不能佳也。夫书，先默坐静思，随意所适，言不出口，气不盈息，沉密神彩，如对至尊，则无不善矣。为书之体，须如其形，若坐若行，若飞若动，若往若来，若卧若起，若愁若喜，若虫食木叶，若利剑长戈，若强弓矢，若水火，若云雾，若日月，纵横有可象者，方得谓之书矣。①

从这番议论中，可以看出书写开始脱离字学而进入艺术之域的标志。

关于绘画，其初虽说带有艺术性质，但更大的需求并不在艺术享受，而在于实用。古"图"与"画"有别。"图"金文作"🔲"，外像版图的轮廓，内是"鄙"之初文，本义是地图。杨树达《积微居小学述林》说："依形求义，图当训地图……物具国邑，又有边鄙，非图而何哉？"图是有实用价值的，不具艺术性质。画则不同了。"画"甲骨文作"🔲"，像手执笔绘画形。《释名》云："图，度也，尽其品度也。""画，绘也，以五色绘物上也。"彩陶上的纹饰，如鱼纹、蛙纹、鸟纹等以及几何图形，这属于画，研究者多认为其有宗教意义或象征意义。传说中的大禹九鼎，刻画九州岛山川奇物，也属于实用性而非装饰性。传说大禹之臣伯益所著的《山海经》，画与文字并举，其旨仍在记述四海山川及方物，带有地理图志的性质。古人有"左图右史"之说，

---

① 黄简：《历代书法论文选》，上海书画出版社 1979 年版，第 5 页。

即指读史籍时，参考山川地图、世系图谱以及名物图录等，以便按图稽考，帮忙阅读、理解。故《隋志》将图画之类归入史部。但战国帛画、漆器纹饰以及汉墓壁画等，色彩绚烂，显然是图画已脱离实用功能而进入艺术之域的说明。

字学与书法分离，图画脱离实用而作为艺术出现，这应该都在东汉之后。四库馆臣云：

> 古言六书，后明八法，于是字学、书品为二事。左图右史，画亦古义。丹青金壁，渐别为赏鉴一途。衣裳制而纂组巧，饮食造而陆海陈，踵事增华，势有驯致，然均与文史相出入，要为艺事之首也。

这里谈到的是一个艺术发展的规律。汉时所说的"六书"有两个不同的含义，一是与造字相关的六书，即象形、指事、会意、形声、转注、假借。《汉书·艺文志》称此为"造字之本也"，人要分析字形是否准确，就需要依据六书来判断，不合六书原则的，便可能有误。另一个含义是六种书体，即古文、

图5　唐张怀瓘《玉堂禁经》永字八图

奇字、篆书、隶书、缪篆、鸟虫书。这六种书体，用于不同的场合。但不管是哪一种，都属于字学的范畴。所谓"八法"就不同了。八法是指书写的八种不同笔势，即侧（点）、勒（横）、努（直）、趯（钩）、策（斜画向上）、掠（撇）、啄（右边短撇）、磔（捺）。"八法"概念出现于何时，不好确定。唐张怀瓘《玉堂禁经》说："八法起于隶字之始。后汉崔子玉历钟、王已下，传授所用八体该于'萬'字。"[①]张怀瓘又提到"八法备于永字"，言："侧不得平其笔，勒不得卧其笔，努不得直（直则无力），趯须蹲其锋（得势而出），

---

① 朱长文：《墨池编》，《影印文渊阁四库全书》，第812册，第637页。

策须背笔（仰而策之），掠须笔锋（左出而利），啄须卧笔（疾罨），磔须趯笔（战行右出）。"①《墨池编》又记有《张旭传永字八法》："侧不患平，勒不贵卧，弩遇直而败力，趯当存而势生，策仰收而暗揭，掠左出以锋轻，啄仓徨而疾掩，磔趯趱以开撑。"②把"八法"胶着于"永"字上，恐是俗间好奇者之所为，实不高明。但此可以反映书法作为一种艺术其对笔法的讲究和追求。而这种追求显然不是"字学"所能涵盖的。

至于绘画，"左图右史"相辅而行时，自然称不上是艺术。但丹青描绘，刻画物象，务求其工，这则就不同了。如王延寿《鲁灵光殿赋》对殿中雕梁画柱的描写云：

> 尔乃悬栋结阿，天窗绮疏。圆渊方井，反植荷菓。发秀吐荣，菡萏（hàndàn，荷花苞蕾）披敷。绿房紫菂（dì，莲子），窋咤（zhúzhà，物在穴中貌）垂珠。云楶（jié，栌斗）藻棁（zhuō，绘有水草图案的短柱），龙桷（jué，刻有龙纹的方形木椽）雕镂。飞禽走兽，因木生姿。奔虎攫（jué）拿（捕捉）以梁倚（依倚），仡（yì，举起）奋釁（xìn，动）而轩鬐（qí，鬣毛）。虬龙腾骧（xiāng，奔腾）以蜿蟺（wānshàn，屈曲貌），颔若动而躨跜（kuíní，蠕动）。朱鸟舒翼以峙衡，腾蛇蟉虬而绕榱（cuī，椽）。白鹿子蜺（jiéní，伸头貌）于欂栌（dòugǒng，栌斗），蟠螭（chī）宛转而承楣。狡兔跧（quán）伏（蜷伏）于柎侧，猨狖（yuányòu）攀椽而相追。玄熊舑舕（tāntàn，伸舌貌）以龂龂（yín，露齿貌），却负载而蹲跠（yí）。齐首目以瞪眄，徒脉脉而狋狋（yí，相视貌）。胡人遥集于上楹，俨雅跽而相对。仡欺腮（大首）以雕矎（xuè，惊视），顐（āo）颣（yáo）颣（liào，大首深目貌）而睽睢（kuísuī，张目貌）。状若悲愁于危处，憯（cǎn，惨）顋蹙（píncù，皱额蹙眉）而含悴。神仙岳岳于栋间，玉女窥窗而下视。忽瞟眇以响像，若鬼神之仿佛。图画天地，品类群生。杂物奇怪，山神海灵。写载其状，托之丹青。千变万化，事各缪形。随

---

① 朱长文：《墨池编》，《影印文渊阁四库全书》，第812册，第637页。
② 朱长文：《墨池编》，《影印文渊阁四库全书》，第812册，第642页。

色象类，曲得其情。①

如此生动形象的绘画，非艺术品而何！而观者欣赏之意，何待细言！

不过详考书画艺术，其由从实用工具中脱离出来而成为独立的艺术，应该是东汉以后，到东晋而完成。就书法而言，三国时的书法高手钟繇虽名噪一时，"但其体则古而不今"②。到了东晋，"王廙、王洽、逸少、子敬，剖析前古，无所不工……制成今体，乃穷奥旨"③。日本真田但马所著《中国书法史》言及魏晋也说："汉代以来的篆隶和由此脱化而成的草书、行书、楷书等新字体杂然并用，一般的风气是普通文书或书信使用这种新字体，在正规的庄重的场合则仍使用古代的篆隶……不过这个时代的新字体尚未充分形成为完全独立的字体，在艺术上也是不成熟的。其真正的完成还在大约一个世纪以后，也就是从东晋初期以后才真正完成。"又说："魏和西晋是新旧字体并行的时代，到了东晋，草行逐渐完成，成了独立的字体，楷书则迈出了它的第一步，作为鉴赏的对象而在贵族之间普及开了。"④

就绘画而言，陈师曾云："六朝以前之绘画大抵为人伦之补助，政教之方便，或为建筑之装饰，艺术尚未脱束缚。迨至六朝，则美术具独立之精神，审美之风尚因以兴起，渐见自由艺术之萌芽，其技能顿进。画题如佛道、人物、牛马、山水、花鸟、鱼龙、车马、楼台等，其范围甚为扩张。"⑤黄新亚《中国魏晋南北朝艺术史》也说："魏晋绘画以令人耳目一新的姿态，在中国绘画史上地位突出。""汉代绘画充满楚风，每一幅画中几乎都有天上、地下、人间的内容。自由想象远胜现实生活，各种神话人物反而占据了自然人应当拥有的位置。只有到了魏晋时代，人伦鉴识与个人的理想追求才通过绘画表现出来，《世说新语·巧艺篇》第二十一说：'顾长康（即顾恺之）画人，或数年不点目睛。人问其故，顾曰：本无关于妙处。传神写照，正在阿堵中。'顾恺之追求

①　萧统：《文选》，上海古籍出版社1986年版，第508页。
②　《晋书·王羲之传》，中华书局1974年版，第2107页。
③　张寿镛：《虞秘监集》，民国四明张氏约园刊本，第32页。
④　〔日〕真田但马：《中国书法史》，人民美术出版社1998年版，第26、33页。
⑤　陈师曾：《陈师曾讲绘画史》，凤凰出版社2010年版，第9页。

'传神'，正是在发掘创作对象的思想，这样明确的艺术判断，可以说前无古人，而且'传神'二字，成为中国画不可动摇的传统。这样的认识上的飞跃，是魏晋绘画得以引人注目的基本原因。"①这里将魏晋混言，实则"飞跃"始于东晋。黄文中所举的顾恺之就是东晋的大画家，他在绘画史上的地位类似书法史上的王羲之。将人物画由用故事表现意义转变为"以形传神"，就是由他完成的。

书画是与中国文人关系最为密切的两种艺术。古之文人离不开笔，而书画由笔完成。他们一生都用毛笔抄写诗文，练就了一手好字，在今天看来，人人都是书法家。文人抄写诗书完毕，往往要以水洗笔，便顺手利用淡墨作画，不施丹青，徒用水墨，如此便成为一种砚边艺术而在文人中兴起，后人或称之曰"文人画"。同时他们在画中又融进了书法的艺术，即如赵子昂自题古木竹石画诗云："石如飞白木如籀，写竹还须八法通。若也有人能会此，须知书画本来同。"到清代，文人书画社会化，盛况大逸于前。如郑午昌先生《中国画学全史》所云：

> 清自顺、康以迄光、宣，以画名者综《熙朝名画录》《画征录》《墨香居画识》《墨林今话》《谈艺锁录》等，依时代次第略有系统之记籍计之，其所以采入者，约四千三百余家。其中女史门约四百余家，释子门约二百余家，而其未甚著名及著名于一地不及采登者，尚不知更有几，可谓盛矣。②

不过，作为书画作品，其属于艺术品，非关学问与著述之事，故而《四库全书》不予著录。其所著录如《古画品录》《书品》《书谱》《书断》《历代名画记》《法书要录》《墨池编》《书史会要》等，皆属理论性、记述性、著录性著作。《四库全书总目》于"书画之属"加按语云：

---

① 黄新亚：《中国魏晋南北朝艺术史》，人民出版社 1994 年版，第 4—5 页。
② 郑午昌：《中国画学全史》，东方出版社 2008 年版，第 305 页。

> 考论书画之书，著录最夥，有记载姓名如传记体者，有叙述名品如
> 目录体者，有讲说笔法者，有书画各为一书者，又有共为一书者。其中
> 彼此钩贯，难以类分。今通以时代为次，其兼说赏鉴古器者，则别入杂
> 家杂品中。

这是一个著录说明，也可以看出是著录原则。通过其所著录之书，可以大略知
道古代书画理论与实践及其发展情况。

2. 古琴

古琴属于音乐一部，但今之所谓"音乐"，在《四库全书》的分类中最为
支离。因为"乐"为古六艺之一，"六经"中有《乐经》，因此关于音乐的典
籍，一大部分归在"经部"。"经"代表着治世理想，有一种向上和向善的精神
追求，如《旧唐书·音乐志》所云：

> 乐者，太古圣人治情之具也。人有血气心知之性，喜怒哀乐之情。情
> 感物而动于中，声成文而应于外，圣王乃调之以律度，文之以歌颂，荡之
> 以钟石，播之以弦管，然后可以涤精灵，可以祛怨思。施之于邦国，则朝
> 廷序；施之于天下，则神祇格；施之于宾宴，则君臣和；施之于战阵，则
> 士民勇。[1]

因此《四库全书》把"辩律吕，明雅乐"之作，归之于"经部"；像《律吕新
书》《乐律全书》之类，皆属此。其中虽然也有琴谱、乐谱，但别择甚严，如
元熊朋来《瑟谱》，内有《诗旧谱》《诗新谱》，还有"学宫释奠所奏"《乐章
谱》；元余载《韶舞九成乐补》、钦定《诗经乐谱全书》等，虽为琴谱、乐谱，
但显然都有补经的意思。另有一部分归在"集部"的"词曲类"，如《顾曲杂

---

① 刘昫：《旧唐书》，中华书局1975年版，第1039页。

言》《御定曲谱》等属之。即馆臣所谓"讴歌末技，弦管繁声，均退列杂艺、词曲两类中，用以见大乐元音，道侔天地，非郑声所得而奸也"者。至于归于"艺术类"者，又被分割为两块，一块在"杂艺之属"，如《羯鼓录》《乐府杂录》，另一块则是"琴谱之属"，《琴史》《松弦馆琴谱》《琴谱全璧》《松风阁琴谱》等。琴本众多乐器中的一种，把它单列一块，这在今人是很难理解的。其原因当在于琴在中国文化史上的特殊地位。

"六艺""六经"皆有"乐"，乐之得名正源自于琴。"乐"字繁体作"樂"，《说文》说："乐，五声八音之总名。"甲骨文作Ψ，像丝附在木制的架子上，这应该就是琴瑟之象。金文中作Ψ，中间的"白"，像是调弦之器（罗振玉说）。在乐器中，鼓虽说是群音之长，但它是雅俗共有的，而弦乐如琴瑟之属，则是高雅的乐器，在古代只有一定身份的人才用，故有"君子无故不去琴瑟"之说。在"乐教"中更重要的是琴瑟，所以《白虎通》说："琴者，禁也，禁止于邪，以正人心也。"古代讲礼乐教化，每言"弦歌之声"，如《论语》说孔子到了子游为官的武城，就听到了"弦歌之声"，便知他能用礼乐治理地方；史载汉高祖诛项羽，举兵围鲁，鲁中诸儒讲诵礼乐，"弦歌之声不绝"，这弦歌就是抚琴瑟而歌，它代表着文明教化的实施状态。

其次，在传说中，琴的起源最古老，而且是圣人的发明。如《琴操》说："伏羲作琴，以修身理性，反其天真也。"桓谭《桓子新论》说："神农氏继宓羲而王天下，亦上观法于天，下取法于地，近取诸身，远取诸物，于是始削桐为琴，绳丝为弦，以通神明之德，合天地之和焉。"[1]《乐记》说："昔者舜作五弦之琴，以歌南风。"这些传说虽不能当真，但反映了古人带有共识的认识：琴是圣王之作，是与修身及治天下连在一起的，其意义甚是重大。

其三，琴是乐中贵族，最能体现君子风范。其他的乐器，演奏似乎可以采取一种随意的姿势，而琴则不然，它要正襟危坐，方能成操，有君子之容，王者之尊。《琴操》云：

　　琴长三尺六寸六分（象三百六十六日），广六寸（象六合），文上曰

---

① 徐坚等：《初学记》卷十六引，中华书局1962年版，第388页。

池（池者，水也，言其平），下曰滨（滨者服也）。前广后狭，象尊卑也；上圆下方，法天地也；五弦象五行，大弦为君，小弦为臣。文王武王加二弦，以合君臣之恩。①

这种规制表示琴有象征合天人一体的意味。而陈旸《琴制》言之更奇，其云：

> 琴之为器，有龙池者，以龙潜于此，其出则兴云雨以泽物，而人君之仁如之。有凤池者，以南方之禽，其浴则归洁其身，而人君之德如之。有轸池者，亦曰轸杅，以其急于发令，且须以成礼也。池侧有凫掌二，所以护轸之动而合制也。凤额下有凤素一，所以接喉舌而申令者也。琴底有凤足，用黄杨木，表其足色本黄也。临岳若山岳峻极，用枣木，表其赤心也。人肩者，顾其臣有俯就随肩之象也。凤翅者，左右翼之有副贰人主之象也。龙唇者，声所由出也；龙龈者，吟所由生也。龙口所以受弦，而其鬈又所以饰之也；凤额所以制嗦，而其臆又所以承之也。②

这种解释，无非是要强调琴的高贵身份。而这种高贵之躯，又是与君子修养联系在一起的。《风俗通义·声音》云：

> 雅琴者，乐之统也，与八音并行，然君子所常御者，琴最亲密，不离于身，非必陈设于宗庙乡党，非若钟鼓罗列于虡悬也。虽在穷闾陋巷，深山幽谷，犹不失琴，以为琴之大小得中，而声音和。大声不哗人而流漫，小声不湮灭而不闻，适足以和人意气，感人善心。故琴之为言禁也。雅之为言正也，言君子守正以自禁也。……今琴长四尺五寸，法四时五行；七弦者，法七星也。③

从这里可以看出琴所具有的君子精神与贵族身份。四库馆臣说：

① 徐坚等：《初学记》卷十六引，中华书局1962年版，第385页。
② 蔡堂根、宋景南点校：《乐书》，浙江大学出版社2016年版，第805—806页。
③ 王利器：《风俗通义校注》，中华书局1981年版，第267页。

> 琴本雅音，旧列乐部；后世俗工拨捩，率造新声，非复《清庙》《生民》之奏，是特一技耳。

在四库馆臣心中，后世琴曲中的"新声"，只是"俗工拨捩"之音，已经不能复雅，故不能留在"经部"。但如同贵族没落，爱新觉罗失位，其高贵的身份仍不同庶姓。故琴虽退在艺术，却仍被独立标榜。

更值得一提的是，琴在秦汉以来长达两千多年的历史中，其虽"非复《清庙》《生民》之奏"，但一直是文人雅士的雅趣所在，琴棋书画被称作"文人四友"，象征着其文化修养。更由此演出了文人"琴挑"的爱情佳话。从《诗经·关雎》"窈窕淑女，琴瑟友之"开始，"琴挑"爱情史就开始了。在上文的引述中已得知：一、琴瑟为上古贵族男子携带之物，特别是琴，君子无故不去其身，可能这本身就是其高贵地位与有教养的标志；二、琴瑟有禁邪防淫的功能，所谓禁邪防淫，当是指不合于礼的行为，特别是爱情行为。君子御琴瑟与禁邪防淫是相联系的。在初民社会，男女之间求爱方式多种多样，《诗经·将仲子》所言越墙幽会私通者，即孟子所谴责的"踰东墙而搂其处子"，是一种野蛮的方式。而以琴瑟传递爱情信息，则是一种文雅的恋爱方式，且合于当时的礼俗即道德规范，流行于上流社会中。《白虎通·礼乐》篇曰："夫礼乐所以防奢淫。"《周礼·大司徒》注曰："礼所以节止民之侈伪，使其行得中。乐所以荡正民之情思，而使其心应和也。"男女相思，发之于琴瑟之声，不为鲁莽之行，此即礼乐防淫之谓。《拾遗记》卷一记神话中少昊、皇娥之恋曰："帝子与皇娥并坐，抚桐峰梓瑟。皇娥依瑟而清歌……"《郑风·女曰鸡鸣》篇言男女之相亲昵曰："琴瑟在御，莫不静好。"《小雅·常棣》篇曰："妻子好合，如鼓琴瑟。"皆可证琴瑟之意义所在。这种上古以琴传情的君子作风，在后世为文人所继承。司马相如琴挑卓文君、张生琴挑崔莺莺的故事，可谓家喻户晓，小说《万锦情林·张于湖记》《西湖二集·邢瑞君弹琴遇水仙》《春莺柳》《刘生觅莲记》《意外缘》《梅兰佳话》等，戏剧《竹坞听琴》《东墙记》《玉簪记》等，也皆以琴为爱情使者。这在俗世观念中本属偷情越礼的行为，在文学中却成了美丽动听的故事，千口传颂。我们所关心的并不是故事的本身，而是"琴"在这些爱情故事中所充当的角色。在这里体现着雅人风致与俗世情怀的结合，也正反映着琴由贵族身份没落为寒酸文人的地位变化。那种高贵的精神失去了，而留下的只是风雅的情怀。故《四库全书简明目录》于"琴谱之属"的按语中说：

> 以上所录，皆山人墨客之技，识曲赏音之事也。与熊朋来《瑟谱》、王坦《琴旨》之类，发律吕之微，叶风雅之奏者，截然二事。故熊、王诸书，得入《经部·乐类》，而此则仅于有词之谱、无词之谱，各存一部，以见梗概。其他悉不滥收焉。①

实际上也只是"存史"，而非认为它有何重要意义。

3. 篆刻

篆刻，即雕刻印章。因印章刻字多为篆书，又多是镌刻而成，因此称"篆刻"。因为篆刻的多为私名或官名，所以后来敬称曰"台篆""雅篆"，官接印叫"接篆"，代理政事叫"摄篆"。

中国的篆刻历史甚早，先秦时篆刻之印称"玺"。汉蔡邕《独断》说："玺者印也，印者信也……卫宏曰：秦以前，民皆以金玉为印，龙虎纽，惟其所好。然则秦以来，天子独以印称玺，又独以玉，群臣莫敢用也。"②《汉书·祭祀志》载："自五帝始有书契，至于三王，俗化雕文，诈伪渐兴，始有印玺，以检奸萌。"今见到的印玺多用在封泥上，即把对象如书信等物，放入袋子中，把口结扎严实，用泥封起来，再把印章盖在封泥上，如战国封泥。因印章所刻是阴文，故在封泥呈现出的是阳文。

图6　战国封泥

---

① 《四库全书简明目录》，上海古籍出版社1985年版。
② 蔡邕：《独断》，《影印文渊阁四库全书》，第850册，第77页。

篆刻兴盛于秦汉时期，当时印章上所用字较特殊，故秦书八体，其中就有"摹印"，如许慎《说文解字叙》说："自尔秦书有八体……四曰虫书，五曰摹印。"既然把"摹印"作为一体，其文字自然有别于常。《金石索》著录有几方秦始皇玺的印文，字体怪异，虽说非真品，但也可以由古人的想象来。

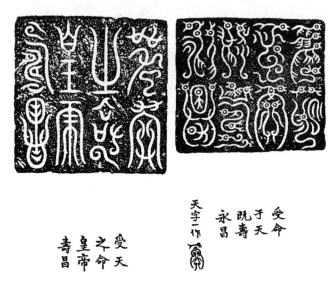

图7　《金石索》载秦始皇玺印文

四库馆臣云：

摹印本六体之一，自汉白元朱，务矜镌刻，与小学远矣。

所谓"六体"之一，是汉代的说法。王莽时将书体归纳为六种，即古文、奇字、篆书、隶书、缪篆、虫书。其缪篆是专用于摹印的。如许慎《说文解字叙》说："五曰缪篆，所以摹印也。"所谓"摹印"，"摹，规也，规度印之大小、字之多少而刻之"（段玉裁语）。所谓"缪篆"，"谓其文屈曲缠绕"（颜师古语）。所谓"汉白"，指汉代印章所用的白文。因印章刻字是陷下去的，即所谓的"阴文"，所以印出的文字是白色的。如果是凸起的阳文，那么印色在文字上，印出来便是朱红色的文字。明杨慎《升庵集·石碣阳镌额》说："三代钟鼎文有款识：隐起而凸曰款，以象阳；中陷而凹曰识，以象阴。刻之印

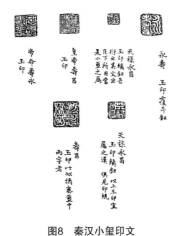

图8　秦汉小玺印文

章，则阳文曰朱文，阴文曰白文。"汉印也有朱文，只是与篆体多不合，因此效法者少，而白文则成为篆刻的典范，对后世影响很大。如晚清冯桂芬《两京印录序》说："汉印朱文往往与篆体不合，不可意为。白文则小篆中参以隶法，自今为之，可无乖于汉人之恉。"朱文的兴起在唐以后。吾丘衍《学古编·三十五举》其"十九举"云："汉魏印章，皆用白文，大不过寸许。朝爵印文皆铸盖，择日封拜，可缓者也。军中印文多凿盖，急于行令，不可缓者也。古无押字，以印章为官职信令，故如此耳。自唐用朱文，古法渐废。至宋南渡，绝无知者，故后宋印文皆大谬。"① 据此知馆臣"汉白元朱"之说有误。篆刻文字所呈现的是一种艺术，已经不属于小学的范畴了。

篆刻的典范是汉印，汉印布局谨严，结体方正，有浑朴之风。后人多效法之。但是因不明六书，因而变化篆隶，每有失误。故《四库全书总目》于"篆刻之属"按语云：

> 扬雄称雕虫篆刻，壮夫不为。故钟繇李邕之属，或自镌碑，而无一自制印者，亦无鉴别其工拙者。汉印字画，往往伪异，盖由工匠所作，不解六书。或效为之，斯好古之过也。自王俅《啸堂集古录》始稍收古印，自晁克一《印格》，始集古印为谱；自吾丘衍《学古编》，始详论印之体例，遂为赏鉴家之一种。文彭、何震以后，法益密巧益生焉，然印谱一经传写，必失其真。今所录者，惟诸家品题之书耳。

吾丘衍《学古编》亦曾云："汉有摹印篆，其法只是方正，篆法与隶相通，后人不识古印，妄意盘屈，且以为法，大可笑也。"今之篆刻家，真正能懂得六书者实不甚多，临刻章时，始查找古印谱工具书，照猫画虎，故有汉印本误

---

① 吾丘衍：《学古编》，《影印文渊阁四库全书》，第839册，第843页。

者，也有因不明字理而新误者。这是艺术与学问分作二途而出现的结果。

　　篆刻到元后，每与诗书画相辅而行，故有以"诗书画印"并称为四绝者。同时宋元以后，由秦汉吉语印章发展而来的闲章盛行。文人们将诗句、警句、格言以及可以表达情怀的语言铭刻为章，使篆刻成为一门可以与书画媲美的艺术。

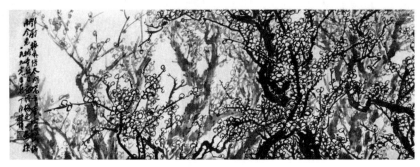

图9　姚莫中先生梅花图

4. 杂技

四库馆臣云：

　　射义、投壶，载于《戴记》，诸家所述亦事异《礼经》，均退列艺术，于义差允。至于谱博弈，论歌舞，名品纷繁，事皆琐屑，亦并为一类，统曰杂技焉。

这里所说的"杂技"，是对诸多技艺的总称。因非一种技艺，故称"杂技"。据馆臣所录，约可分为四种。

　　其一是射箭技术。《礼记》中有《射义》一篇，是言和礼相关联的射箭。在周代因男子重武，故要习射，常举行射礼。射礼有大射、宾射、燕射、乡射四种。为祭祀择士而射为大射；诸侯来朝或诸侯相朝而射为宾射；宴饮之射为燕射；卿大夫举士后所行之射为乡射。又有五种不同的射法，称作"五射"，即白矢（矢穿箭靶而出，露出白箭头）、参连（前放一矢，后三矢连续而去）、剡注（羽头高镞低而去）、襄尺（臣与君射，不与君并立，让君一尺而退）、井仪（四矢贯侯，如井字形）也。这些都属于礼的内容，因此古言射事归于《礼经》。周代常用比射的方式选贤，这在今人很难解。《周礼·地官·乡大夫》中记载了评价射事的五项条件："一曰和，二曰容，三曰主皮，四曰和容，五曰兴舞。""和"指神定气祥，"容"指体容端直，"主皮"言射中。"和容"（和颂）指发箭有节，能合雅颂之乐；"兴舞"指动作谐调，能与音乐节奏相合。由此看来，射技只是一个环节，更主要的是全面的表现。脱离开礼专言射击技术，则属于军事。故《法书·艺文志》把关于射箭技术的图书归于"兵家类"。而属于游戏之射，则属于艺术类。《四库全书总目》于《艺术类存目》按语说："射法，《汉志》入兵家，《文献通考》则入杂技艺，今从之。"[1]

　　其二是投壶。投壶是古代宴会时的一个环节，宾主在一定距离内，依次用矢投向盛酒的壶口，以投中多少决胜负。《礼记》中有《投壶》一篇。郑玄云："投壶者，主人与客燕饮讲论才艺之礼也。"虽说是礼制，但明显带有娱乐性质。故后世演变为一种纯娱乐活动，从战国到清代，一直流行于士大夫中。这样性质就发生了根本性的变化。原先归于《礼经》的投壶之礼，便沦为杂艺术，被归在属"子部"的艺术类。如《四库全书总目·子部·艺术类》于明李孝元《壶谱》提要说："其书以投壶之法图之，为谱凡十八目，一百三十余式，虽非礼经古制，亦技艺之一种也。"

图10　汉画像石投壶图

---

① 《四库全书总目》，中华书局 1965 年版，第 981 页。

其三是博弈类。博弈指局戏和围棋。这种游戏古入兵家类，因其与兵家之用智角胜相联系。如象棋，棋子有兵马车炮将帅，分墨红，双方的分界，写"楚河汉界"字样，显然是兵家作战态势。宋晏天章撰《玄玄棋经》，仿《孙子兵法》作十三篇，内列《得算》《权舆》《合战》《虚实》之类的标目；宋刘仲甫《棋诀》，内分《布置》《侵凌》《用战》《取舍》四章，似乎与兵书无异。但毕竟是游戏而非实战，故《四库全书总目》于《艺术类存目》加按语云："《象经》《弈品》，《隋志》亦入兵家，谓智角胜负，古兵法之遗也。然相去远矣。今亦归之杂技，不从其例。"[1] 博弈类品种较多，少说也有数十种。《四库全书总目》除与棋相关者外，还著录有唐李翱《五木经》（记樗蒲之戏），无名氏《九经》（其书借击球之事以寓意），了角道人《双陆谱》等。像樗蒲、击球、双陆都是古代争胜负的游戏，今已不多见了。

其四是歌舞类。《总目》所著录仅唐南卓《羯鼓录》与唐段安节《乐府杂录》两书。其按语云："《羯鼓录》《乐府杂录》《新唐书》皆入经部乐类。雅郑不分，殊无条理。今以类入之于艺术，庶各得其伦。"[2] 因为这些书所述都是俗乐，所以不能入雅从经。

孔子说："志于道，据于德，依于仁，游于艺。"古人将艺术作为一种心性修养的方式，故而艺不防道，而且警惕"玩物伤志"。今则艺术的各种门类都变成了一专攻之业，因此人们对于艺术的理解与古人也就不同了。

阅读参考书目

潘运告：《历代书法论选》，湖南美术出版社 2007 年版。

朱天曙：《中国书法史》，文化艺术出版社 2009 年版。

潘天寿：《中国绘画史》，上海人民美术出版社 1983 年版。

郑午昌：《中国画学全史》，江苏文艺出版社 2008 年版。

潘运告：《中国历代画论选》，湖南美术出版社 2007 年版。

许健：《琴史初编》，人民音乐出版社 1982 年版。

---

[1] 《四库全书总目》，中华书局 1965 年版，第 981 页。

[2] 《四库全书总目》，中华书局 1965 年版，第 972 页。

九、谱录略说

　　"谱录"一类，《汉志》没有。《汉志》在刘歆《七略》的基础上，把图书分为六略，每一略中又分为若干个种类，共有三十八种类，而"谱录"不与其中。原因是当时此类图书还没有批量出现。曹魏时，秘书郎郑默始制《中经》，秘书监荀勖又因《中经》更著《新簿》，把原来的图书由六部分重新整合为四个部分，即所谓甲、乙、丙、丁"四部"。甲部即六艺及小学等书；乙部有古诸子家、近世子家、兵书、术数；丙部有史记、旧事、皇览簿、杂事；丁部有诗赋、图赞、汲冢书。这四部分类的格局为其后的目录学家所继承，如宋秘书监谢灵运造《四部目录》，齐秘书丞王亮等造《四部书目》，梁任昉等《四部目录》，《隋志》则明确地把这四部定名为经、史、子、集。在《隋书·经籍志》的"史部"列有"谱系"一目，其中所著录的图书，除《汉氏帝王谱》《齐帝谱属》《百家集谱》《百家谱》《百家谱世统》《后魏皇帝宗族谱》《魏孝文列姓族牒》等家族世谱之外，还录有《姓苑》《复姓苑》《竹谱》《钱谱》《钱图》之类。其之所以立"谱系"之目，就是因为此类图书批量出现。

　　谱系之类书，先秦就有，如《史记·太史公自序》说："维三代尚矣，年纪不可考，盖取之谱牒旧闻。"只是数量较少，尚不能自成一系。魏晋以降，门阀世族兴起，重门第之风盛行，记载世族谱系之书大量涌现。独立门户，似有必要。但将《竹谱》《钱谱》之类也纳入其中，显属不伦。而类似《竹谱》《钱谱》之类的图书，随着人类物质生活与精神生活的不断丰富，也开始批量涌现，这便使图书分类出现难题。如《唐书》就把《相鹤经》《鹰经》《蚕经》《相马经》《相牛经》《相贝经》《养鱼经》等，归于农家类中。马端临《文献通考》又把《歙砚图谱》《续文房四谱》《古今刀剑录》《印格》《香谱》等归于

"杂艺术类"。故《四库全书总目·子部·谱录叙》说：

> 刘向《七略》，门目孔多，后并为四部，大纲定矣。中间子目，递有
> 增减，亦不甚相远。然古人学问，各守专门，其著述具有源流，易于配
> 隶。六朝以后，作者渐出新裁，体例多由创造，古来旧目，遂不能该，附
> 赘悬疣，往往牵强。《隋志》"谱系"，本陈族姓，而末载《竹谱》《钱图》；
> 《唐志》"农家"，本言种植，而杂列《钱谱》《相鹤经》《相马经》《鸷击
> 录》《相贝经》。《文献通考》亦以《香谱》入农家，是皆明知其不安，而
> 限于无类可归，又复穷而不变，故支离颠舛，遂至于斯。

这里有两个错误需要纠正。一是"刘向《七略》"说。《七略》是刘向的儿子刘
歆所撰，并非刘向之作。《汉书·艺文志序》云："……诏光禄大夫刘向校经
传、诸子、诗赋，步兵校尉任宏校兵书，太史令尹咸校数术，侍医李柱国校方
技。每一书已，向辄条其篇目，撮其指意，录而奏之。会向卒，哀帝复使向子
侍中奉车都尉歆卒父业。歆于是总群书而奏其《七略》。"《汉书·楚元王传》
亦云："歆乃集六艺群书，种别为《七略》。"是刘向所撰者为《别录》，而歆所
撰者为《七略》。二是"《香谱》入农家"说。考《文献通考》"农家类"所入
者是乃《竹谱》《酒谱》《花谱》《牡丹谱》《芍药谱》之属，《香谱》并没有著
录于农家类，而是入"杂艺术类"。《皇朝文献通考》承《四库总目》之误，于
"小说家琐语"类按语云："马端临辑农家一门，引《宋三朝艺文志》谓：'殖
物宝货著谱录者，亦在助衣食之源，故咸见于此。'然列《香谱》于农家，何
异缀《钱图》于'谱系'？悬瘿引蔓，厥体殊乖。"① 此皆失察之过。

　　"谱录"一门的创立是尤袤《遂初堂书目》开始的。馆臣云：

> 惟尤袤《遂初堂书目》创立"谱录"一门，于是别类殊名，咸归统
> 摄，此亦变而能通矣。今用其例，以收诸杂书之无可系属者，门目既繁，
> 检寻亦病于琐碎，故诸物以类相从，不更以时代次焉。

---

① 《皇朝文献通考》，《影印文渊阁四库全书》，第 637 册，第 334 页。

宋尤袤《遂初堂书目》，将子部分为十二门，即儒家类、杂家类、道家类、释家类、农家类、兵书类、术家类、小说类、杂艺类、谱录类、类书类、医书类。《遂初堂书目提要》云："其子部别立谱录一门，以收《香谱》《石谱》《蟹录》之属无类可附者，为例最善。"[①] 四库馆臣的理论是："自六经以外立说者，皆子书也。"显然谱录一类并不能"自六经之外立说"。其所记的乃是存在的事实，尽管涉及的行业很多，但它的理论性并不强，主要是"录"而不是"论"，因此归于"史部"应该更为适当。《隋志》以"谱系"统谱录是有不妥，改"谱系"为"谱录"亦未尝不可。《四库总目》"谱录"一门中，根据性质分了三个种类：器物之属、食谱之属、草木鸟兽虫鱼之属。

1. 器物之属

"器物"是各种用具的统称。这一类情况最为复杂，很难清晰地说明类别，据《四库总目》著录，其中有尊彝古物，如《鼎录》《啸堂集古录》《考古图》《宣德鼎彝谱》《汉甘泉宫瓦记》等；有刀剑类器物，如《古今刀剑录》《铜剑赞》《蟏衣生剑记》等；有文房四宝及案几类器物，如《文房四谱》《歙州砚谱》《墨谱》《燕几图》《蝶几谱》等；有古玩类器物，如《分宜清玩谱》《古玉图谱》《百宝总珍集》等；有钱币类，如《泉志》《钱谱》等；有香料类，如《香谱》《香乘》《香国》等；有衣饰类，如《冠谱》《汝水巾谱》等；有石类，如《云林石谱》《素园石谱》《石品》《怪石赞》等。《四库总目》于器物之属按云：

陶宏景《刀剑录》《文献通考》一入之类书，一入之杂技艺。虞荔《鼎录》，亦入杂技艺。夫宏景所录刀剑，皆古来故实，非讲击刺之巧、明铸造之法，入类书犹可，入杂技艺于理为谬。此由无所附丽，著之此而觉不安，移之彼而又觉不安，迁移不定，卒至失于刊削而两存。故"谱录"

① 尤袤：《遂初堂书目》，《影印文渊阁四库全书》，第 674 册，第 436 页。

一门，不可不立也。

像这类图书，在旧的图书分类中很难有容身之所，故四库馆臣对于别立"谱录"一门，甚为赞许。但其间也有尴尬，如《石品》《怪石赞》等，很难说是什么器物，可又无类可归。故馆臣于《云林石谱》加按语云：

> 宋以后，书多出于古来门目之外，如此谱所品诸石，既非器用，又非珍宝，且自然而成，亦并非技艺。岂但四库之中无可系属，即"谱录"一门亦无类可从。以亦器物之材，附之器物之末焉。

这也是不得已而为之的。

2. 食谱之属

《四库全书简目》作"饮馔之属"。此类所收比较单纯，是与茶、酒、糖以及与饮食之类有关的事物。可以分作四块，一是茶类，如《茶经》《茶录》《煎茶水记》《茗史》等；二是酒类，如《北山酒经》《酒史》《酒概》《觞政》等；三是糖类，这类书少，只著录《糖霜谱》一种；四是食谱类，如《疏食谱》《饮膳正要》《易牙遗意》《馔史》《居常饮馔录》等。馆臣按语云：

> 《齐民要术》备载饮食烹饪之法，故后之类于是者，悉入农家。其实贾思勰所言闾阎日用之常耳，至于天厨珍膳，方州贡品，连而入之，则非农家所有事矣。故诸书有可连类及者，《书仪》可附礼之类是也；有不可连类及者，《曲韵》不可附小学之类是也。今于近似农家者，并改隶谱录，俾均不失其实。

3. 草木鸟兽虫鱼之属

这一类单记动植物，最为单纯。《尔雅》中即有《释草》《释木》《释虫》《释鱼》《释鸟》《释兽》《释畜》诸篇，陆玑《毛诗草木鸟兽虫鱼疏》承《尔雅》而将草木鸟兽虫鱼归为一编，《四库总目》则于"谱录"类中分为一派。这一类中除确可归于谱录者，如《洛阳牡丹记》《扬州芍药谱》《禽经》《蟹谱》《虎荟》《蛇谱》《禽虫述》等外，还有关于栽培技术的，如《学圃杂疏》《汝南圃史》《倦圃莳植记》等；有史类并附以题吟的，如《牡丹史》《花史》等。其中所记关于花卉及动植物的歌吟，对文学创作很有借鉴意义。

阅读参考书目

王建荣：《陆羽茶经》，江苏凤凰科学技术出版社 2019 年版。

苏易简：《文房四谱》，中华书局 2011 年版。

汪灏等奉敕撰：《御定广群芳谱》，四库全书本。

十、杂家略说

严格地说，"杂家"并不能算是一个思想流派，因为它杂糅了各种不同流派的思想，又无法归于某一家，所以只好以杂家来统之。如《吕氏春秋》成于吕不韦门客之手，非一人所为，甚至其书思想还出现相互矛盾处；《淮南子》也是成于众手，很难说有一个统一的思想。将同类无法归属的著作冠之以"杂家"之名，确也免去了许多麻烦。《汉志》"九流"中有"杂家"一流，认为此一派的来源是"议官"，其叙云：

> 杂家者流，盖出于议官。兼儒、墨，合名、法，知国体之有此，见王治之无不贯，此其所长也。及盪者为之，则漫羡（散漫）而无所归心。

这种归纳其实没有意义。治国追求的是治理的有效性，合理地兼容众说，贯通百家，而不拘于一隅，这是自然的，但把杂家推本于朝廷"议官"，只是想当然之词，并无根据。《隋志》认为《汉志》说不妥，故另辟一说云：

> 杂者，兼儒、墨之道，通众家之意，以见王者之化，无所不冠（贯）者也。古者司史历记前言往行，祸福存亡之道。然则杂者，盖出史官之职也。放者为之，不求其本，材少而多学，言非而博，是以杂错漫羡，而无所指归。

无论是出于"议官"还是"史官"，都是在"诸子出于王官"的思路下推衍出来的。显然是附会之说，不可从。

《四库全书总目》中也有"杂家"一门，但相比于汉、隋《志》发生了变化，它把先秦诸子中传承中断、书存寥寥的流派统统放入了杂家。其云：

> 衰周之季，百氏争鸣，立说著书，各为流品，《汉志》所列备矣。或其学不传，后无所述；或其名（声誉）不美，人不肯居。故绝续不同，不能一概。后人著录株守旧文，于是墨家仅《墨子》《晏子》二书（《晏子》，《汉志》归儒家，柳宗元辨《晏子春秋》，谓墨好俭，晏子以俭名于世，疑墨之徒为之，宜列之墨家）。名家仅《公孙龙子》《尹文子》《人物志》三书，纵横家仅《鬼谷子》一书（《汉志》无此书，《隋志》始有），亦别立标目，自为支派，此拘泥门目之过也。黄虞稷《千顷堂书目》于寥寥不能成类者并入杂家。杂之义广，无所不包，班固所谓"合儒墨兼名法"也。变而得宜，于例为善。今从其说，以立说者谓之杂学；辨证者谓之杂考；议论而兼叙述者谓之杂说；旁究物理，胪陈纤琐者谓之杂品；辑旧文，涂兼众轨者谓之杂纂；合刻诸书，不名一体者谓之杂编。凡六类。

在馆臣所分六类中，最复杂的是"杂学"一类，其包括了先秦名噪一时的墨家、名家、阴阳家、纵横家诸派思想。馆臣于"杂学之属"加按语云：

> 古者庠序之教，胥天下而从事六德、六行、六艺，无异学也。周衰而后百氏兴，名家称出于礼官，然坚石白马之辨，无所谓礼。纵横家称出于行人，然倾危变诈，古行人无是词命。墨家称出于清庙之守，并不解其为何语。实皆儒之失其本原者，各以私智变为杂学而已。

似其不以《汉志》诸子出于王官之说为然。今分述各说于下。

1. 名家之两派

名家属九流之一，兴起于战国，绝踪于秦汉。其主要特征是辨察概念与事物之间的联系。根据《汉志》所载及战国思想思潮，名家可分为两派，一是名法派，二是名辩派。关于名法派，《汉志》云：

> 名家者流，盖出于礼官。古者名位不同，礼亦异数。孔子曰"必也正名乎！名不正则言不顺，言不顺则事不成。"此其所长也。

名法派与政治关系至密，他们所继承的是周代礼官的循名责实精神。所谓"礼官"就是掌礼仪之官。周朝称礼官为宗伯，大小宗伯就相当于后来的礼部尚书、侍郎之类，主要掌邦礼。《周礼·春官·小宗伯》说："小宗伯之职，……掌五礼之禁令与其用等。辨庙祧之昭穆，辨吉凶之五服、车旗、宫室之禁。掌三族之别，以辨亲疏。……毛六牲，辨其名物，而颁之于五官，使共奉之。辨六齍之名物与其用，使六宫之人共奉之。辨六彝之名物，以待果将。辨六尊之名物，以待祭祀、宾客……"[1] 这诸多"辨"字，就已说明了其对于概念与事物之间联系的关注。周人重礼，对于官爵品位的讲究十分严格，爵位不同，用的礼数也就不同。所以非常强调"正名"的问题，名与实决不能错位。《隋志》承《汉志》之说云：

> 名者，所以正百物，叙尊卑，列贵贱，各控名而责实，无相僭滥者也。《春秋传》曰："古者名位不同，节文异数。"《孔子》曰："名不正则言不顺，言不顺则事不成。"《周官》宗伯"以九仪之命，正邦国之位，辩其名物之类"是也。

所谓"九仪"，就是天子接待不同来朝者而制定的九种礼节。其来朝者有公、侯、伯、子、男及公、卿、大夫、士之别，地位贵贱不同，所用礼节也不同，"正位""辨名"关涉到等级秩序，在礼制社会中这便是天大的事。春秋时代礼崩乐坏，僭越行为频发，名不能当其实，所以孔子发出了"必也正名乎"的呼喊。"正名"是维护社会秩序必然要坚持的原则，因此，春秋、战国时期的一

---

① 郑玄、贾公彦：《周礼注疏》，北京大学出版社1999年版，第487页。

批政治家，以及希望社会恢复正常秩序的思想家，都倡导"正名"，要求名符其实。如：

> 《管子·宙合》："名实之相怨久矣，是故绝而无交。惠者知其不可两守，乃取一焉。"①

> 《管子·心术》："物固有形，形固有名。此言不得过实，实不得延名，姑形以形，以形务名。督言正名，故曰圣人。"②

> 《管子·白心》："正名自治之，奇身名废，名正法备，则圣人无事。"③

> 《尹文子·大道》："大道无形，称器有名。名也者，正形者也。形正由名，则名不可差。故仲尼曰：'必也正名乎！名不正，则言不顺也。'"④

> 《荀子·正名》："后王之成名，刑名从商，爵名从周，文名从礼，散名之加于万物者，则从诸夏之成俗曲期。远方异俗之乡，则因之而为通。……故王者之制名，名定而实辨，道行而志通，则慎率民而一焉。"⑤

> 《吕氏春秋·正名》："名正则治，名丧则乱。使名丧者，淫说也。说淫则可不可而然不然，是不是而非不非。……凡乱者，刑名不当也。"⑥

法家要正刑名，儒家要求正爵名、文名（礼节仪式的名称），墨家要正散名（各种事物的名称），故墨子说："是名也，止于是实。声出口，俱有名，若姓字。……所以谓，名也；所谓，实也。名实耦，合也。"⑦ 这都是从社会政治治理的角度倡导正名的。但这一派在传统学术中，并没有引起人们的足够重视，因为他们说的道理是大家都知道的，名不正自然言不顺，不必反复说。《吕氏春秋·正名》篇记尹文子与齐王对话说：

---

① 黎翔凤：《管子校注》，中华书局 2004 年版，第 222 页。
② 黎翔凤：《管子校注》，中华书局 2004 年版，第 771 页。
③ 黎翔凤：《管子校注》，中华书局 2004 年版，第 789 页。
④ 王恺銮：《尹文子校正》，商务印书馆 1935 年版，第 1 页。
⑤ 王天海：《荀子校释》，上海古籍出版社 2005 年版，第 882 页。
⑥ 陈奇猷：《吕氏春秋新校释》，上海古籍出版社 2002 年版，第 1029 页。
⑦ 孙诒让：《墨子间诂》，中华书局 2001 年版，第 349 页。

> 尹文见齐王，齐王谓尹文曰："寡人甚好士。"尹文曰："愿闻何谓士？"王未有以应。尹文曰："今有人于此，事亲则孝，事君则忠，交友则信，居乡则悌。有此四行者，可谓士乎？"齐王曰："此真所谓士已。"尹文曰："王得若人，肯以为臣乎？"王曰："所愿而不能得也。"尹文曰："使若人于庙朝中，深见侮而不斗，王将以为臣乎？"王曰："否。大夫见侮而不斗，则是辱也。辱则寡人弗以为臣矣。"尹文曰："虽见侮而不斗，未失其四行也。未失其四行者，是未失其所以为士一矣。未失其所以为士一，而王以为臣；失其所以为士一，而王不以为臣。则向之所谓士者乃士乎？"王无以应。尹文曰："今有人于此，将治其国，民有非则非之，民无非则非之，民有罪则罚之，民无罪则罚之。恶民之难治，可乎？"王曰："不可。"尹文曰："窃观下吏之治齐也，方若此也。"王曰："使寡人治信若是，则民虽不治，寡人弗怨也。意者未至然乎？"尹文曰："言之不敢无说，请言其说。王之令曰：'杀人者死，伤人者刑。'民有畏王之令深见侮而不敢斗者，是全王之令也。而王曰：'见侮而不敢斗，是辱也。'夫谓之辱者，非此之谓也。以为臣不以为臣者罪之也，此无罪而王罚之也。"齐王无以应。①

这是正名关乎治道的具体说明。尹文子是名家的代表人物。高诱注说："尹文，齐人，作《名书》一篇，在公孙龙前，公孙龙称之。"《汉书·艺文志》著录有《尹子子》一篇。今传有《尹文子》一书，中有《大道》上下两篇，都是关乎国家治理的理论，如云：

> 故有理而无益于治者，君子弗言；有能而无益于事者，君子弗为。君子非乐有言，有益于治不得不言；君子非乐有为，有益于事不得不为。故所言者不出于名法权术，所为者不出于农稼军阵，周务而已。故明主不为治外之理……②

---

① 陈奇猷：《吕氏春秋新校释》，上海古籍出版社 2002 年版，第 1030 页。
② 王恺銮：《尹文子校正》，商务印书馆 1935 年版，第 8 页。

其目的非常明确，无关乎治道绝对不谈，这与公孙龙子之流的诡辩一道，确有天壤之别。

然而，今所谓的名家，不是指为解决政治治理问题的名法一派，恰恰相反，是指以是为非以非为是的名辩派。因为名辩派最能显示出其高超的论辩术和智慧，也算是"创新"派吧。名辩派不是循着正常的思维路径来谈名实问题，而是肆意颠覆传统，用一种违背常识的思维方式，表现高超的诡辩技术。他们的思想不但不利于治道，而且能够把人的思维搞乱，思想搞乱。故《汉志》称此派为"警者"，其云：

> 及警（jiào）者为之，则苟钩鈲（pī）析乱（屈曲破碎、支离错杂）而已。

《隋志》则称其为"拘者"，其云：

> 拘者为之，则苛察缴绕，滞于析辞而失大体。

警通缴，指纠缠不清，所谓"警者"就是指爱缴绕问题的人。所谓"钩鈲析乱"，就是指屈曲破碎，支离错杂。这一派又被称为诡辩家，代表人物前有邓析子，后有公孙龙子、惠施等。邓析子是一位律师式的人物，是专帮助人打官司的，没有原则，谁给的钱多就给谁说话，"以非为是，以是为非，是非无度，而可与不可日变"（《吕氏春秋·离谓》），最终被法办。公孙龙子最著名的理论是"白马非马"，而"白马非马"论的发明者则是儿说。《韩非子·外储说左上》说："儿说，宋人善辩者也，持白马非马也，服齐稷下之辩者。乘白马而过关，则顾白马之赋。"最后一句披露了一个信息：儿说乘白马过关，曾想逃避关税（马过关要交税），强辩白马不是马，结果还是没能逃过税收。从这两件事说明了一个问题，名家哲学派的反常理论，其产生与逃避法律准绳有关，目的是保护自己的利益。故《淮南子·诠言训》说："邓析巧辩而乱法。"这在商品经济活动中表现最为突出。故《吕氏春秋·上农》篇说："民舍本而事末则好智，好智则多诈，多诈则巧法令，以是为非，以非为是。""事末"就是从事商业活动。因而可以说诡辩一派是战国商业思潮下的产物。

以惠施、公孙龙子为代表的名辩派，提出了一系列超乎人们想象的哲学命题，如云："卵有毛""鸡三足""郢有天下""犬可以为羊""马有卵""丁子有尾""火不热""山出口""轮不辗地""目不见""指不至，至不绝""龟长于蛇""矩不方，规不可以为圆""凿不围枘""飞鸟之景，未尝动也""镞矢之疾，而有不行不止之时""狗非犬""黄马骊牛三""白狗黑""孤驹未尝有母""一尺之棰，日取其半，万世不竭"等，这几乎近于胡说，而他们却能言之成理。但能屈人之辞，而不能折人之心。故《庄子·天下》篇说："桓团、公孙龙，辩者之徒，饰人之心，易人之意，能胜人之口，不能服人之心，辩者之囿也。"《荀子·非十二子》也说："不法先王，不是礼义，而好治怪说，玩琦辞，甚察而不惠，辩而无用，多事而寡功，不可以为治纲纪；然而其持之有故，其言之成理，足以欺惑愚众，是惠施、邓析也。"①

惠施、公孙龙子等，虽然他们都以诡辩而名于世，都是荀子所说的"饰邪说，交奸言，以枭乱天下，矞宇嵬琐，使天下混然不知是非治乱之所存者"，但其间又有不同。冯友兰先生将其分为两派，一派为"合同异"，以惠施为代表；一派为"离坚白"，以公孙龙子为代表。"合同异"是从"合"的角度看同异，把根本不相同的事物可使合于一处，如"卵有毛""马有卵"之类，卵与毛表面上看没有一点关系，完全属于两种事物，可他们却认为卵中有毛，否则孵出的小鸡怎么能有毛呢？"离坚白"是从"离"的角度看同异，要把一事物分离为二，如"火不热""狗非犬""白马非马"之类。石头看其色是白的，触其体是坚硬的，但眼睛看不到其坚，手不能触到其白，这就是所谓的"离坚白"。无论是"合同异"还是"离坚白"，他们似乎都在做概念游戏，以奇特的思维方式，超人的智能，在思想领域做着破坏性的反传统活动，打破了正常的逻辑思维，打破了常识的樊囿，把理论界弄得乱七八糟。其作为一种"思维操"，或有其可；其用于解决问题，只能是越搞越乱。所以历代对其评价很低，而且断子绝孙了。

---

① 王天海：《荀子校释》，上海古籍出版社 2005 年版，第 206 页。

2. 墨家之源与平民精神

在战国诸子中影响最大而消失最快最彻底的要数墨一派。这一派的创始人是墨子。墨子名墨翟，他是哪里人、姓什么、什么身份、从事什么职业等，这一系列问题，都曾引起过争论。有人说他皮肤黑，是印度佛教徒来中国传教，甚至有人说他是阿拉伯人，这些都是 20 世纪兴起的新说。根据传统说法，他是鲁国人，一说是宋国人。这些问题关系都不大，最主要的是他为什么叫"墨"的问题。大多数人认为，墨是古代五刑之一。《白虎通·五刑》说："墨者，墨其额也。"就是用刀在额上刻画涂墨，也叫作黥面。墨子应该属于刑徒役夫一类的。孟子称墨子"摩顶放踵"，赵岐注说："摩突其顶，下至于踵。"这个解释是很成问题的。因为这样，等于是人给摩没了，很不合情理。钱穆《古史辨第四册序》说："儒者乃当时社会生活一流品，正犹墨为刑徒苦役，亦当时社会生活一流品也。儒者称搢绅先生，而墨则讥为摩顶放踵。摩顶者，摩突其顶，盖效作髡钳，所以便事。放踵则不履不綦，出无车乘。"[1]这个解释比较接近事实。不过，"摩顶"不一定是剃去头发，"效作髡钳"，而是"縻顶"，摩、縻音近相通，"縻"是系的意思，"縻顶"当是用黑布把头包裹起来，与"放踵"把脚放开意正相对。"放踵"犹如民国时所谓的"放脚"，不像儒者"履方履"，把脚包裹起来，而是穿宽松的草鞋。《慎子》言："有虞之诛，以幪巾当墨，以草缨当劓，以菲履当刖。"墨子的"摩顶"，应该就是"幪巾"，用墨巾把头顶包起来，以此象征墨刑；"放踵"即是履"菲履"（草鞋），以象征刖刑。这就相当于用"镰刀斧头"代表工人农民阶级一样，"摩顶放踵"是用来表示是刑徒役夫阶级的，是天下百姓的公仆。《庄子·天下》篇说："今墨子独生不歌，死不服，桐棺三寸而无椁，以为法式。"而桐棺三寸，正是当时刑余之人的丧葬规定。如《荀子·礼论》所说："刑余罪人之丧，不得合族党，独属妻子，棺椁三寸，衣衾三领。"

《汉志》述墨家学术源流云：

---

[1]　顾颉刚：《古史辨》第四册，上海古籍出版社 1982 年版，《钱序》，第 1 页。

> 墨家者流，盖出于清庙之守。茅屋采椽，是以贵俭；养三老五更，是以兼爱；选士大射，是以上贤；宗祀严父，是以右鬼；顺四时而行，是以非命；以孝视天下，是以上同；此其所长也。及蔽者为之，见俭之利，因以非礼；推兼爱之意，而不知别亲疏。

关于墨家出于"清庙之守"的记述，民国以来遭到的非议很大。其实这个记述是有根据的。所谓"清庙之守"，说白了就是看守庙门的，而看门一职，当时正是刑余之人所担当的。如《周礼·秋官·掌戮》说："墨者使守门。"《周礼·天官·阍人》注也说："刑人墨者使守门。"《吕氏春秋·当染》篇说："鲁惠公使宰让请郊庙之礼于天子，桓王使史角往，惠公止之，其后在于鲁。墨子学焉。"这当是战国传说，说明以为墨家出于"清庙之守"，并不是汉儒的推测之词，而是有先代传说依据的。张舜徽等以为"清庙之守"当作"清庙之官"，其实未必，"守"更合于墨者的身份。至于《汉志》把《尹佚》列于墨家之首，这则有可能是因其内容与清庙祭祀有关。尹佚又称史逸，是周初人，《洛诰》提到蒸祭文王、武王时，"命作册逸祝册"之事。但要说尹佚是墨家之祖，则恐难成立。

顺便纠正一个小错误。这里所说的"三老五更"，习见于古籍中。《礼记·文王世子》说："适东序，释奠于先老，遂设三老、五更、群老之席位焉。"郑玄注说："三老五更各一人也，皆年老更事致仕者也，天子以父兄养之，示天下之孝悌也。名以三五者，取象三辰五星，天所因以照明天下者。"[1] 所谓"更事"就是经历世事。《礼记·乐记》："食三老五更于大学。"郑玄注说："三老五更，互言之耳，皆老人更知三德五事者也。"《汉书·礼乐志》说："养三老五更于辟雍。"颜师古注引李奇曰："王者父事三老，兄事五更。"《孝经援神契》宋均注云："三老，老人知天地人事者；五更，老人知五行更代之事者。"应劭《汉官仪》曰："三老五更，三代所尊也。三者，道成于天地人；老者，久也，旧也；五者，训于五品；更者，五世长子，更更相代，言其能以善道改

---

① 孔颖达：《礼记正义》，北京大学出版社 1999 年版，第 649 页。

更已也。"① 这些解释，"三老"好理解，至于"五更"，或曰"更事"，或曰"更知"，或曰"更代"，都是很勉强的。这个问题其实东汉的蔡邕早就注意到了，而且作了很好的回答，只是没有引起学者足够的重视而已。蔡邕《月令答问》：

> 问：《记》曰"三老五更"，子独曰"五叟"……何也？曰：字误也。叟，长老之称，其字与"更"相似，书者转误，遂以为"更"。"嫂"字"女"旁，"叟（按：《说郛》引为"瘦"，此应为"瘦"，下同）"字从"叟"，今皆以为"更"矣。立字法者不以形声，何得以为字？以"嫂""瘦"推之，知是"更"为"叟"也。②

《汉志·诸子略·墨家类·序》把墨家思想与清庙之守职一一对应起来，言之成理，吕思勉《先秦学术概论》认为其说"精确"，并阐之云：

> 汉武帝时，公玉带上《明堂图》，中有一殿，四面无壁，以茅盖，即此所谓茅屋采椽。明堂建筑，至后来已极壮丽，而犹存此简陋之制，正是不忘其初之意。不忘其初，则所以示俭也。养老之礼，后世行诸学校。古辟雍清庙合一，故亦行诸清庙之中。选士本以助祭，其行诸清庙，更为义所当然。顺四时而行，则《礼记·月令》《吕览·十二纪》《淮南子·时则训》所述之制。农牧之世，人之生活，全赖天时。其时知识浅陋，以为日月之运行，寒暑之迭代，以及风雨霜露等，咸有神焉以司之，故其崇奉天神极笃。久之，遂谓人世一切，皆当听命于天。……观《月令》等所载，行令有误，则天降之异以示罚，其意可知。此等天神，皆有好恶喜怒，一与人同。若如其他诸子之说，所谓命者，于己于人，皆属前定；更无天神降鉴，以行其赏善罚恶之权，则明堂月令之说，为不可通矣。此墨子所以非之也。……严父配天，事始于禹，见于《礼记·祭法》。鬼者人鬼，故曰右鬼。古诸侯多天子之支庶；虔奉大君，不啻只事宗子；而敬宗之义，

① 惠栋：《九经古义》引，《影印文渊阁四库全书》，第191册，第460页。
② 蔡邕：《蔡中郎集》，《影印文渊阁四库全书》，第1063册，第185页。

　　原于尊祖，故曰"以孝示天下，是以尚同"也。[①]

可以说这个阐衍基本是可信的。《隋志》把《汉志》"清庙之守"一职，与《周礼》的官职联系起来说：

> 　　墨者，强本节用之术也。上述尧、舜、夏禹之行，茅茨不翦，粝粱之食，桐棺三寸，贵俭兼爱，严父上德，以孝示天下，右鬼神而非命。《汉书》以为本出清庙之守。然则《周官》宗伯"掌建邦之天神地祇人鬼"，肆师"掌立国祀及兆中庙中之禁令"，是其职也。愚者为之，则守于节俭，不达时变，推心兼爱，而混于亲疏也。

《周礼·春官·大宗伯》说："大宗伯之职，掌建邦之天神人鬼地示之礼，以佐王建保邦国。"《周礼·春官·小宗伯·肆师》说："肆师之职，掌立国祀之礼，以佐大宗伯。……掌兆中庙中之禁令。"这就是《隋志》所据。这样把问题具体化，反而有些不合适了。因此他只是从祭祀出发考虑的，而没有考虑到"墨者使守门"的身份地位。对清庙中的各项事物最有深刻体会的，恐怕不是祭祀完拍屁股就走的官员，而是长期生活在这个环境中的人。这一点，我们从现在一些庙宇的看护者身上还能看到。因为他们长期守护清庙，对庙中的各项规定以及各种规制的意义都很清楚，对于一些深入"墨者使守"的理论问题，他们还可以随时请教肆师类的知识官员。

　　墨子的学术思想之源来自于清庙之守，这也可能是他原初的职业。而他的文化知识的学习，则是来自儒家。《淮南子·要略》说：

> 　　墨子学儒者之业，受孔子之术，以为其礼烦扰而不悦（简易），厚葬靡财而贫民，服伤生而害事。故背周道而用夏政。[②]

《左传》言："清庙茅屋，昭其俭也。"这个传统来自尧舜禹时期"茅茨不翦，

---

①　吕思勉：《先秦学术概论》，上海书店1992年版，第118页。
②　何宁：《淮南子集释》，中华书局1988年版，第1459页。

粝粱之食"的俭朴作风。清庙壁画中的历史故事，特别是先世圣迹，如尧舜禹
"勤劳不居，俭而用礼，不贵时巧，不视文绣"（见《路史》）的行事，自然是
少不了的。这些故事，无疑带有浓郁的教育、劝诫意味。而到"郁郁乎文哉"
的周朝，一切都烦琐起来。尧舜禹时代无贵族，王者与民同甘苦，周朝则大不
同了。一方面精神文明的积累，造就了贵族彬彬有礼的文明举止；另一方面也
导致了贵族近于侈靡的生活作风。儒家是贵族文化的倡导者，他们从礼的规定
出发，对君臣父子夫妇等各种关系，冠、婚、丧、祭、相见、燕飨等各种礼
节，饮食起居等各种讲究，都坚持着贵族的一套作风。出自社会最下层而且一
直受着上古圣王思想感染的"清庙之守"，对于儒者的这一套，自然感到"烦
扰""靡财"。从社会最下层的人生存状态以及物质利益、政治诉求出发，便提
出了与代表贵族文化的儒家完全不同的一套学说，这便是所谓的"背周道而用
夏政"。墨家学说的主要特征就是反对贵族文化，彰显平民精神，追求天下和
平。《墨子·鲁问》有对其思想大纲的记述。其云：

> 凡入国，必择务而从事焉。国家昏乱，则语之尚贤尚同；国家贫，则
> 语之节用节葬；国家憙音湛湎，则语之非乐非命；国家淫僻无礼，则语之
> 尊天事鬼；国家务夺侵凌，则语之兼爱非攻。[1]

尚贤、尚同、节用、节葬、非乐、非命、尊天、事鬼、兼爱、非攻，这是墨子
的十大思想纲领。用于国家治理上，则是有选择性的。这十大思想的来源，据
《汉志》言，皆与"清庙之守"的思想传统有关，而其本质，则都是出于对当
时贵族文化及行为的反抗。周贵族强调礼乐文明，而他则倡导"非乐"；贵族
强调"有命自天""天命不易"，他则倡导"非命"；贵族重视"慎终"，强调
葬礼的隆重，他则倡导"节葬"；贵族生活十分讲究，衣食住行都有一定的标
准，他则倡导"节用"；贵族在利益争夺中失去了对天的敬畏，他则倡导"尊
天"；周贵族强调亲疏有别，他则倡导"兼爱"；贵族之间争端纷起，抢地争
人，战争不断，孟子有"春秋无义战"之论，墨子则倡导"非攻"。贵族间为

---

① 孙诒让：《墨子间诂》，中华书局 2001 年版，第 475 页。

争夺权力父子兄弟相残者比比，形式上虽敬事天地鬼神，行为上却是欺瞒鬼神，故墨子强调"明鬼"。贵族强调等级差别，而墨子则主张政治平等，倡导"尚贤""尚同"。他是世界上最早提出民选政府的人。他在《尚同》（中）篇中说："选择天下贤良、圣知、辩慧之人，立为天子，使从事乎一同天下之义。"这实际上是要废除贵族统治。而《尚贤》（上）篇又言："虽在农与工肆之人，有能则举之……故官无常贵，而民无常贱。"君主是民主选举，贤能由君主任用，工农大众，人人都有权利做官，这可以说是世界上最早的"工农党"了。而这种主张，无疑是对贵族统治的根本性否定。这种主张虽然从理论上讲是不错的，但中国文化土壤很不适合这种政治理论实践。所以墨家最后"断子绝孙"，败得很惨。《庄子·天下》篇有一段批评墨家的文字，可谓中其要害：

　　不侈于后世，不靡于万物，不晖于数度，以绳墨自矫，而备世之急。古之道术有在于是者，墨翟、禽滑厘闻其风而说之。为之大过，已之大循（顺）。作为《非乐》，命之曰《节用》。生不歌，死无服。墨子泛爱兼利而非斗，其道不怒。又好学而博，不异，不与先王同，毁古之礼乐。

　　黄帝有《咸池》，尧有《大章》，舜有《大韶》，禹有《大夏》，汤有《大濩》，文王有辟雍之乐，武王、周公作《武》。古之丧礼，贵贱有仪，上下有等。天子棺椁七重，诸侯五重，大夫三重，士再重。今墨子独生不歌，死不服，桐棺三寸而无椁，以为法式。以此教人，恐不爱人；以此自行，固不爱己。未败墨子道。虽然，歌而非歌，哭而非哭，乐而非乐，是果类乎？其生也勤，其死也薄，其道大觳（què）。使人忧，使人悲，其行难为也。恐其不可以为圣人之道，反天下之心，天下不堪。墨子虽独能任，奈天下何！离于天下，其去王也远矣！

　　墨子称道曰："昔禹之湮洪水，决江河而通四夷九州也。名山三百，支川三千，小者无数。禹亲自操橐耜而九杂天下之川。腓无胈，胫无毛，沐甚雨，栉疾风，置万国。禹大圣也，而形劳天下也如此。"使后世之墨者，多以裘褐为衣，以跂蹻为服，日夜不休，以自苦为极，曰："不能如此，非禹之道也，不足谓墨。"

　　……墨翟、禽滑厘之意则是，其行则非也。将使后世之墨者，必自苦以胼无胈、胫无毛相进而已矣。乱之上也，治之下也。虽然，墨子真天下之好也，将求之不得也，虽枯槁不舍也，才士也夫！①

虽说是"真天下之好也"，但人要做到太难了！正因如此，后继无人。《汉志》认为墨家极端的做法，背离了"清庙之守"固有的思想，视其为"蔽者为之"。

3. 从"行人"到"纵横家"

《汉志》九流中，有纵横家一流。与其他各家重在思想学说的展现不同，这是一个以行为见称于世的流派。古人以南北为纵，东西为横。战国时，秦国居西部，它要称霸中原，让东方各国从属于己，这叫"连横"。东方国家，北有燕、赵，中有韩、魏、齐，南有楚国，他们要南北联合对付西方的强秦，这叫"合纵"。从事于合纵连横活动的游说之士，人称纵横家。

《汉志》云：

> 从横家者流，盖出于行人之官。孔子曰："诵《诗》三百，使于四方，不能专对，虽多亦奚以为？"又曰"使乎！使乎！"言其当权制宜，受命而不受辞，此其所长也。及邪人为之，则上诈谖，而弃其信。

"从横"，即"纵横"，也作"从衡"。"行人"是周朝的官名，有大行人、小行人之别。大行人主管天子诸侯间的重大交际礼仪。即《周礼·秋官》说："大行人，掌大宾之礼及大客之仪，以亲诸侯。"郑玄注说："大宾，要服以内诸侯；大客，谓其孤卿。"与直接接待诸侯不同，小行人是接待诸侯使臣的。如《秋官》所云："小行人，掌邦国宾客之礼籍，以待四方之使者。"郑玄注说："礼籍，名位尊卑之书。使者，诸侯之臣使来者也。"说白了都是外交官员。外交官员的工作对象不是本国的人，而是外国的诸侯与外交官。与外国人打交道不

---

① 郭庆藩：《庄子集释》，中华书局 1961 年版，第 1072 页。

能像与本国人那样随便，一定要注意辞令，讲究策略、方法。这自然就形成了一套外交辞令。如何熟练地掌握辞令，不辱使命，完成任务，这便成为行人的第一要义。孔子教学生学习《诗经》，一个重要的目的就是学习语言艺术。他们希望学生在外交场合，通过"赋诗言志"的方式，在不露声色中，非常含蓄地把自己的意图传递给对方。孔子的学生子贡就是一位出色的"纵横家"，在齐国准备伐鲁，鲁国危在旦夕之际，他一说齐调矛头于吴，二说吴兴申师于齐，三说越从吴以伐齐，四说晋重兵以防吴，最后齐、吴、晋、越之间混战而鲁得以存。《汉志》这里引用了孔子赞叹遽伯玉使者的话，表达了作为使者善于言辞的意义。孔子的话见于《论语·宪问》。《宪问》记载，遽伯玉派使者看望孔子，孔子问他："遽先生近来忙什么呢？"使者的回答是："夫子欲寡其过而未能也。"意思是：蘧先生想要少犯错误，但恨做不到。在这句话中藏着深意，人若有"欲寡其过"之心，必不自以为是，必会时时检点自己，这表示蘧伯玉日日以进德修身为念，每事必慎，未尝有一日放纵。这种向上之心只有贤者才能有，也只有贤者才能明白。这话并不是遽伯玉教给使者的，而是使者的应变之答，但很好地传递了遽伯玉的信息。所以他退出后，孔子大加赞许"使乎使乎"，意思是：真不愧是使者。这里披露一个信息，纵横之术，不只是行于邦国之间、大夫之间的信使来往，也存在一个辞令表达、"不辱君命"的问题。《隋志》申《汉志》之说云：

> 从横者，所以明辩说，善辞令，以通上下之志者也。《汉书》以为本出行人之官，受命出疆，临事而制。故曰："诵《诗》三百，使于四方，不能专对，虽多亦奚以为？"《周官》掌交"以节与币，巡邦国之诸侯及万姓之聚，导王之德意志虑，使辟行之，而和诸侯之好，达万民之说（既巡民间，见民有喜说之事，王与国君未知，掌交通达于王及国君），谕以九税之利，九仪之亲，九牧之维，九禁之难，九戎之威"是也。佞人为之，则便辞利口，倾危变诈，至于贼害忠信，覆邦乱家。

这是把纵横家与周代的掌交之职联系起来。掌交是周朝的官名，主要是持节、携币巡行邦国，强化王室与诸侯国之间的关系。也属于外交官之类。值得注意的是，这里明确地总结了纵横家的特点及其使命。"明辩说，善辞令"，是他们必须具备的才能；"通上下之志"，是他们必须完成的具体任务。这样，作为纵横家，其口辩之才便成为先决条件。从春秋时代的外交辞令中，我们已经充分领教了行人之属的语言才能。如《左传·僖公四年》载，齐桓公率师伐楚，师次召陵。楚国的使臣屈完一番不硬不软的话，便使齐师知难而退。在此类记载中，堪称战国纵横家先驱的是郑国大夫烛之武。《左传·僖公三十年》记载：秦国追随晋国一同包围了郑国都城，郑国岌岌可危。在这紧要关头，郑国派烛之武夜潜出城见秦穆公，说服秦穆公退兵。烛之武的说辞是：

> 秦晋围郑，郑既知亡矣。若亡郑而有益于君，敢以烦执事。越国以鄙远，君知其难也。焉用亡郑以陪邻，邻之厚，君之薄也。若舍郑以为东道主，行李之往来共其乏困，君亦无所害。且君尝为晋君赐矣，许君焦瑕，朝济而夕设版焉，君之所知也。夫晋何厌之有？既东封郑，又欲肆其西封。不阙秦，焉取之？（按：阮刻本作"若不阙秦，将焉取之"）阙秦以利晋，唯君图之。[①]

在齐楚召陵之盟，屈完讲的是"以德绥诸侯"的道理。而烛之武在这里讲的纯是利益。他不是站在郑国的立场说事，而是站在秦国的立场，为秦国考虑。第一，亡郑对秦国没有任何好处；第二，亡郑对晋有利，而对秦则有害；第三，存郑对秦大有好处；第四，晋国不可信赖，灭郑后必图秦。这样威逼利诱，不由秦穆公不听。这种以利益为核心的说辞，春秋时代非常少见。到战国则非常普遍了。

战国兴起的纵横家一流，他们有比春秋行人更高的语言才能。在孔门教育中，有专门的语言一科，是为各国外交需要而开设的人才培养科目。由此发展，便有了战国时代专门性的纵横之术的教职。战国最著名的纵横家是苏秦、张仪，而这二人都是鬼谷子的学生。在王充《论衡·答佞篇》有一段富有传奇色彩的记载：

---

① 杜预、孔颖达：《春秋左传正义》，北京大学出版社 1999 年版，第 463 页。

> 术则从横，师则鬼谷也。传曰：苏秦、张仪从横，习之鬼谷先生。掘
> 地为坑，曰："下！说令我泣出。则耐分人君之地。"苏秦下，说鬼谷先生
> 泣下沾襟。张仪不若。①

这是说，鬼谷子是纵横之祖，他培养学生的方式很特别。挖个深坑让你跳下去，自己又上不来。如果不把教练说哭，就意味着要饿死在坑中。在性命攸关之际，每一个人都会把潜能发挥到极致。因此他的两个学生凭摇唇鼓舌的本领纵横天下。他们的谋生工具就是一张舌头。《史记·苏秦张仪列传》说，张仪开始到楚国，楚相丢了玉璧，人们认为张仪是个穷光蛋，盗璧的可能性最大。于是严刑拷打，把他打了个半死。"其妻曰：'嘻！子毋读书游说，安得此辱乎？'张仪谓其妻曰：'视吾舌尚在不？'其妻笑曰：'舌在也。'仪曰：'足矣！'"这是多么自信。他后来就用这张舌头报复楚国，使楚国丧兵失地，吃尽苦头。苏秦出山，先游说秦国不成，花尽盘缠，像叫花子一般回到家，受到父母兄弟妻嫂的歧视嘲笑，谴其"释本而事口舌"，倒霉活该。苏秦更发奋于口舌之学，得太公《阴符》之谋，伏而诵之，简练以为揣摩。再次出山，一改先前"连横"的主张，以"会纵"游说诸侯，山东之国，从风而服。再次回家，则是另一番光景："父母闻之，清宫除道，张乐设饮，郊迎三十里。妻侧目而视，倾耳而听；嫂蛇行匍伏，四拜自跪而谢。"这样，苏秦、张仪师兄弟俩，一个是先"连横"不成去"合纵"，一个是"合纵"失败去"连横"。他们没有什么崇高的信仰，沉迷的只是富贵。

值得注意的是苏、张二人，是预设好的分工合作，走共同富贵的道路。"苏秦相赵，并相六国。张仪贫贱往归，苏秦座之堂下，食以仆妾之食，数让激怒，欲令相秦。仪忿恨，遂西入秦。苏秦使人厚送。"②这就是说，张仪相秦，乃是苏秦的安排，目的就是与他平衡天下，共享富贵。因此，纵横家在世人看来是一个缺少道义的流派。也就是《汉志》和《隋志》所说的"邪人""佞人"。他们没有祖国观念，只有"自我价值实现"的观念，为了体现自我，不

---

① 黄晖：《论衡校释》，中华书局 1990 年版，第 527 页。

② 黄晖：《论衡校释》，中华书局 1990 年版，第 527 页。

惜嫁祸于祖国。故顾实在《汉书艺文志讲疏》中大发感慨地说：

> 张仪魏人也，宁为祖国之罪人也。秦自孝公而后，坐收山东之士，以灭山东之国，故灭六国者，六国也。六国之主，不恤其士，以至宗社邱墟，诚不足责。而六国之士，怀才无所用，未尝思有易其祖国之政教，辄求逞于异邦。即逞矣，又辄复借异邦之力，以反噬祖国，如商鞅之徒，类是其人也。在诸夏同种列邦，宜不可以近世之国界论，然揆诸公山不狃言"君子不以所恶废乡"之义，岂非君子之道，沦丧已尽哉！①

纵横一派的著作，今主要保存在《战国策》，20世纪曾出土《战国纵横家书》，其与《战国策》多相重复。他们揣摩人主之心而铺陈利害的手段，确是高明之极，演说辞堪称文章典范，但其人品，为世不齿。

4. 阴阳家的沦落

现在的研究者，多将阴阳家与数术或五行合于一起。但在《汉志》中，阴阳家为九流中之一流，与"数术"有别，自与"五行"相分。而《汉志》在溯其源时，于"数术"曰"皆明堂羲和史卜之职也"，于"阴阳家"则云：

阴阳家者流，盖出于羲和之官。敬顺昊天，历象日月星辰，敬授民时，此其所长也。及拘者为之，则牵于禁忌，泥于小数，舍人事而任鬼神。

"阴阳家"仅称"羲和"，而且强调其顺天道、察日月变化的职责。也就是说，阴阳家突出的是把握天地阴阳之变，而"数术"则称"羲和史卜之职"，史卜之职不仅要治历时，还有掌祭祀、辨吉凶、占祸福、推休咎等。这就说明阴阳家与数术之属是有区别的。司马谈《论六家要旨》说："尝窃观阴阳之术，大

---

① 顾实：《汉书艺文志讲疏》，商务印书馆1924年版，第157页。

祥而众忌讳。使人拘而多所畏。然其序四时之大顺，不可失也。"参考《汉志》，可知阴阳家主要的工作在于推四时、顺天道，大略今之阴阳先生择日忌时是其孑遗。此派的最大代表是齐之驺氏。《史记·孟子荀卿列传》云：

> 齐有三驺子，其前邹忌，以鼓琴干威王，因及国政，封为成侯，而受相印，先孟子。其次驺衍，后孟子。驺衍睹有国者益淫侈，不能尚德，若《大雅》整之于身，施及黎庶矣。乃深观阴阳消息而作怪迂之变，《终始》《大圣》之篇十余万言。其语闳大不经，必先验小物，推而大之，至于无垠。先序今以上至黄帝，学者所共术，大并世盛衰，因载其禨祥度制，推而远之，至天地未生，窈冥不可考而原也。先列中国名山大川，通谷禽兽，水土所殖，物类所珍，因而推之，及海外人之所不能睹。称引天地剖判以来，五德转移，治各有宜，而符应若兹。以为儒者所谓中国者，于天下乃八十一分居其一分耳。中国名曰赤县神州。赤县神州内自有九州，禹之序九州是也。不得为州数。中国外如赤县神州者九，乃所谓九州也。于是有裨海环之，人民禽兽莫能相通者，如一区中者，乃为一州。如此者九，乃有大瀛海环其外，天地之际焉。其术皆此类也。然要其归，必止乎仁义节俭，君臣上下六亲之施，始也滥耳。王公大人初见其术，惧然顾化，其后不能行之。是以驺子重于齐。适梁，惠王郊迎，执宾主之礼。适赵，平原君侧行撇席。如燕，昭王拥彗先驱，请列弟子之座而受业，筑碣石宫，身亲往师之。……驺奭者，齐诸驺子，亦颇采驺衍之术以纪文。于是齐王嘉之。……驺衍之术，迂大而闳辩。奭也，文具难施。淳于髡久与处，时有得善言。故齐人颂曰"谈天衍，雕龙奭，炙毂过（輠）髡。"[1]

这理论，这派头，实在太宏大了，战国之后的学者，没有一个能享受到王侯的如此厚遇的。显然这是一套很宏大的理论。这里披露出一个重大信息，驺衍被视为阴阳家的最大代表，而其理论又以"五德终始"为特殊标识。在其之前，阴阳与五行是殊途异行的，从他开始阴阳与五行合流，成为影响中国文化最大

---

[1] 《史记·孟子荀卿列传》，中华书局 1959 年版，第 2344—2345、2347—2348 页。

的一种理论。即如梁启超所说："阴阳五行说为二千年来迷信之大本营。"驺衍、驺奭的著作今已失传，其学说散佚于它籍。《吕氏春秋·应同》篇应即其"五德终始"之遗说。其云：

> 凡帝王者之将兴也，天必先见祥乎下民。黄帝之时，天先见大螾大蝼。黄帝曰："土气胜！"土气胜，故其色尚黄，其事则土。及禹之时，天先见草木秋冬不杀。禹曰："木气胜！"木气胜，故其色尚青，其事则木。及汤之时，天先见金刃生于水。汤曰："金气胜！"金气胜，故其色尚白，其事则金。及文王之时，天先见火，赤乌衔丹书集于周社。文王曰："火气胜！"火气胜，故其色尚赤，其事则火。代火者必将水，天且先见水气胜。水气胜，故其色尚黑，其事则水。水气至而不知，数备，将徙于土。①

这是以五行相克因推论王朝兴替的。阴阳学说最强盛之时，其所关注的是政权更替，这是一种政治学说，《汉书·严安传》严安上书引驺子曰："政教文质者，所以云救也。当时则用，过则舍之，有易则易之，故守一而不变者，未睹治之至也。"这里所言驺子，当即驺衍，其旨明在政教之变。一个"救"字所披露的信息就是治时之弊，因而这个理论中他强调的是五行的相克。只有"克"才能制其弊，才能达到"救"的效果。而其本传中所披露的大九州岛小九州岛的理论，则是一种宇宙观，是更为宏阔的大视野。汉后之阴阳五行家，完全失去了驺子的气概，失去了这种常说的政治意义，而拘于日用禁忌与人鬼交遇之间，沦落为不登大雅之堂的歪门邪术。

5. 其他

除以上数家，可称之曰"学"者外，四库杂家类所收还有杂考、杂说、杂

---

① 陈奇猷：《吕氏春秋新校释》，上海古籍出版社 2002 年版，第 682 页。

品、杂纂、杂编五类。以下分述之。

一、杂考类。杂考类是带有辩证考据性质的著作，因其辩证考据的内容杂而不一，故名之"杂考"。其中有一部分考证类笔记。如洪迈《容斋随笔》，顾炎武《日知录》，阎若璩《潜丘札记》，胡鸣玉《订讹杂录》等，都是有名的学术笔记著作。这一部分图书，学术性强，价值高，今有志于文史研究者，不可不涉猎于此。馆臣杂考之属按语云：

> 考证经义之书，始于《白虎通义》，蔡邕《独断》之类，皆沿其支流。至唐而《资暇集》《刊误》之类，为数渐繁。至宋而《容斋随笔》之类，动成巨帙。其说大抵兼论经史子集，不可限以一类，是真出于议官之杂家也（班固谓：杂家者流，出于议官）。今汇而编之，命曰杂考。

二、杂说类。这一类据馆臣说"议论而兼叙述者"，但今所收除《论衡》外，多属杂闻旧抄，朝廷掌故，经史考证，间以议论。不过多属混体，记述中有考证，杂抄中有议论，杂而不纯。像应劭《风俗通义》、封演《封氏闻见记》、宋敏求《春明退朝录》等，即属此类。宋明以来的很多笔记杂录，也归到了这一类中。馆臣按语云：

> 杂说之源，出于《论衡》。其说或抒己意，或订俗讹，或述近闻，或综古义。后人沿波，笔记作焉。大抵随意录载，不限卷帙之多寡，不分次第之先后，兴之所至，即可成编。故自宋以来，作者至伙，今总汇之为一类。

三、杂品类。这一类主要是与物品有关的琐记。如古器鉴别、书画鉴赏、四时养生等，驳杂不纯者，多列于此。如宋赵希鹄《洞天清录》，所论有古琴、古砚、古钟鼎彝器、怪石、砚屏、笔格、水滴、古翰墨真迹辨、古今石刻、古今纸花印色、古画等。明曹昭《格古要论》："凡分十三门，曰古铜器，曰古画，曰古墨迹，曰古碑法帖，曰古琴，曰古砚，曰珍奇，曰金铁，曰古窑器，曰古漆器，曰锦绮，曰异木，曰异石。每门又各分子目，多者三四十条，少者亦五六条。"明宋诩父子撰《竹屿山房杂部》，凡分五种：《養生部》《燕闲部》

《树畜部》《种植部》《尊生部》。馆臣按语云：

> 古人质朴，少涉杂事。其著为书者，至射法、剑道、手搏、蹴鞠止矣。至《隋志》而敬器图犹附小说，《象经》《奕势》犹附兵家，不能自为门目也。宋以后则一切赏心娱目之具，无不勒有成编，图籍于是始众焉。今于专明一事一物者，皆别入谱录；其杂陈众品者，自《洞天清录》以下，并类聚于此门，盖既为古所未有之书，不得不立古所未有之例矣。

四、杂纂类。这一类是抄录古籍杂纂而成，犹如读书抄录的笔记。如唐马总《意林》，取战国以来诸家杂记，摘录成书；宋朱胜非《绀珠集》，摘录古书凡一百三十七种；宋曾慥《类说》，摘录古书二百六十一种；明徐应秋《玉芝堂谈荟》，每事立一标题，又杂引诸书之文以相佐证。馆臣按语云：

> 以上诸书，皆采撷众说以成编者。以其源不一，故悉列之杂家。《吕览》《淮南子》《韩诗外传》《说苑新序》，亦皆缀合群言，然不得其所出矣，故不入此类焉。

五、杂编类。杂编指杂合数书于一编者，有类于丛书。如明陆楫《古今说海》，采前代至明小说一百三十五种。明胡应麟《少室山房笔丛》，编《经籍会通》《史书占毕》《九流绪论》《四部正讹》《三坟补遗》《二酉缀遗》《华阳博议》《庄岳委谈》《玉壶遐览》《双树幻钞》《丹铅新录》《艺林学山》等十几种著作于一书。清冯班《钝吟杂录》，包括了《家戒》《正俗》《读古浅说》《严氏纠谬》《日记》《诫子帖》《遗言》《通鉴纲目纠谬》《将死之鸣》等九种著作。馆臣按语云：

> 古无以数人之书合为一编而别题以总名者，惟《隋志》载地理书一百四十九卷，录一卷。注曰："陆澄合《山海经》以来一百六十家以为此书。"澄本之外，其旧书并多零失，见存别部自行者，惟四十二家。又载地记二百五十二卷，注曰："梁任昉增陆澄之书八十四家，以为此记。"

其所增旧书，亦多零失。见存别部行者，惟十二家。是为丛书之祖，然犹一家言也。左圭《百川学海》出，始兼哀诸家杂记，至明而卷帙益繁。《明史·艺文志》无类可归，附之类书，究非其实，当入之杂家，于义为允。今虽离析其书，各著于录，而附存其目以不没搜辑之功者，悉别为一门，谓之杂编。其一人之书合为总帙，而不可名以一类者，既无所附丽，亦列之此门。

阅读参考书目

孙诒让：《墨子间诂》，中华书局新编诸子集成本。

王琯：《公孙龙子悬解》，中华书局新编诸子集成本。

陈奇猷：《吕氏春秋新校释》，上海古籍出版社 2002 年版。

何宁：《淮南子集释》，中华书局新编诸子集成本。

刘劭撰，刘昺注：《人物志》，四川人民出版社诸子集成补编本。

颜之推撰，王利器集解：《颜氏家训集解》，中华书局新编诸子集成本。

班固撰，陈立疏证：《白虎通疏证》，中华书局新编诸子集成本。

吴曾：《能改斋漫录》，中华书局 1960 年版。

洪迈：《容斋随笔》，中华书局 2005 年版。

王应麟：《困学记闻》，上海书店出版社 1985 年版。

黄生撰，黄承吉合按：《字诂义府合按》，中华书局 1984 年版。

顾炎武：《日知录》，上海古籍出版社 2006 年版。

沈括：《梦溪笔谈》，文物出版社 1975 年版。

高濂：《遵生八笺》，黄山书社 2010 年版。

《意林》，笔记小说大观本。

徐应秋：《玉芝堂谈荟》，上海古籍出版社 1993 年版。

胡应麟：《少室山房笔丛》，上海书店出版社 2001 年版。

赵翼：《陔馀丛考》，中华书局 1963 年版。

王念孙：《读书杂志》，江苏古籍出版社 2000 年版。

钱大昕：《十驾斋养新录》，上海书局光绪十四年版。

十一、类书略说

　　"类书"是分门别类辑录资料的图书,带有工具书的性质。它往往是将文献资料,按天文、地理、典章、制度、人物、典故、诗文、辞藻、飞禽、走兽、草木、虫鱼等不同的类别编辑在一起,非常便于查找。此一门类《汉志》《隋志》中尚没有出现,而在唐宋后发展很快。仅《四库总目》著录,就多达二百八十多种。《旧唐书》别为"类事"一门,《新唐书》改"类事"为"类书"。由此类书一门正式成立。有人将它视作知识的"万宝全书",又有人称之为"中国的百科全书",还有人说是"中国古代的数据库",这反映类书在沉默了一个世纪后,现在越来越多的人开始关注它了。

1. 类书的归属问题

　　关于类书的归属问题,历代存有争议。晋荀勖的《中经新簿》将图书分为甲乙丙丁四部,分别与经子史集四部相对应。它把今最早的类书《皇览》归入丙部,相当于史部。可能是看重了其史料价值。《隋书·经籍志》则将《皇览》归于子部。宋郑樵《通志·艺文略》不按四部分类,而是把古今图书区分为二十类。其《校雠略》云:

　　　　欲明天者,在于明推步;欲明地者,在于明远迩;欲明书者,在于明类例。噫,类例不明,图书失纪,有自来矣!臣于是总古今有无之书为之区别,凡十二类:经类第一,礼类第二,乐类第三,小学类第四,史类第五，诸子类第六，星数类第七，五行类第八，艺术类第九，医方类第十，类书类第十一，文类第十二。①

这是把类书单另列为一类，与经、史、诸子平列。明杨士奇《文渊阁书目》以千字文排次，自"天"字至"往"字凡得二十号，类书在"盈"字号，而与史书、子书、文集、诗词等平列。《四库全书总目》归类书于"子部"，馆臣于《类书叙》云：

> 类事之书，兼收四部，而非经非史，非子非集，四部之内乃无类可归，《皇览》始于魏文，晋荀勖《中经部》分隶何门，今无所考，《隋志》载入子部，当有所受之。历代相承，莫之或易。明胡应麟作《笔丛》，始议改入集部，然无所取义，徒事纷更，则不如仍旧贯矣。

这里提到胡应麟《少室山房笔丛》议类书入集部的事，考《少室山房笔丛》卷二十二《华阳博议上》分议经史子集，议及集时说：

> 集之靡冗而难周者，莫大于类书。类书之中，又有博于名物者、典故者、经史者、词章者。刘峻之《类苑》，徐勉之《华林》，博于名物；杨亿之《元龟》，李昉之《御览》，博于典故；乐天之《六帖》，景卢之《法语》，博于经史；敬宗之《玉彩》，李峤之《珠英》，博于词章。总之，则《玉彩》《珠英》《六帖》《法语》之属，博于文；《御览》《元龟》《类苑》《华林》之属，博于事；欧（欧阳询）、虞（虞世南）、祝（祝穆有《事文类聚》）、谢（谢维新有《古今合璧事类备要》），兼载事文；杜（杜佑）、郑（郑樵）、马（马端临）、王（王应麟），独详经制。大抵书以类称，体多沿袭。创造之力，刘、徐实难；考究之功，马、郑为大。至纤微曲尽，毫末咸该，即陆澄、王摛，并操觚翰，未必亡憾也。②

---

① 郑樵：《通志》，《影印文渊阁四库全书》，第 374 册，第 481 页。
② 胡应麟：《少室山房笔丛》，上海书店出版社 2001 年版，第 384—385 页。

这里直接把类书放入集部议论。其实胡氏也很矛盾，其在《九流绪论下》说：

> 按：类书郑《志》另录，《通考》仍列于子家，盖不欲四部之外别立门户也。然类书有数种，如《初学》《艺文》，兼载诗词，则近于集；《御览》《元龟》事实咸备，则邻于史；《通典》《通志》，声韵礼仪之属，又一二间涉于经，专以属之子部，恐亦未安。余欲别录二藏及赝古书及类书为一部，附四大部之末，尚俟博雅者商焉。①

这又是要把类书独立为一部。胡氏的这种矛盾，也反映了类书内容的复杂性与归属的尴尬。清儒章学诚则干脆主张破裂类书，根据内容分隶于经史子集之中。

不过，就类书的性质及其最初编纂目的而言，归于集部是比较可取的。馆臣批评胡应麟议类书入集部的行为是"无所取义，徒事纷更"，有失公允。明冯复京撰《六家诗名物疏》，其所列《引用书目》，将《皇览》《艺文类聚》《北堂书抄》《初学记》等类书与王逸《楚词注》、李善《文选注》等同列于总集部。可谓有见。从类书的性质而言，它是采集众书而成的，这离不开一个"集"字。无论其内容如何，有两个要素是必具备的。一是所取非一书，二是所成必一书。犹如蜜蜂采蜜，"蜜成犹带百花香"。从类书之起源而言，是因文章之故而产生的，产品归属也离不开一个"集"字。东汉在经学走向高峰之时，经典中的典故、词汇，转而进入文章创作的程序之中，开始由"恒久之至道"转向古典知识，成为润色文章的文辞渊薮。随后文章之学兴，文集出，《后汉书》特立《文苑传》。《皇览》作为历史上的第一部类书，其产生的目的便是为文而用的。魏文帝曹丕是一位文章高手，他与父亲曹操、弟弟曹植并称为"三曹"。他做太子时，即与文人雅士诗酒相会，命题为文。为诗赋取典采辞的需求，编撰类书便成为最佳选择。《三国志·魏志·文帝纪》云："初帝好文学，以著述为务，自所勒成垂百篇，又使诸儒撰集经传，随类相从，凡千余篇，号曰《皇览》。"这说的已相当明确了。其后产生的唐人最有名的两部类书《艺文类聚》《初学记》，完全继承了《皇览》编纂的主导思想而扩大其收集范

---

① 胡应麟：《少室山房笔丛》，上海书店出版社 2001 年版，第 286 页。

围、完善体例。唐刘肃《唐新语》卷九云：

> 玄宗谓张说曰：儿子等欲学缀文，须检事及看文体，《御览》之辈，部帙既大，寻讨稍难。卿与诸学士撰集要事并要文，以类相从，务取省便，令儿子等易见成就也。说与徐坚、韦述等编此进上，诏以《初学记》为名。[1]

这就更能说明它的编纂与诗文创作之间的联系了。其实重要的问题不是类书的归属，而是哪些书才可归于类书的问题。现代学者关于类书的定义问题仍存在争议。"类"是中国人思维中非常重视的一个概念，于人强调族类（如"非我族类，其心必异"），于物强调物类（如"物以类聚，人以群分"），于知识强调"知类""察类"（如墨子）。辞书《尔雅》《广雅》之属，以事物类别分篇、分词条；字书《说文》之属，以偏旁部首分类排序；《广韵》《集韵》之属，以韵分类；作家文集，每以赋、诗、文等分类；史传之属，每有纪、志、表、传之分。可以说离开分类，很难成书。如果简单地把凡有类别的书都视作类书，显然不妥。笔者认为，凡是杂采经史子集而又把不同性质的材料分门别类，编于一部，不作任何考证论述者，其归于类书没有异议。如果带有专题研究性质，把同一性质的资料从各书中找来汇于一编并加以说明者，如"辩卿大夫之族姓"，根据族谱家牒"条其源系，考其郡望、子孙职位"的《元和姓纂》，辨古今同姓同名者的《古今同姓名录》，搜讨古人小名汇于一编的《小名录》，辑录古人异号的《实宾录》等，这类书与图谱之类没有太大差别，很难说是类书了。因此如果把考事物（如《事物纪原》等）、辨姓氏（如《古今姓氏书辨证》）、序王治（如《帝王经世图谱》）、说制度（如《历代制度详说》）、录言行（如《名贤氏族言行类稿》）、辑妙喻（如《喻林》）等等之类从类书中剔出来，类书便可堂而皇之地进入集部了。当然也可以把类书分成两类，一类是综合性的，一类是专门性的，但它的前提一定是与众多来源不同的资料分门别类编撰有关，是以"集"资料为主，而不是以辨析为主。像一个人的作品，一部

---

① 刘肃：《唐新语》，《影印文渊阁四库全书》，第 1035 册，第 366 页。

书的资料，按类编辑，这就很难说是类书了。比如《朱子语类》，虽以"类"为名，也很难说是类书。集部的东西本来就很复杂，如作者文集，有诗赋作品，也不排除收入论文或考据性文字，以及碑传墓志之类。20 世纪 30 年代，邓嗣禹曾编《燕京大学图书馆目录初稿》，其中《类书之部》把类书分为十门，即类事门、典故门、博物门、典制门、姓名门、稗编门、同异门、鉴戒门、蒙求门、常识门。这是以历代书目的类书中所收图书为基础，来考虑分类的。在现代图书分类背景下，表面上这是可以说通的。但很难返回到传统的四部中去了。

2. 类书的功用与意义

就类书的性质而言，不过是"知识工具"而已。因为它是"知识"集成体，因此有志于知识学习者不可无有；因为它带有"工具书"性质，因此解决知识难题者不可不用。四库馆臣所云：

> 此体一兴，而操觚者易于检寻，注书者利于剽窃，转辗稗贩，实学颇荒。

此对类书利弊的概括可谓精辟。从类书功能而言，最少有四点值得注意：

一、知识套餐。中国知识，海博之不若。要在有限的生命时段，获得多方面的知识，其难度之大可得而知。如唐欧阳询《艺文类聚·序》云："九流百氏，为说不同；延阁石渠，架藏繁积。周流极源，颇难寻究。披条索实，日用弘多。卒欲摘其菁华，采其指要，事同游海，义等观天。"要想使"家富隋珠，人怀荆玉"，这确是很不容易的事。而类书如同知识套餐，它从浩博的书海中取其精粹，把各种知识分门别类编辑成册，使学习者能够在很短的时间内获得很多的信息。如《艺文类聚·天部》，收罗文献中关于天、日、月、星、云、风、雪、雨、霁、雷、电、雾、虹等的知识，《岁时部》摘录文献中关于春、夏、秋、冬四时节日等知识。如此以下有《地部》《山部》《水部》《帝王部》《后妃部》《储宫部》《人部》《礼部》《乐部》《职官部》《封爵部》《治政部》《刑法部》《杂文部》《军器部》《居处部》《产业部》《衣冠部》《仪饰部》《舟车部》《食物部》《杂器物部》《巧艺部》《方术部》《内典部》《灵异部》《火部》《药香草部》《宝玉部》《百谷部》《果部》《木部》《鸟部》《兽部》《鳞介部》《祥瑞部》《灾异部》等，共三十八部，于一编之中，括入了百科知识。为学之便，自不待言。因此晋李瀚撰类书曰《蒙求》，目的就是让蒙童学习，故编为四言韵语，对偶成文。唐徐坚等所撰类书曰《初学记》，宋王应麟撰类书曰《小学绀珠》，元胡炳文撰类书曰《纯正蒙求》，明程登吉撰类书曰《幼学琼林》，从这些命名上也可以看出，其目的就是让学生学习知识。用今人的话说，这属于文化快餐。对于初学者来说，无疑是很有效的知识获取途径。当然要想做大学问，类书就显得肤浅。故专读类书以为学者，每为鸿儒所嘲。

　　二、典藻渊薮。如前所言，类书之兴，直接的原因就是应诗赋创作之需。而其产生，又促进了诗赋创作。特别是辞赋主导、骈体文盛行的时代，寻找与主题相关的辞藻、典故，成为文学创作中必要的工作。即如《文心雕龙·事类》篇言："及扬雄《百官箴》，颇酌于《诗》《书》，刘歆《遂初赋》，历叙于纪传，渐渐综采矣。至于崔、班、张、蔡，遂捃摭经史，华实布濩；因书立功，皆后人之范式也。"[1] 但要积累大量为文典故、辞藻，其始人们只有下功夫读书，从经典中寻找。如刘勰所云："经典沈深，载籍浩瀚，实群言之奥区，而才思之神皋也。扬、班以下，莫不取资。任力耕耨，纵意渔猎，操刀能割，必列膏腴。是以将赡才力，务在博见。"[2] "博见"须以时日，谈何容易。而类书则为之提供了方便。刘本《初学记·序》云："尝谓人生而不学，与无生同。学而不能文，与不学同。能文而不载乎道，与无文同。文之不可以已也如此。是以近世有摘六经诸子百家之言而记之，凡三十卷，开卷而上下千数百年之事，皆在其目前，可用以骈四偶六，协律谐吕，为今人之文，以载古人之道，真学者之初基也。"[3] 比如写月亮，如何描写会更有声彩，就需要找与月亮相关的诗赋文与相关的典故作参考，这样一翻《艺文类聚》《渊鉴类函》之类的类书，便可了然。

---

① 　王利器：《文心雕龙校证》，上海古籍出版社 1980 年版，第 234 页。
② 　王利器：《文心雕龙校证》，上海古籍出版社 1980 年版，第 235 页。
③ 　徐坚等：《初学记》，中华书局 1962 年版，第 2 页。

三、释典工具。古人诗赋，每用典故。在大多学子接受全新的知识体系，而古典知识被淡化的今天，要通畅地阅读古典诗文，确实有很多难处，单凭字典、词典之类工具书查寻字、词之意，是远远不够的。特别是诗文中典故引用，事虽一而词无定，你就是用现在的科技手段，在电脑上搜索关键词，也很难找到答案。这时类书就可以派上用场。类书中汇集了大量诗赋典故，而创作者又每取资于类书。像唐人熟读的类书主要是《艺文类聚》《初学记》，故唐诗中的绝大多数典故，在这两部书中都能找到。比如李白《蜀道难》说："地崩山摧壮士死，然后天梯石栈相钩连。"这是什么意思？为什么说地崩山摧？壮士又是何指？这在字典、词典中很难找到。如果查类书，因为这里写的是山，就到山部中找。在《艺文类聚·山部·总载山》中引《蜀王本纪》说："天为蜀王生五丁力士，能献（《太平御览》作"徙"）山。秦王献美女与蜀王，蜀王遣五丁迎女。见一大蛇入山穴中，五丁并引蛇，山崩，秦五女皆上山化为石。"① 在《初学记·地理·总载山》中也引用了这个故事。这就可以明白，"壮士"指蜀国派往秦国迎美女的五位大力士。

四、校勘古籍。文献古籍在历代流传中，往往会因相互转抄发生讹误。也有因文化背景发生变化，人们不能正确理解前人的意思而臆改者。因此任何一部经千百年流传的古籍，都有可能存在校勘问题。比如著名的刘禹锡《望洞庭》言："湖光秋月两相和，潭面无风镜未磨。遥望洞庭山水翠，白银盘里一青螺。"在《刘宾客文集》及《万首唐人绝句》《全唐诗》等别集、总集中，都是"湖光秋月"，可是第三句说"遥望洞庭山水翠"，月下不观色，在月光下怎么可能看到洞庭山水的翠色呢？这显然是有问题的。在宋人祝穆所撰的《古今事文类聚前集》卷十四《地理部》录此诗，题目作《君山》，而首句则作"湖光秋色两相和"。宋潘自牧《记纂渊海》卷十四《郡县部·荆湖北路·岳州》下，录此诗也作"湖光秋色"。这就可以证明，原来当作"秋色"，因为"洞庭秋色"是洞庭湖上的一景，在《楚辞·九歌》中就写到"袅袅兮秋风，洞庭波兮木叶下"。古人相传的"潇湘八景"，其之二就有"洞庭秋色"。明王恭曾有诗云："云梦晓烟随鸟没，洞庭秋色卷帘多。"

---

① 欧阳询：《艺文类聚》，上海古籍出版社 1982 年版，第 121 页。

就类书最大的意义而言，恐怕还在于它保存文献之功上。中国作为一个文明古国，文献之盛，举世无双。每朝每代，文人士子都会有大量的精神产品问世，同时也有相当数量的作品为历史所淘汰。唐宋以来的类书，往往对其时代所能见到的文献典籍，都会留心关注，广泛采录。因此许多文献无法单本流传，却赖类书保存了部分内容。清代学者的辑佚工作，相当多的古籍都是从类书辑出的。如马国翰的《玉函山房辑佚书》、黄奭的《汉学堂经解》等，离开类书，我们很难想象他们的工作能够有多大成就。像清人编《四库全书》，就有数百种是从类书中辑出的。特别是明代的大型类书《永乐大典》，如司马光《温公易说》、邵伯温《易学辨惑》、李光《读易详说》、郑刚中《周易窥余》、都絜《易变体义》、程大昌《易原》、胡瑗《洪范口义》等，都是辑自《永乐大典》。其意义之大可想而知。故四库馆臣云：

> 然古籍散亡，十不存一，遗文旧事，往往托以得存。《艺文类聚》《初学记》《太平御览》诸编，残玑断璧，至捃拾不穷，要不可谓之无补也。

在《四库全书》的类书部分中，还收录了一些为专记一事，但非如类书只录资料，而是兼附说明文字或略带考证的图书，如《古今同姓名录》《元和姓纂》等，对此，四库馆臣给予说明，云：

> 其专考一事，如《同姓名录》之类者，别无可附，旧皆入之类书，亦今仍其例。

3. 类书的发展及其走向

类书在中国图书种类中，是发展最为迅猛的一类。这虽说与它有很强的实用性有关——先是应诗赋创作之需，其次是应科举考试之需，但恐怕更重要的一个原因是，它是由官方发起、政府力量推动而发展的一种图书。从中国第一部类书《皇览》的产生，到中国最大的两部类书——《永乐大典》与《古今

《图书集成》的完成，无不体现着政治的力量。因此官修类书在类书的发展中，起着主导作用。

类书的发展大略分为两个时期。魏晋至隋唐，为第一时期，这是以官修类书为主导的发展时期。这一时期，因为印刷术不发达，图书传播主要靠抄录，因此私人藏书很有限，藏书家少之又少，而类书又只能在积累一定量的图书基础上产生，所以离开国家藏书，这样的集录工作很难进行。故从魏晋到隋唐，类书以官修为主。这个时代的皇帝爱好文学者甚多，而且每多招集文学之士举行诗赋创作活动，时也带有比赛性质。类事之书顺势而生。

《玉海》称："类事之书，始于《皇览》。"魏文帝曹丕授命所撰的《皇览》，到底是怎样的形态，今已不得而知。司马贞《史记·五帝本纪·索隐》说："《皇览》，书名也，记先代冢墓之处，宜皇王之省览，故曰'皇览'，是魏人王象、缪袭等所撰也。"既然是"宜皇王之省览"，其所记当以事为主，而且又以为"先代冢墓之处"，说明其所记是有所偏重的。《隋志》著录有"《皇览》一百二十卷"，注文说："缪卜等撰。梁六百八十卷。梁又有《皇览》一百二十三卷，何承天合；《皇览》五十卷，徐爰合；《皇览目》四卷，又有《皇览抄》二十卷，梁特进萧琛抄，亡。"说明其后又有人增删分合，不断修改。此书的名头很大，冠了一个"皇"字，看来即使是其后缪卜、何承天、徐爰等人的增删处理，恐怕也是奉旨行事的。

《皇览》之外，南朝齐武帝之子竟陵王萧子良，"集学士抄《五经》、百家，依《皇览》例为《四部要略》千卷"[①]。梁武帝天监十五年，"敕太子詹事徐勉举学士入华林撰《遍略》。勉举思澄、顾协、刘杳、王子云、钟屿等五人以应选，八年乃书成，合七百卷"[②]。北朝步趋南朝皇室，"齐主颇好文学，丙午，祖珽奏置文林馆，多引文学之士以充之，谓之待诏。以中书侍郎博陵李德林、黄门侍郎琅邪颜之推同判馆事，又命共撰《修文殿御览》"[③]。《修文殿御览》始名《玄洲苑御览》，继改名《圣寿堂御览》，最后定名为《修文殿御览》。《隋志》著录"《圣寿堂御览》三百六十卷"，《旧唐书·经籍志》著录"《修文殿

---

① 萧子显：《南齐书》，中华书局 1972 年版，第 698 页。
② 李延寿：《南史》，中华书局 1975 年版，第 1782 页。
③ 司马光：《资治通鉴》，中华书局 2013 年版，第 4453 页。

御览》三百六十卷"，卷数上未有变动。隋大业初，虞绰"奉诏与秘书郎虞世南、著作佐郎庾自直等，撰《长洲玉镜》等书十余部"①。《旧唐书·经籍志》著录"《长洲玉镜》一百三十八卷"。

入唐之后的官修类书，如：唐高祖武德七年，欧阳询奉诏撰《艺文类聚》一百卷。唐太宗贞观中，命高士廉等撰《文思博要》一千二百卷。唐高宗时，命许敬宗等撰《摇山玉彩》五百卷，《累璧》四百卷，《东殿新书》二百卷。武则天时，张宗昌等奉旨撰《玄览》一百卷，《三教珠英》一千三百卷。唐玄宗时，张说、徐坚等撰《玄宗事类》一百三十卷，《初学记》三十卷。

这个时代私家类书也随之而出，其中有相当一部分撰辑者是有官方背景的。如撰《类苑》一百二十卷的南朝梁刘孝标，曾与学士贺琮校点秘阁，而秘阁正是宫廷藏书之所。梁刘杳，参与编撰《华林遍略》，同时又撰《寿光书苑》二百卷。虞世南，在隋朝时参与了《长洲玉镜》的编撰，同时利用工作之便，又抄经史百家之事为《北堂书钞》一百七十三卷。编撰《碧玉芳林》四百五十卷、《玉藻琼林》一百卷的孟利贞，也曾参与许敬宗主持的《瑶山玉彩》的辑录。撰《笔海》的王义方，曾当职于弘文馆，而弘文馆聚书有二十多万卷。元稹有《元氏类集》三百卷，白居易有《白氏经史事类》三十卷，他们两人都曾为秘书省校书郎，而秘书省则是专门管理国家图书的中央机构。

宋朝以降，随着印刷术的发达，民间藏书之家兴起，类书的编撰便由官家中心转移到了私家，此为第二时期。虽然这时期的大型类书，如宋代的《太平广记》《太平御览》《册府元龟》，元朝的《经世大典》，明朝的《永乐大典》，清朝的《渊鉴类函》《古今图书集成》等，仍由官方组织编撰，但更多的类书则出自私家。《新唐书·艺文志》著录"类书类十七家二十四部，七千二百八十八卷"，而《宋史·艺文志》则著录"类事类三百七部，一万一千三百九十三卷"，《明史·艺文志》著录"类书类八十三部，二万七千一百八十六卷"，《清史稿·艺文志》著录"类书类八五部，一二七二〇卷"。可以看出其发展的态势，以宋为最盛。

类书发展，有个明显的迹象。开始的类书，以类事为主，采取的是经史诸

_____

① 魏徵：《隋书》，中华书局1973年版，第1739页。

子,《艺文类聚·序》云:"《皇览》《遍略》,直书其事。"即反映了当时类书的类事倾向,因此《旧唐书·经籍志》与《宋史·艺文志》为之独立门户时,命名为"类事类"。唐初的《艺文类聚》虽已启类事与文之轫,但唐代的类书从《书图泉海》《检事书》《帝王要览》《策府》《玄门宝海》《文思博要》之类的名目上看,主要仍在类事。存于今的《北堂书钞》《白氏六帖》,也主要是汇集典故。到宋代,类事兼文之作则批量出现,因为文人创作不仅需要取典,也需要借鉴前人的佳作。如宋无名氏的《锦绣万花谷》、宋祝穆《古今事文类聚》、宋潘自牧《记纂渊海》、宋陈景沂《全芳备祖集》、宋谢维新《古今合璧事类备要》等,除纪事之外,兼采诗文,唐宋人的诗文创作赖此而存著颇多。

官修类书有一个特别现象,即往往是在王朝初期政权稳定之后,组织学者编撰,学者们认为这是给旧文人找事干,以免他们滋事。如胡应麟《少室山房笔丛·九流绪论下》说:"太宗以五代文人失职,虑生意外,故厚其廪禄,俾编集诸类书。文皇命高士廉等当亦此意。武氏以二张故,俾集群彦编《三教珠英》,而一时秉笔皆浮艳士,真欲盖弥彰矣。"[1]这是有一定道理的。同时官修类书的一个显著发展趋向是,越修越大、越全。到清朝《古今图书集成》达到了最为完备的境地,天地万物无所不包。近年编纂的大型类书《中华大典》,收书达2万多部,数亿字,是《永乐大典》的2倍,《古今图书集成》的8倍。堪称规模空前。

私家类书的趋向大略有三:一是通俗化趋向。原先的类书,主要是"览",是翻检,是作为工具书用的。从南朝开始,就有了面对学生学习的类书,如《蒙求》一类。宋元以降应考试之需,此类读物更多,如《聚课琼珠诗对》《对属发蒙》《声律发蒙》《启蒙对偶》《对偶菁华》《幼学琼林》等,其编撰目的不在翻检典故,而是学习,让学童熟读,甚至背诵。二是专门化趋向。即不一定要天文地理一切全包括在内,而是就关于某一方面的知识分类集录。如宋任广撰《书叙指南》,专录备书信之用的典故;宋孙逢吉《职官分纪》,分纪职官之事;宋陈景沂《全芳备祖集》,分疏花草果木;《御定佩文斋咏物诗选》,集录歌咏天地日月庶物等。三是考证趋向。考证是一项严肃的学术工作,其前提是

---

① 胡应麟:《少室山房笔丛》,上海书店出版社2001年版,第287页。

必须有一定量的图书资料资以参证，才有可能进行。宋以后印刷业的发达，为学者研究准备了条件。考证与资料辨析结合，便产生了考证性类书。如宋章俊卿《山堂考索》、宋林駉《古今源流至论》、宋王应麟《玉海》、明唐顺之《荆川稗编》、明彭大翼《山堂肆考》等，虽是集录资料，却不乏辨章学术、考镜源流之意。

阅读参考书目

欧阳询撰，汪绍楹校：《艺文类聚》，上海古籍出版社 1982 年版。

徐坚等：《初学记》，中华书局 1980 年版。

李瀚撰，徐子光注：《蒙求集注》，丛书集成初编本，中华书局 1985 年版。

胡炳文：《纯正蒙求》，文渊阁四库全书本。

李昉：《太平御览》，中华书局 2000 年版。

张英等：《御定渊鉴类函》，吉林出版集团 2005 年版。

陈梦雷等：《古今图书集成》，中华书局、巴蜀书社 1984—1988 年版。

十二、小说略说

　　小说家，在《汉志》中属于诸子中的一家，九流十家之一。诸子重在思想，而在今人的概念中，小说则为一种文学体裁，与诸子不搭边，这主要是因为小说概念内涵变化的原因。"小说"这概念出现的很早，从汉语语义体系分析，"小说"最初表达的是一种不登大雅之堂的学说。《说文》："说，说释也。"《广雅·释诂》云："说，论也。"《吕氏春秋·当务》高诱注："说，道也。"这就是说，"说"有阐说、理论、学说的意思，《庄子·外物》说："饰小说以干县令，其于大达亦远矣。"这里的"小说"与"大道"相对，显然指的就是小道、小的理论学说。这种小道，不同于高深宏大的理论有很大的涵盖性，往往是很琐碎的，这就是《汉志》所说的道听途说之类的"小说"。大多情况下这种小的道理就藏在传说故事中，因为含有一定的道理而被记述，由此进一步演化，"小说"便变成了讲故事，说道理的因素渐渐被淡化。唐宋之后，传奇、平话之类兴起，小说的内涵进一步扩大，成为述说故事文体的专称。再发展，便成了"通过完整的故事情节和具体环境的描写，塑造多种多样的人物形象，广泛地反映社会生活"的文学体裁。我们这里还是想回到本源上来讲这个问题。

1. 小说的民间性与政治性

　　《汉志》云：

　　　　小说家者流，盖出于稗官。街谈巷语，道听涂说者之所造也。孔子

曰："虽小道，必有可观者焉，致远恐泥，是以君子弗为也。"然亦弗灭
也。闾里小知者之所及，亦使缀而不忘。如或一言可采，此亦刍荛狂夫之
议也。

这段论述可注意者有三：

一、小说的收集者是政府的基层官员。所谓"稗官"，就是指米粒似的小
官，如同今说"芝麻官"。颜师古引如淳曰："细米为稗，街谈巷说，其细碎
之言也。王者欲知闾巷风俗，故立稗官使称说之。"师古又说："稗官，小官。
《汉名臣奏》唐林请省置吏，公卿大夫至都官、稗官，各减什三，是也。"① 可知
汉代还有此称。古代有此等专门收集民间舆论的小官。

二、小说的创造者是最下层的民众。所谓"街谈巷语"，就是街上所谈说，
巷里所议论的。所谓"道听途说"，是指从道路上听到，又在道路上传说。无
论是街巷所谈，还是道途所传说，其主体都是下层民众。

三、小说反映的是民间舆论。所谓"闾里小知者"，是指乡里知识浅薄的
人。所谓"小道"，是指无关乎礼乐政教、治国大法的理论学说。这里所引孔
子言，实际上是子夏的话，见于《论语·子张》。宋邢昺疏说："小道，谓异端
之说，百家语也。虽曰小道，亦必有少理可观览者焉。然致远经久，则恐泥难
不通，是以君子不学也。"② 这里是借用孔子，给"小说"一个定性。言其虽为民
间不合大道的小道理，但也有它的存在价值，就如同《诗经·大雅·板》所言：
"先民有言，询于刍荛。"《史记·淮阴侯列传》广武君所言："狂夫之言，圣人
择焉。"即使是山野樵老、乡间狂夫，对于治理天下而言，他们的意见也有值得
思考的价值。这就从三个方面确定了小说的性质：它是由民间产生、代表民众
意志、由政府收集的社会舆论信息，代表着民间的意识形态与价值判断。

关于政府收集民间信息与小说的关系，《隋志》有较细的说明，其云：

小说者，街谈巷语之说也。《传》载舆人之诵，《诗》美询于刍荛。古

---

① 《汉书》，中华书局 1962 年版，第 1745 页。
② 邢昺：《论语注疏》，北京大学出版社 1999 年版，第 292 页。

者圣人在上，史为书，瞽为诗，工诵箴谏，大夫规诲，士传言而庶人谤。孟春，徇木铎以求歌谣，巡省，观人诗以知风俗。过则正之，失则改之，道听涂说，靡不毕纪。《周官》：诵训"掌道方志以诏观事，道方慝以诏辟忌，以知地俗"；而训方氏"掌道四方之政事，与其上下之志，诵四方之传道而观衣物"是也。孔子曰："虽小道，必有可观者焉，致远恐泥。"

《隋志》显然是接着《汉志》说的。这里可注意者亦有三：

一、小说是民间舆论。《汉志》强调的是"小说"创造的主体，而这里强调的是"小说"所持有的理论。"街谈巷语之说"就是"街谈巷语之论"，即民间舆论所谈论的事理，所持有的观念、认识、价值取向等。如《晋书·愍怀太子》载孙秀谓赵王伦说："明公素事贾后，街谈巷议皆以公为贾氏之党。"《旧唐书·忠义传》载苏安恒上武后书说："自元忠下狱，臣见长安城内街谈巷议，皆以陛下委任奸宄，斥逐贤良。"这都是以"街谈巷议"代指民间舆论及其是非观的。

二、收集和掌握民间舆论，是"圣人在上"治理天下的政治措施之一。"舆人"指劳苦大众，《左传》记载有劳苦大众的歌咏，《诗经》上载有"询于刍荛"的告诫，经典的记载就是圣人重视民间舆论的证明。在"圣人在上"的清明政治环境中，王者的信息渠道是畅通无阻的，史、瞽、工、大夫、士、庶人等不同职业、不同级别、阶层的人，都自觉地承担着信息反馈的责任，帮助王者全面掌握情况，以制定正确的施政方略。如史官"君举必书"，主要是监督王者之行，并以历史之鉴以照今之是非，使执政者警觉。盲人乐师（瞽）则负责以诗的形式反映民众的怨愤情绪，乐工负责把带有规谏性的民间歌谣演奏给君上，让君王了解民众的疾苦。能够跟君王接触的大夫，则要及时把批评政治的信息反馈给君，对君进行规劝。士阶层人士无机会直接接触君王，则要把意见通过大夫转达到君王那里。庶人虽不能直接参政、议政，却可批评君王的过失，对其进行诽谤。这样，每一个人都能把自己的意见，积极主动地通过不同方式传递给君王。圣者，事无不通之谓也。圣人之所以为"圣"，就在于他能全面了解各种信息，以对事物做出准确的把握和决策。

三、"稗官"是一个民间信息收集群体。为了实践"圣人之治"，周朝有一套完善的制度。关于信息采集，这里举了三类官员，第一类由王朝派出专门收集民间歌谣的官，《左传·襄公十四年》引《夏书》称，这些振木铎金铃收集民间歌谣的官叫"遒人"，《汉书·食货志》称"行人"。《汉书·食货志》说："孟春之月，群居者将散，行人振木铎徇于路以采诗，献之大师，比其音律，以闻于天子。故曰：'王者不窥牖户而知天下。'此先王制土处民富而教之之大略也。"第二类是"诵训"官，主要负责为君王述说四方久远故事，说明各地风俗所忌讳的言语。《周礼·地官·诵训》所说的"道方志"，就是指述说四方所记的久远之事，如记载的历史传说之类；"以诏观事"就是"以告王观博古之事"。所谓"道方慝"，就是"说四方言语所嫌恶之事"，"以诏辟忌"是指"诏告令王避其忌恶"。第三类是训方氏。训方氏是掌管教导四方之民的官。所谓"道四方之政事"，就是向王述说四方诸侯政治之美恶。所谓"四方之传道"，就是为王诵说四方"世世传说往古之事"。所谓"观新物"，就是观察民间产生的新事物，以此了解民情之善恶趋向。小说家则是稗官这一传统的继承者。故欧阳修《崇文总目·小说类序》说：

> 书曰："狂夫之言，圣人择焉。"又曰："询于刍荛。"是小说之不可废也。古者惧下情之壅于上闻，故每岁孟春，以木铎徇于路，采其风谣而观之至。于俚言巷语，亦足取也。今特列而存之。[1]

这样，有政治目的，有制度保证，有群体参与，这就形成了一个有效的信息反馈和汇总系统，同时也体现了民权政治的特色。曹植《与杨德祖书》说："夫街谈巷说，必有可采，击辕之歌，有应风雅，匹夫之思，未易轻弃也。"这代表了上层社会、统治阶级对民间舆论的认识。因此"圣人在上"，无不注重民间信息的收集者。《尚书·洪范》提到"谋及庶民"，《周礼·地官·乡大夫》也提到"国大询于众庶"的事，提到使推举贤能以治内外的事，根据《周礼·小司寇》记载，像国家兵寇之难、国都改迁、改立新君等，都要"致万民而询焉"，这实际就是现在意义上的民主。战国时小说家一流，便是在这样的

---

[1] 欧阳修：《崇文总目·小说类序》，《影印文渊阁四库全书》，第 674 册，第 64 页。

一种政治传统基础上产生的。所不同的是，"稗官"承担着政治任务，而小说家则不承担任何政治责任，只是为事理阐释而采集百家之言的，因此小说家又称"百家"，《汉书·艺文志·诸子略·小说家》著录有"百家百三十九卷"。司马迁说"百家言黄帝，其文不雅驯"①，这里言黄帝传说的"百家"，其实就是小说家。因为是民间不同的传闻，掺杂了离奇古怪的情况，所说是"不雅驯"。《史记·甘茂列传》说甘茂"事下蔡史举先生，学百家之说"。《战国策》及《韩非子》中都提到史举上蔡的"监门"，上蔡城一个看守大门的，他所掌握的"百家之说"，不可能是诸子百家的理论，也应该是小说之类。《汉书·主父偃传》说："主父偃，齐国临菑人也，学长短纵横术。"注引服虔曰："苏秦法百家书说也。"苏秦、甘茂、主父偃，都是纵横家的代表，他们学"百家书""百家之说"，都是为了游说时取资。纵横家的代表作品集《战国策》中所引的大量寓言故事，应该就是取自"百家"的，这正是庄子所说的"饰小说以干县令"的行为。

百家之说因多出自街谈巷议，论其理或有可取，所以说"虽小道必有可观者"；论其事则大多不实，若信其为真，则无疑痴呆。故《说郛》卷十七录宋人《爱日斋丛抄》有"九百"一则，录之以广见闻：

> 陈无已云：世人以痴为"九百"，谓其精神不足也。项平甫《家说》云：注司业言九百，草书乔字也。朱彧《可谈》云：青州王大夫，为词鄙俚，每投献当路，以为笑具。季父为青禄，王亦与诗。他日季父见其子，谢之。其子曰："大人九百乱道，玷渎高明。"盖俗谓神气不足者九百，岂以一千即足数邪？以书释之，不若陈、朱之说通。予读张平子《西京赋》云："小说九百，本自虞初。"注者为小说九百篇，本虞初著。又曰九百四十三篇，言九百，举大数也。《汉志》云："小说家者流，盖出于稗官。街谈巷语，道听途说者之所造也。"如淳曰："街谈巷说，其细碎之言也。"俗岂云九百，或取喻细碎之为者。俚语本于史录固有矣，故漫记之。东坡作文字，中有一条，以彭祖八百岁，其父哭之，以九百者尚在。李方

---

① 《史记·五帝本纪》，中华书局1959年版，第46页。

叔问东坡曰：俗语以憨痴骍駄为九百，岂可笔之文字间乎？坡曰：子未知所据耳。张平子《西京赋》云："乃有秘书，小说九百。"盖稗官小说凡九百四十三篇，皆巫医厌祝及里巷之所传言，集为是书。西汉虞初，洛阳人，以其书事汉武帝，出入骑从，衣黄衣，号黄衣使者。其说亦号九百，吾言岂无据也。[①]

2. 周汉小说的原始形态

"小说"称"小"，与其相对应的应该是"大"。先秦时代，"说"代表着一种文体，有学者称作"说体"。这种文体以解释、阐明事理为主要目的，所以《墨子·经上》说："说，所以明也。"《墨子》有《经上》《经下》两篇，同时还有《经说上》《经说下》相对应的两篇。《经说》显然是解释"经"的。《韩非子》有《内储说》上、下篇，《外储说》左上、左下、右上、右下四篇，其中也有"经"有"说"，很显然，"说"是阐明"经"的。"说"的方式或是语言阐说，或是以故事说明，其目的都在阐明"道理"。像《韩非子》的《储说》诸篇，尽管它是汇集故事，但故事的说理价值要远大于故事本身的史实价值。《韩非子》还有《说林》，可说是故事汇编；刘向撰《说苑》，所汇编的也是历史故事。虽说是"故事集"，其主脉仍是"说理"。因此可说："说"体的本质是"明理"，而其基本素质却在"叙事"。而"说"之以"小"名，一在于民间小语，二在于琐屑细碎。这如人类学家所提出的"大传统"与"小传统"概念一样，大、小之别乃在其社会层次与传播主次，"小说"类似"小传统"，是民间的造作。桓谭《新论》云：

　　若其小说家合残丛小语，近取譬谕，以作短书，治身理家，有可观之辞。[②]

————————

① 《影印文渊阁四库全书》，第 877 册，第 11 页。

② 《文选》卷三十一，江淹《李都尉从军》注引，上海古籍出版社 1986 年版，第 1453 页。

其所关注的仍在小说之"治身理家"的意义。因此可知，小说家能进入古代十大学术思想流派的行列，并不在于他们"合残丛小语"之功，而在于其"有可观"之"道"。但从小说家出自"稗官"以及小说记"街谈巷语""刍辞舆诵"（《旧唐书·经籍志》）的性质而言，其除"明理"的功能之外，似乎兼有野史的性质。故人常将"稗官野史"连言。《汉志》言"道家者流，盖出于史官"，而于"小说十五家"中，著录的书每与道家有联系，如道家中有《伊尹》，小说家中有《伊尹说》；道家中有《鬻子》，小说家中有《鬻子说》；道家中有《周训》，小说家中有《周考》；道家中有《杂黄帝》，小说家中有《黄帝说》。"《宋子》十八篇"，班固注说："孙卿道宋子，其言黄老意。""待诏臣安成《未央术》一篇"，注引应劭曰："道家也，好养生事，为未央之术。"这是否反映了"出于史官"与"出于稗官"之别呢？《新唐书·艺文志》说："至于上古三皇五帝以来世次，国家兴灭终始，僭窃伪乱，史官备矣。而传记、小说，外暨方言、地理、职官、氏族，皆出于史官之流也。"绿天馆主人《古今小说·序》更明确地说："史统散而小说兴。"虽非确论，但确也揭示了历史记载与小说传闻之间存在的亲缘关系，这或许就是官史与野史的关系。

《汉志》著录"小说十五家"，今已无一幸存。但从书名来看，近于历史杂说者为多。如章太炎先生《诸子学略说》云："周秦、西汉小说，似与近世不同。如《周考》七十六篇、《青史子》五十七篇、《臣寿周纪》七篇，《虞初周说》九百四十三篇，与近世杂史相类。"[①] 我们可从文献中残留的碎片，来考察周汉小说的原始形态。

《伊尹说》二十七篇，杨宽、陈奇猷都认为《吕氏春秋·本味》篇是其孑遗。《汉书·司马相如传》注引应劭曰："《伊尹书》曰：箕山之东，青马之所，有卢橘夏孰。"应劭所引的《伊尹书》即见于《本味》篇。《本味》还讲述了伊尹出生的故事，其云：

> 有侁氏女子采桑，得婴儿于空桑之中，献之其君。其君令烰人养之，察其所以然，曰：其母居伊水之上，孕，梦有神告之曰："臼出水而东走，

---

① 章太炎：《章太炎学术史论集》，中国社会科学出版社 1997 年版，第 185 页。

毋顾。"明日，视白出水，告其邻，东走十里，而顾其邑，尽为水。身因化为空桑。故命之曰"伊尹"。此伊尹生空桑之故也。长而贤，汤闻伊尹，使人请之有侁氏。有侁氏不可。伊尹亦欲归汤，汤于是请取妇为婚，有侁氏喜，以伊尹为媵送女。①

根据《墨子》及《韩非子》中"经"与"说"的关系，《伊尹说》应该是阐发道家书《伊尹》的，《本味》的开首言："求之其本，经旬必得；求之其末，劳而无功。功名之立，由事之本也。得贤之化也，非贤其孰知乎事化？"这应该是《伊尹》经文内容。而"说"所述主要是伊尹的传说故事。

《汉志》著录有《鬻子》和《鬻子说》，也当是一"经"一"说"。今有《鬻子》传本，杨慎《丹铅总录》卷十二云："鬻子，文王时人，著书二十二篇，子书莫先焉。今其存者十四篇，皆无可取，似后人赝本无疑也。"②四库馆臣说："考《汉书·艺文志》，道家《鬻子》二十二篇，又小说家《鬻子说》十九篇。是当时本有二书，《列子》引《鬻子》凡三条，皆黄老清净之说，与今本不类，疑即道家二十二篇之文。今本所载与贾谊《新书》所引六条，文格略同，疑即小说家之《鬻子说》也。"同时又说："似乎六朝之末尚无此本，或唐以来好事之流，依仿贾谊所引，撰为赝本，亦未可知。"这个判断有几分道理。唐人引文每有不见于今本《鬻子》者。如《意林》录《鬻子》曰：

> 昔文王见鬻子年九十，文王曰："嘻，老矣！"鬻子曰："若使臣捕虎逐麋，臣已老矣。坐策国事，臣年尚少。"③

《文选》卷三十六《宣德皇后令》注引《鬻子》曰：

> 武王率兵车以伐纣，纣虎旅百万，阵于商郊，起自黄鸟，至于赤斧。

---

① 陈奇猷：《吕氏春秋新校释》，上海古籍出版社 2002 年版，第 744 页。
② 杨慎：《丹铅总录》，《影印文渊阁四库全书》，第 855 册，第 461 页。
③ 《影印文渊阁四库全书》，第 872 册，第 202 页。

三军之士，靡不失色。武王乃命太公把旄以麾之，纣军反走。①

此皆不见于今本，显然为小说家言。《文选》卷三十六《永明九年策秀才文》注引《鬻子》曰：

> 昔大禹治天下也，以五声听治。为铭于笋虡曰："教寡人以道者，击鼓；教寡人以义者，击钟；教寡人以事者，振铎；语寡人以忧者，击磬；语寡人以狱者，挥鞀。"②

虽是小说，又有见道之言，这与《青史》看来是一类之物。《文心雕龙·诸子》言："鬻熊知道，而文王咨询。余文遗事，录为《鬻子》。"这说明《鬻子》所载也多为历史传闻。

《汉志》著录《青史子》五十七篇，量不算小。《隋志》则《青史子》只一卷，已存无多，今则全佚。青史氏是古史官名，《风俗通义》引《青史子书》，《大戴礼·保傅》篇有"青史氏之记"，这当是《青史子》的佚文。《保傅》篇云：

> 青史氏之记曰：古者胎教，王后腹之七月，而就宴室。太师持铜而御户左，太宰持斗而御户右。比及三月者，王后所求声音非礼乐，则太师缊瑟而称不习；所求滋味者非正味，则太宰倚斗而言曰：不敢以待王太子。太子生而泣，太师吹铜曰：声中某律。太宰曰：滋味上某。然后卜名，上无取于天，下无取于墬，中无取于名山通谷，无拂于乡俗。是故君子名难知而易讳也，此所以养恩之道。③

显然也属于历史传闻，不过这就又有点像现在的清宫戏了，所传的是后宫之事。

《师旷》六篇，班固注说："见《春秋》。其言浅薄，本与此同，似因托

---

① 萧统：《文选》，上海古籍出版社 1986 年版，第 1638 页。
② 萧统：《文选》，上海古籍出版社 1986 年版，第 1645 页。
③ 王聘珍：《大戴礼记解诂》，中华书局 1983 年版，第 59 页。

也。"师旷是春秋晋平公时的乐师，他的事迹在《左传》《国语》《韩非子》《吕氏春秋》《说苑》等书中都有记述，他是一位智者，他的故事每带有神秘色彩。如《左传·昭公八年》云：

> 八年春，石言于晋魏榆。晋侯问于师旷曰："石何故言？"对曰："石不能言，或冯焉。不然，民听滥也。抑臣又闻之曰：作事不时，怨讟动于民，则有非言之物而言。今宫室崇侈，民力雕尽，怨讟并作，莫保其性。石言不亦宜乎？"①

诸书中又言师旷知用军之成败，知晋平公之死期，知国之兴亡，又曾奏清角之音，"一奏而有玄云从西北方起，再奏之，大风至，大雨随之，裂帷幕，破俎豆，隳廊瓦，坐者散走。平公恐惧，伏于廊室之间，晋国大旱，赤地三年"②等，无疑都属于传说，街谈巷议。

此外，小说家类中的《宋子》，据顾颉刚《史林杂识初编·宋钘书入小说家》考证，《吕氏春秋·去宥》篇所载："齐人有欲得金者，清旦被衣冠，往鬻金者之所，见人操金，攫而夺之。吏搏而束缚之，问曰：'人皆在焉，子攫人之金何故？'对吏曰：'殊不见人，徒见金耳。'"③此为《宋子》中内容。又小说《百家》，《艺文类聚》卷八十引《风俗通》曰："城门失火，祸及池中鱼。"按《百家书》："宋城门失火，自汲池中水以沃之，鱼悉露见，但就把之。"《太平御览》卷一百八十八引《风俗通》曰："门户铺首。《百家书》云：输般见水上蠡，谓之曰：'开汝头，见汝形。'蠡适出头，般以足画图之，蠡引闭其户，终不可开。设之门户，欲使闭藏当如此固密也。"④这则属于琐语寓言。又有虞初《周说》，据班固自注，虞初是武帝时人，"以方士侍郎，号黄车使者"。据应劭说，虞初的《周说》是"以《周书》为本"创作的。但《文选·张衡〈西京赋〉》"小说九百，本自虞初"。薛综注说："小说，医巫厌祝之术，凡有

---

① 杜预、孔颖达：《春秋左传正义》，北京大学出版社1999年版，第1257页。
② 王先慎：《韩非子集解·十过》，中华书局1998年版，第65页。
③ 陈奇猷：《吕氏春秋新校释》，上海古籍出版社2002年版，第1024页。
④ 李昉：《太平御览》，中华书局1960年版，第911页。

九百四十三篇。言九百，举大数也。……持此秘术，储以自随，待上所求问，皆常具也。"① 所谓"厌祝"是指驱邪弄鬼神祈福除灾的一套法术。由此看来小说中又包括了鬼怪故事。小说家中还出现《封禅方说》《待诏臣饶心术》《待诏臣安成未央术》之类书名，应劭注臣安成说："道家也，好养生事，为未央之术。"于《方说》《心术》则无说，其详细内容已难得知。但从这里也可以看出早期小说内容的复杂性了。

从这些早期小说的碎片中可以看到，原始小说以历史传闻为主，带有野史性质，其意义指向不在史实，而在事理。琐语杂谈、寓言野话、鬼怪故事，也当是因其蕴有哲理而见录的。当然也不乏知识性的因素，故虞初才储备"小说"，以备武帝随时询问。其中的历史杂闻，其实是街谈巷议中建构起来的历史，是民众心中的历史，反映的是民间思想与民间价值观念。

3. 古小说的净化与分类

四库馆臣云：

张衡《西京赋》曰："小说九百，本自虞初"。《汉书·艺文志》载虞初《周说》九百四十三篇，注称"武帝时方士"。则小说兴于武帝时矣。故《伊尹说》以下九家，班固多注依托也。（《汉书·艺文志》注凡不著姓名者，皆班固自注。）然屈原《天问》，杂陈神怪，多莫知所出，意即小说家言。而《汉志》所载《青史子》五十七篇，贾谊《新书·保傅篇》中先引之，则其来已久，特盛于虞初耳。

迹其流别，凡有三派，其一叙述杂事，其一记录异闻，其一缀辑琐语也。

唐宋而后，作者弥繁，中间诬谩失真，妖妄荧听（淆乱听闻）者固为不少，然寓劝戒，广见闻，资考证者，亦错出其中。班固称小说家盖出

---

① 萧统：《文选》，上海古籍出版社 1986 年版，第 68 页。

于稗官，如淳注谓王者欲知闾巷风俗，故立稗官，使称说之。然则博采旁搜，是亦古制，固不必以冗杂废矣。

今甄录其近雅驯者，以广见闻。惟猥鄙荒诞，徒乱耳目者，则黜不载焉。

馆臣主要讲了四个问题。第一，小说兴盛于汉武，滥觞于先秦。第二，小说流别，可分三派。第三，采搜小说，乃是古制。第四，四库采录原则，近雅驯者录之，猥鄙荒诞黜之。这里我们最关注的是小说的流别分派问题。

四库馆臣将小说分为"叙述杂事""记录异闻""缀辑琐语"三派，这实际上是对小说进行汰洗、净化后而得出的结论。如果从历代正史所著录的小说书目进行分析，问题要复杂得多。《汉志》已呈现了其复杂性，像《心术》《未央术》之类，实难知其形态。《隋志》著录小说二十五部，除《杂语》《琐语》《笑林》《世说》之类一望可知为小说者外，也出现了《古今艺术》《座右方》《座右法》《鲁史欹器图》《器准图》《水饰》等之类与今人所谓小说相去甚远的书名。《旧唐书·经籍志》著录小说十三部，像《酒孝经》《座右方》何以为小说，仍不可知。《新唐书·艺文志》小说四十一部，是《旧唐书》的三倍还多，可是连《开元御集诫子书》、狄仁杰《家范》《卢公家范》、姚崇《六诫》、郭良辅《武孝经》、陆羽《茶经》、张又新《煎茶水记》、封演《续钱谱》也归到了小说类中。陆氏《茶经》与张氏《煎茶水记》其书具存，是言制茶、煮茶之书，显然与今之小说不类。《宋史》著录小说三百五十九部，除《六诫》《鲁史欹器图》之类仍寓其中外，又多了《古今小名录》《名贤姓字相同录》之类被后人归于类书的书。这反映了在唐宋人的观念中，"小说"的概念中仍含有讲述事理的意思，而非叙事之作。"小说"与"大道"之间仍存在对应关系。即使到了清末民初，这种观念还在延续，故王文濡《说库》中，乃收有《煮泉小品》之类的书。

唐刘知幾著《史通》，视小说为杂史，《隋志》所列入小说类者，他则以史叙之，其《杂述篇》云："偏记小说自成一家，而能与正史参行，其所由来尚矣。爰及近古，斯道渐烦，史氏流别，殊途并骛。摧而为论，其流有十焉。一曰偏纪，二曰小录，三曰逸事，四曰琐言，五曰郡书，六曰家史，七曰别传，八曰杂记，九曰地理书，十曰都邑簿。"① 不难看出，他列的这十个流派中，像小录、逸事、琐言、杂记之类，多半与小说无异，如：

> 普天率土，人物弘多。求其行事，罕能周悉。则有独举所知，编为短部，若戴逵《竹林名士》，王粲《汉末英雄》，萧世诚《怀旧志》，卢子行《知己传》，此之谓小录者也。国史之任，记事记言，视听不该，必有遗逸。于是好奇之士，补其所亡。若和峤《汲冢纪年》，葛洪《西京杂记》，顾协《璝语》，谢绰《拾遗》，此之谓逸事者也。街谈巷议，时有可观，小说卮言，犹贤于已。故好事君子，无所弃诸，若刘义庆《世说》，裴荣期《语林》，孔思尚《语录》，阳玠松《谈薮》，此之谓琐言者也。……贤士贞女，类聚区分，虽百行殊途，而同归于善。则有取其所好，各为之录，若刘向《列女》，梁鸿《逸民》，赵采《忠臣》，徐广《孝子》，此之谓别传者也。阴阳为炭，造化为工，流形赋象，于何不育。求其怪物，有广异闻，若祖台《志怪》，干宝《搜神》，刘义庆《幽明》，刘敬叔《异苑》，此之谓杂记者也。②

其实刘知幾把小说与历史相参的做法，与《唐志》《宋志》等将《茶经》《鲁史敔器图》之类列入小说，本质上并无多大差别。反映了在人们的意识中，小说既有史的属性，又有说明事理的属性，其归类自然有很大的不确定性。如明胡应麟《九流绪论下》说：

> 小说，子书流也，然谈说理道或近于经，又有类注疏者；纪述事迹或通于史，又有类志传者。他如孟启《本事》，卢瑰《抒情》，例以诗话、文评，附见集类。究其体制，实小说者流也。至于子类杂家，尤相出入。郑氏谓古今书家所不能分有九，而不知最易混淆者小说也。必备见简编，穷究底里，庶几得之。③

① 浦起龙：《史通通释》，上海古籍出版社 1978 年版，第 273 页。
② 浦起龙：《史通通释》，上海古籍出版社 1978 年版，第 274 页。
③ 胡应麟：《少室山房笔丛》，上海书店出版社 2001 年版，第 283 页。

又说：

> 小说者流，或骚人墨客游戏笔端；或奇士冷人搜罗宇外。纪述见闻无所回忌。覃研理道务极幽深。其善者足以备经解之异同、存史官之讨核。总之有补于世，无害于时。乃若私怀不逞，假手铅椠，如《周秦行纪》《东轩笔录》之类，同于武夫之刃、谗人之舌者，此大弊也。然天下万世公论具在，亦亡益焉。①

在历史发展中，小说与历史由差之毫厘，而至于乖之千里。而其"小道可观"之书，也由附庸而成大国，便自然从小说中剥离出来。或归于类书（如《古今小名录》之类），或归之谱录（如《茶经》《钱谱》之类），或归于诗文评（如《渔隐丛话》等）。胡应麟对小说开始做系统分类，其《九流绪论下》说：

> 小说家一类又自分数种：一曰志怪，《搜神》《述异》《宣室》《酉阳》之类是也；一曰传奇，《飞燕》《太真》《崔莺》《霍玉》之类是也；一曰杂录，《世说》《语林》《琐言》《因话》之类是也；一曰丛谈，《容斋》《梦溪》《东谷》《道山》之类是也；一曰辨订，《鼠璞》《鸡肋》《资暇》《辩疑》之类是也；一曰箴规，《家训》《世范》《劝善》《省心》之类是也。丛谈、杂录二类最易相秦，又往往兼有四家，而四家类多独行，不可挽入二类者。至于志怪、传奇，尤易出入，或一书之中二事并载，一事之内两端具存，姑举其重而已。②

胡氏的小说概念，其范围仍然较广，但显然其思考已比前人深入了一步。四库馆臣出于图书分类的总体框架考虑，将小说分为三个派别，情况大略如下：

一、杂事之属。即杂记历史故事，而非系统记述。如《西京杂记》《世说新语》《开元天宝遗事》之类。四库馆臣按语说：

---

① 胡应麟：《少室山房笔丛》，上海书店出版社 2001 年版，第 283 页。
② 胡应麟：《少室山房笔丛》，上海书店出版社 2001 年版，第 282 页。

纪录杂事之书，小说与杂史最易相淆。诸家著录，亦往往牵混。今以述朝政军国者入杂史，其参以里巷闲谈、词章细故者，则均隶此门。《世说新语》古俱著录于小说，其明例矣。

二、异闻之属。即奇闻逸事，间涉鬼怪故事。如《山海经》《神异经》《十洲记》《拾遗记》《搜神记》之类。今人所说的志怪小说即此一类。

三、琐记之属。所记为琐碎之事。包括人和物、事、典故等，间涉考证。如《博物志》《述异记》《酉阳杂俎》等。

其实这种分类，也很难说科学。面对具体著作，仍有难辨其所从处。这也只能看作一个大要而已。如今所见的《笔记小说大观》《清代笔记小说大观》《笔记小说大观丛书》等，其所收书范围，基本上介于胡应麟与《四库全书总目》之间。大量的笔记杂录，皆寓于其中。由此可以看出，小说的概念基本上有两个发展趋向，一是叙事性趋向，如今所说的小说，《三国演义》《水浒传》之类；一是兼说事理的趋向，即传统意义上的小说，这就包括大量笔记、杂录、学术考证等在内了。

阅读参考书目

葛洪：《西京杂记》，中华书局 1985 年版。

刘义庆撰，余嘉锡笺疏：《世说新语笺疏》，中华书局 1983 年版。

王仁裕：《开元天宝遗事》，上海古籍出版社 2012 年版。

袁珂：《山海经校注》，上海古籍出版社 1980 年版。

顾实：《穆天子传西征讲疏》，中国书店 1990 年版。

王嘉：《拾遗记》，中华书局 1981 年版。

干宝：《搜神记》，中华书局 1979 年版。

李昉等：《太平广记》，中华书局 1961 年版。

张华撰，范宁校正：《博物志校证》，中华书局 1980 年版。

任昉：《述异记》，吉林大学出版社 1992 年版。

段成式：《酉阳杂俎》，中华书局 1981 年版。

十三、释家略说

　　所谓"释家"，就是佛教，因为它的创始人是释迦牟尼，所以叫"释家"。"佛"是"佛陀"的简称，"佛陀"是梵语音译，意译则是"觉悟"，这是佛徒对其创始人释迦牟尼的尊称。晋袁宏《后汉纪·明帝纪下》说："浮屠者，佛也。西域天竺有佛道焉。佛者，汉言觉，将悟群生也。"[1]《汉志》中没有释家书目，因为当时中国还没有出现佛教的书。《隋志》中有佛经书目，却不知道该归到哪一类，于是与道经一起附到了《经籍志》的最后部分。《隋志》云：

> 道佛者，方外之教，圣人之远致也。俗士为之，不通其指，多离以迂怪，假托变幻乱于世，斯所以为弊也。故中庸之教，是所罕言。然亦不可诬也。故录其大纲，附于四部之末。

这里值得注意的有两点：一是认为佛是"方外之教"。所谓"方外"，就是"世外"，这不是世俗之人所能理解的，所以有"乱于世"之弊。二是虽不能"通其指"，但也"不可诬"。这是一种慎重的态度。正因为是"方外之教"，俗士"不通其指"，所以《隋志》对其作了较细的介绍。《古今图书集成》将释道归于《神异典》，这表示释道属于"子不语"的"怪力乱神"之类，表现了对佛教的歧视。

---

　　① 袁宏：《后汉纪》，《影印文渊阁四库全书》，第 303 册，第 605 页。

1. 释家的创始及其要义

释家的经典称作"佛经"，犹如中国的"六经"相传经孔子手订一样，"佛经"相传也与其创始人释迦牟尼有关系。故《隋志》云：

佛经者，西域天竺之迦维卫国净饭王太子释迦牟尼所说。

关于释迦牟尼的诞生及其异相，《隋志》云：

释迦当周庄王之九年四月八日，自母右胁而生，姿貌奇异，有三十二相，八十二好。

所谓"自母右胁而生"，说明其出生即与常人不同，在中国神话中也有这样的例子。所谓"三十二相"，是指佛祖有三十二种与众不同的显著特征，如：足下平满、足下有千辐轮文、手足皆柔软如绵、手足诸指圆满纤长、身皮金色、身如狮子、牙齿鲜白锋利、舌相薄净广长能覆面轮等。所谓"八十二好"，是指佛祖的善相有八十二种细微的特征，如鼻高不现孔、眉如初月、耳轮下垂、身体坚实、眉际如钩锁、身面如象王等。人又将此合称为"相好"。犹如孔子的诞生及长相俱与常人不同一样，这种非常之相，意味着必有非常之德。《魏书·释老志》亦云："所谓佛者，本号释迦文者，译言能仁，谓德充道备，堪济万物也。"又说："释迦即天竺迦维卫国王之子，天竺其总称，迦维别名也。初，释迦于四月八日夜，从母右胁而生。既生，姿相超异者三十二种。天降嘉瑞以应之，亦三十二。其《本起经》说之备矣。释迦生时，当周庄王九年，春秋鲁庄公七年夏四月，恒星不见，夜明，是也。"[①] 因夜如白昼，所以连恒星也显现不出来了。《本起经》则说："佛放身三十二相，八十种好。光明普照三千世界，如月盛满，星中特明，威神堂堂。"《三国志·魏志》裴松之注引《魏略·西戎传》说得更神奇，说浮屠刚从娘胎落地就能行走七步。这自然不必当

---

① 魏收：《魏书》，中华书局 1974 年版，第 3027 页。

真，也只能说明他的不同凡响。

关于释家的创始人，它不是像基督教耶稣那样，以牺牲生命为代价。《隋志》云：

> 舍太子位，出家学道，勤行精进，觉悟一切种智，而谓之佛，亦曰佛陀，亦曰浮屠，皆胡言也。华言译之为净觉。

舍弃世俗之人打破脑袋争夺的"太子位"而一心向道，由此表现出了释迦王子的超凡脱俗，也因此而创造出了惊世骇俗的理论学说。

关于佛教的学说，《隋志》云：

> 其所说，云人身虽有生死之异，至于精神，则恒不灭。此身之前，则经无量身矣。积而修习，精神清净，则成佛道。天地之外，四维上下，更有天地，亦无终极，然皆有成有败。一成一败，谓之一劫。自此天地已前，则有无量劫矣。每劫必有诸佛得道，出世教化，其数不同。今此劫中，当有千佛。自初至于释迦，已七佛矣。其次当有弥勒出世，必经三会，演说法藏，开度众生。由其道者，有四等之果。一曰须陀洹，二曰斯陀含，三曰阿那含，四曰阿罗汉。至罗汉者，则出入生死，去来隐显，而不为累。阿罗汉已上，至菩萨者，深见佛性，以至成道。每佛灭度，遗法相传，有正、像、末三等淳醨之异。年岁远近，亦各不同。末法已后，众生愚钝，无复佛教，而业行转恶，年寿渐短，经数百千载间，乃至朝生夕死。然后有大水、大火、大风之灾，一切除去之，而更立生人，又归淳朴，谓之小劫。每一小劫，则一佛出世。

这里主要谈了六点：一、精神不灭。生死只是身体。所谓"无量"，就是不可计算，没有限度，表示此身之前，已有过无数次的身形变换。二、修习可以成佛。三、天地有"劫"。天地宇宙经历若干年毁灭一次，重新再开始，这叫一"劫"。如此周期循环，已经有过无数次劫难。四、每劫有佛得道，出世教化。到释迦牟尼佛已是七佛。五、得道有不同阶位，由低向高，依次是须陀洹、斯陁含、阿那含、阿罗汉、菩萨等。达到阿罗汉一级，已经可以"出入生死，去来无㝵"，获得完全的解脱。所以自须陁洹到阿罗汉，又称为"四果罗汉"。六、佛法相传有阶段。"灭度"指灭烦恼，度苦海。佛法分三个时期，即正法期、像法期、末法期。正法期，是指佛虽然灭烦恼，度苦海，但法仪没有改，有教、有行、有证果的时期；像法期，像者似也，此时期有教、有行，但无证果者，而像似之佛法行；末法期，末是微的意思，此时期转为微末，只有教而无行，更无证果者。换句话说：佛陀在世的一段时间，或说是500年，因为许多人见过他、听过他的教诲，知道佛的存在，所以能修成正果。这叫正法时期。再过若干年，或说一千年，见过佛陀的人没有了，做法事也只是形式而已，但还是有人能从这形式中悟到佛法，能够修成正果。这叫像法时期。再过若干年，或说三千年，真正相信佛的人少了，冒充佛门的人多了，佛教也开始趋向消亡了。这叫末法时期。即《隋志》所云："然佛所说我灭度后，正法五百年，像法一千年，末法三千年，其义如此。"末法期之后，佛教消亡，则有待再一次的循环。

《魏书·释老志》关于释家学说，也有简要的概括，可以与此互补：

> 凡其经旨，大抵言生生之类，皆因行业而起。有过去、当今、未来，历三世，识神常不灭。凡为善恶，必有报应。渐积胜业，陶冶粗鄙，经无数形，澡练神明，乃致无生而得佛道。其间阶次心行，等级非一，皆缘浅以至深，藉微而为著。率在于积仁顺，蠲嗜欲，习虚静而成通照也。故其始修心则依佛、法、僧，谓之三归，若君子之三畏也。又有五戒，去杀、盗、淫、妄言、饮酒，大意与仁、义、礼、智、信同，名为异耳。云奉持之，则生天人胜处，亏犯则坠鬼畜诸苦。又善恶生处，凡有六道焉。[①]

如此的学说，更与世俗联系紧密。这讲的不是佛家修行的大理论，而是直接影响到了世俗人的善恶行为，体现出佛教诱人向善的本质。

与别的宗教主不同，佛祖有佛法，法力可以降妖伏魔，即所谓"佛法无

---

① 魏收：《魏书》，中华书局1974年版，第3026页。

边"。他的一批门徒，多是初为妖魔鬼怪，邪道中物，后被佛法降伏的。《隋志》云：

> 初，天竺中多诸外道，并事水火毒龙，而善诸变幻。释迦之苦行也，是诸邪道，并来嬲恼，以乱其心，而不能得。及佛道成，尽皆摧伏，并为弟子。

由佛法而有了佛门修行，随而有了佛门的戒律，《隋志》云：

> 弟子，男曰桑门，译言息心，而总曰僧，译言行乞，女曰比丘尼。皆剃落须发，释累辞家，相与和居，治心修净，行乞以自资，而防心摄行。僧至二百五十戒，尼五百戒。俗人信凭佛法者，男曰优婆塞，女曰优婆夷，皆去杀、盗、淫、妄言、饮酒，是为五诫。

这里的"五诫"是大乘佛教的五条基本戒律。唐释道世《法苑珠林》卷一百五《受戒篇》有《五戒部》，他把五戒与儒家提出的五常联系了起来，其云："夫世俗所尚，仁、义、礼、智、信。含识所资，不杀、盗、淫、妄、酒也。虽道俗相乖，渐教通也。故发于仁者则不杀，奉于义者则不盗，敬于礼者则不淫，悦于信者则不妄，师于智者则不酒。"[①]这五戒后来又为道教接受，变成了太上老君五戒。现在佛教的活动场所，俗间称作佛庙，而佛家则称"寺"，就是因为"寺"是讲法规律条的地方。《说文》说："寺，廷也，有法度者也。""剃落须发"是剔除一切牵挂的表示。佛门弟子称"僧"，本义是"行乞"。"行乞"二字特别值得注意。"行乞"即讨饭，讨饭自资，则可脱去家的牵挂。僧人讨饭又叫"化缘"，意思是能布施的人，可与佛结善缘。现在把乞丐称作"叫化子"，追其源当与和尚化缘有关，"叫化子"本当是称和尚的。"和尚"是梵音译，本义是师长，所以现在面称和尚又叫"师父"。师长即以教人戒邪恶，结善缘者。

---

① 释道世：《法苑珠林》，《影印文渊阁四库全书》，第1050册，第659页。

关于戒律，《魏书·释老志》言之更详，其云：

> 诸服其道者，则剃落须发，释累辞家，结师资，遵律度，相与和居，治心修净，行乞以自给。谓之沙门，或曰桑门，亦声相近，总谓之僧，皆胡言也。僧，译为和命众，桑门为息心，比丘为行乞。俗人之信凭道法者，男曰优婆塞，女曰优婆夷。其为沙门者，初修十诫，曰沙弥，而终于二百五十，则具足成大僧。妇入道者曰比丘尼。其诫至于五百，皆以（阙）为本，随事增数，在于防心、摄身、正口。心去贪、忿、痴，身除杀、淫、盗，口断妄、杂、诸非正言，总谓之十善道。能具此，谓之三业清净。凡人修行粗为极。云可以达恶善报，渐阶圣迹。初阶圣者，有三种人，其根业各差，谓之三乘，声闻乘、缘觉乘、大乘。取其可乘运以至道为名。此三人恶迹已尽，但修心荡累，济物进德。初根人为小乘，行四谛法；中根人为中乘，受十二因缘；上根人为大乘，则修六度。虽阶三乘，而要由修进万行，拯度亿流，弥长远，乃可登佛境矣。①

修行就意味着要遵守戒律，最终成正果、登佛境。这与儒者提升自身修养，目标是达到"仁"的人格境界略有相似处。

关于佛法与佛经的形成，《隋志》云：

> 释迦在世教化四十九年，乃至天龙人鬼并来听法，弟子得道，以百千万亿数。然后于拘尸那城娑罗双树间，以二月十五日入般涅槃。涅槃亦曰泥洹，译言灭度，亦言常乐我净。初释迦说法，以人之性识根业各差，故有大乘小乘之说。至是谢世，弟子大迦叶与阿难等五百人，追共撰述，缀以文字，集载为十二部。后数百年，有罗汉菩萨相继著论，赞明其义。

佛法出自释迦，而佛经则撰于弟子之手。这与孔子述而不作、弟子撰辑《论

---

① 魏收：《魏书》，中华书局 1974 年版，第 3027 页。

语》相似。而罗汉、菩萨相继著论，犹如儒家"经"之有"传"，最后
"经""传"皆列入经部。《魏书·释老志》亦云：

> 初，释迦所说教法，既涅槃后，有声闻弟子大迦叶、阿难等五百人，
> 撰集著录。阿难亲承嘱授，多闻总持，盖能综核深致，无所漏失。乃缀文
> 字，撰载三藏十二部经，如九流之异统，其大归终以三乘为本。后数百
> 年，有罗汉、菩萨相继著论，赞明经义，以破外道，《摩诃衍大、小阿毗
> 昙》《中论》《十二门论》《百法论》《成实论》等是也。皆傍诸藏部大义，
> 假立外问，而以内法释之。[①]

从《隋书·经籍志》与《魏书·释老志》披露的信息看，佛经原不过十二部，
佛门弟子各有各的体会，故而经说之多无法计量。日本大正年间所修的《大正
新修大藏经》多达 3493 部，13520 卷，量实惊人。

2. 佛教在中国的传播

关于佛教在中国的传播，《隋志》有较详细的记载，大略言之，可分为四
个时期。第一期是传闻期，这主要在汉明帝之前。《隋志》云：

> **推寻典籍，自汉已上，中国未传。或云久以流布，遭秦之世，所以湮
> 灭。其后张骞使西域，盖闻有浮屠之教。哀帝时，博士弟子秦景使伊存口
> 授浮屠经，中土闻之，未之信也。**

据《三国志·魏志》卷三十裴松之注引鱼豢《魏略》说，伊存是大月氏王的使
者，是他在汉哀帝时口授博士弟子景卢浮屠经的。或以为这是佛教传入中土之
始。但这里说得很清楚："中土闻之，未之信也。"宋之李石《续博物志》卷七

---

① 魏收：《魏书》，中华书局 1974 年版，第 3028 页。

则说："秦二十一年，铸金狄十二，释氏之源本。霍去病讨休屠王，获其祭天金人，武帝以为神，列于甘泉宫。"[①] 宋王楙《野客丛书》、明胡维霖《墨池浪语》等，则又以为佛教传入在周时，纯属猜测。

第二期是正式传入期。佛教传入中国的时间，有明确记载的是汉明帝时。这时有三件大事，即得佛经、立佛寺、画佛像，这是佛教正式传入中国的三个标志：

> 后汉明帝，夜梦金人飞行殿庭，以问于朝，而傅毅以佛对。帝遣郎中蔡愔及秦景使天竺求之，得佛经四十二章及释迦立像，并与沙门摄摩腾、竺法兰东还。愔之来也，以白马负经，因立白马寺于洛城雍门西以处之。其经缄于兰台石室，而又画像于清凉台及显节陵上。

"得佛经四十二章"，这是最早传入中国的佛经；因白马负经归而立"白马寺"，这是中国最早的佛寺；"画像于清凉台及显节陵"，清凉台在白马寺，显节陵是汉明帝的陵名，在今河南洛阳市东南，这是中国最早的佛像。佛经、佛寺、佛像由皇家出面确立，这无疑意味着佛教在中国由官方出面推动传播正式开始。

第三期是佛经初译期：

> 章帝时，楚王英以崇敬佛法闻，西域沙门赍佛经而至者甚众。永平中，法兰又译《十住经》。其余传译，多未能通。至桓帝时，有安息国沙门安静，赍经至洛，翻译最为通解。灵帝时，有月支沙门支谶、天竺沙门竺佛朔等，并翻佛经。而支谶所译《泥洹经》二卷，学者以为大得本旨。汉末，太守竺融亦崇佛法。三国时，有西域沙门康僧会，赍佛经至吴译之，吴主孙权甚大敬信。魏黄初中，中国人始依佛戒，剃发为僧。先是西域沙门来此，译《小品经》，首尾乖舛，未能通解。甘露中，有朱仕行者，往西域，至于阗国，得经九十章，晋元康中至邺译之，题曰《放光般若经》。太始中，有月支沙门竺法护，西游诸国，大得佛经，至洛翻译，部

---

① 李石：《续博物志》，《影印文渊阁四库全书》，第 1047 册，第 960 页。

数甚多。佛教东流，自此而盛。

上有所好，下必趋之。"楚王英以崇敬佛法闻""太守竺融亦崇佛法""吴主孙权甚大敬信"，王公大人的崇信佛法，代表了当时社会的一种风习，于是有了依佛戒"剃发为僧"的现象。但佛教的传播主要依靠佛经，因此佛经的东传与翻译便成了迫切需要解决的问题，从汉章帝到晋惠帝、到北朝前凉冲王太始中，近300年间，西域佛教徒多次携佛经来中国，并有一批翻译家应时而生。从"至者甚众""大得佛经""部数甚多"的表述中可以看出译经之盛。虽说是"佛教东流，自此而盛"，但从"多未能通""首尾乖舛""未能通解"的表述中，也可以看到初期译经存在的问题。

第四期是译经高峰期。佛入初期，众信徒急于传播，对佛经内容未及深研即草草翻译，故而难以准确把握经意，错误较多。南北朝时，随着译著的增多和佛教研究的深入，人们对于翻译的准确性开始有了要求，经译纠误之风开始兴起。这时佛教传播史上出现了两位带有标志性的人物，第一个是常山卫道安，第二个是天竺的鸠摩罗什。这两位都是一流的高僧，也是一流的佛经翻译家，故而对当时经译中的错误多有纠正：

> 石勒时，常山沙门卫道安，性聪敏，诵经日至万余言。以胡僧所译《维摩》《法华》未尽深旨，精思十年，心了神悟，乃正其乖舛，宣扬解释。时中国纷扰，四方隔绝，道安乃率门徒，南游新野，欲令玄宗所在流布，分遣弟子，各趋诸方。法性诣扬州，法和入蜀，道安与慧远之襄阳。后至长安，符坚甚敬之。道安素闻天竺沙门鸠摩罗什，思通法门，劝坚致之。什亦闻安令问，遥拜致敬。姚苌弘始二年，罗什至长安，时道安卒后已二十载矣，什深慨恨。什之来也，大译经论，道安所正与什所译义如一，初无乖舛。

石勒是南北朝时后赵政权的建立者。道安是当时北方佛界的领袖。他记忆超群，聪明过人，日诵经万余言。"独坐静室十二年，覃思构精，神悟妙赜，以前所出经，多有舛驳，乃正其乖谬"①。他曾应前秦苻坚邀请，于长安主持译经，编撰了中国佛教史上第一部佛经目录《综理众经目录》。同时制订了"僧尼轨范""法门清式"，为中国佛教树立新制度。今称佛门弟子为"释"姓，即是由道安订立的规则。慧远是其继承者。鸠摩罗什略晚于道安，他半岁能言，三岁识字，五岁博览群籍，博闻强记，佛学造诣极深，语言能力极强，精通"三藏"（经藏、律藏、论藏），被认作是三藏法师第一人，又被誉为中国佛经四大翻译家之首（其余三人是玄奘、不空、真谛）。他曾为姚兴所敬，"于长安草堂寺集义学八百人，重译经本"，"更定章句，辞意通明"。"道安所正经义，与罗什译出，符会如一，初无乖舛。于是法旨大著于中原"②。可惜同时代的两位佛学大师，却未能谋面，这不能不说是佛学史上的一个遗憾。

此期的佛经翻译，一方面要求更加精准，另一方面翻译数量也远过于前，大乘之学、小乘之学一时俱盛，佛教的传播于此时遍及四海。《隋志》云：

> 初，晋元熙中，新丰沙门智猛，策杖西行，到华氏城，得《泥洹经》及《僧祇律》，东至高昌，译《泥洹》为二十卷。后有天竺沙门昙摩罗谶复赍胡本，来至河西。沮渠蒙逊遣使至高昌取猛本，欲相参验，未还而蒙逊破灭。姚苌弘始十年，猛本始至长安，译为三十卷。昙摩罗谶又译《金光明》等经。时胡僧至长安者数十辈，惟鸠摩罗什才德最优。其所译则《维摩》《法华》《成实论》等诸经，及昙无忏所译《金光明》，昙摩罗忏所译《泥洹》等经，并为大乘之学。而什又译《十诵律》，天竺沙门佛陀耶舍译《长阿含经》及《四方律》，兜佉勒沙门昙摩难提译《增一阿含经》，昙摩耶舍译《阿毗昙论》，并为小乘之学。其余经论，不可胜记。自是佛法流通，极于四海矣。

佛教分大乘佛教和小乘佛教。"乘"是乘车运载的意思。大乘犹乘大车，载众必多，故以普度众生为宗旨。小乘如小车，载人少，故以自我完善与解脱为宗旨。

---

①　魏收：《魏书》，中华书局1974年版，第3029页。

②　魏收：《魏书》，中华书局1974年版，第3029页。

在译经的高潮中，除了不断有西域来客把新的佛书带入中国外，中国僧徒也主动到西天取经，其中突出的一位就是法显：

> 东晋隆安中，又有罽宾沙门僧伽提婆译《增一阿含经》及《中阿含经》。义熙中，沙门支法领从于阗国得《华严经》三万六千偈，至金陵宣译。又有沙门法显，自长安游天竺，经三十余国，随有经律之处，学其书语，译而写之。还至金陵，与天竺禅师跋罗，参共辩定，谓《僧祇律》，学者传之。

法显是平阳人，他是第一位到印度取经的中国僧人。在他之前，中国僧人西行取经，最远只到了新疆于阗，而他则深入到了印度的腹地，参学十余年，携回多部佛经。他将西行经历著成《佛国记》，成了中国僧人的第一部西行游记。唐玄奘的《大唐西域记》，比《佛国记》晚数百年。

可以说南北朝是一个译经的全盛时期，这时的经有"大乘经""小乘经""杂经""疑杂经"，此外还有佛门的"律"、佛徒关于经的"论"、僧侣的"记"等。据《隋志》载就多达 1950 部。但在佛教盛行时期，中间也出现过厄难，遭受过几次灭顶之灾：

> 齐、梁及陈，并有外国沙门。然所宣译，无大名部可为法门者。梁武大崇佛法，于华林园中总集释氏经典，凡五千四百卷。沙门宝唱，撰《经目录》。又后魏时，太武帝西征长安，以沙门多违佛律，群聚秽乱，乃诏有司尽坑杀之，焚破佛像。长安僧徒，一时歼灭。自余征镇，豫闻诏书，亡匿得免者十一二。文成之世，又使修复。熙平中，遣沙门慧生使西域，采诸经律，得一百七十部。永平中，又有天竺沙门菩提留支，大译佛经，与罗什相垺。其《地持》《十地论》，并为大乘学者所重。后齐迁邺，佛法不改。至周武帝时，蜀郡沙门卫元嵩上书，称僧徒猥滥，武帝出诏，一切废毁。

这里记载了两场灾难。一场在后魏太武帝时。后魏亦称北魏。据《魏书·释老志》说，太武帝西伐，至于长安，在种麦寺内发现了大量兵器，有谋反之嫌。又发现寺中财产以万计，这就更出意外。同时又发现暗室中男女淫乱。佛门本为清净之地，而这分明是奸邪藏匿之所。于是暴怒之下，大开杀戒，寺塔佛像，多被烧毁。十二年后，文成帝兴安元年诏复佛法。第二场灾难是在北周武帝时。北周武帝是北朝少有的明君。在他之前，曾有多次沙门造反的记载，如延兴三年（473），沙门慧隐造反。太和五年（481），沙门法秀造反，有大贵族官僚参与。延昌三年（514），沙门刘僧绍造反，自称将居国明法王。延昌四年（515），出现了更大规模的"大乘起义"。首领是沙门法庆，自称"大乘"。鼓吹"新佛出世，除去旧魔"，屠灭寺舍，斩戮僧尼，焚烧经像。鼓励人杀人，杀一人者为一住菩萨，杀十人者为十住菩萨。这与魔教无异。造反延续两年后被镇压。同时，北周武帝之时，佛教徒不纳税，不服役，寺院却侵吞民田。当时北周人口总共约一千二百万，而寺院就有四万所，僧尼三百万。这三百万是一个庞大的寄生集团，无疑大大影响了北周的国力，并且存在安全隐患。故建德三年（574），北周武帝下令："初断佛道二教，经像悉毁，罢沙门、道士，并令还民，并禁诸淫祠。"[1] 这一措施可能对加大北周国力起了不小的作用，所以第二年即发动了灭北齐的战争。

隋朝统一后，即废止北周毁佛政策：

开皇元年，高祖普诏天下，任听出家，仍令计口出钱，营造经像。而京师及并州、相州、洛州等诸大都邑之处，并官写一切经，置于寺内。而又别写，藏于秘阁。天下之人，从风而靡，竞相景慕，民间佛经多于《六经》数十百倍。大业时，又令沙门智果于东都内道场撰《诸经目》，分别条贯，以佛所说经为三部：一曰大乘，二曰小乘，三曰杂经。其余似后人假托为之者，别为一部，谓之疑经。又有菩萨及诸深解奥义、赞明佛理者，名之为论，及戒律并有大、小及中三部之别。又所学者，录其当时行事，名之为记。

---

[1] 令狐德棻：《周书》，中华书局 1971 年版，第 85 页。

隋朝由官府出面支持建寺院、造佛像、写经书，由此佛教走向全盛。至唐代，除唐武宗毁佛外，高祖、太宗、武后、玄宗、肃宗、代宗、宪宗等，无不崇佛。故而佛教在隋唐的发展进入了黄金时期。

3. 佛教的宗派、宗师及其著作

从南北朝始，佛教的发展已在世俗的层面上出现了高峰状态，寺院林立，僧侣遍布。明杨慎有联云："南朝四百八十寺，北魏一万三千俱。"充分说明了南北朝佛教之盛。进入隋唐时代，天下一统，社会稳定，有最高统治者的崇信，佛教的发展很快进入全盛期。其标志是宗派林立，大师辈出，佛门著书已成气象。

宗派是随着佛学研究的深入形成的。《隋书·文学传》说："江左宫商发越，贵于清绮；河朔词义贞刚，重乎气质。气质则理胜其词，清绮则文过其意。理深者便于时用，文华者宜于咏歌，此其南北词人得失之大较也。"①南北两地不同的地理环境、风土习俗、人文生态，以及人的不同思维方式等，都会影响到对佛学的理解。特别是大师级人物的出现，在不同的背景下，其学说自然会呈现出不同特色，由此而形成了宗派。其中最著名的有八大宗派。即天台宗、三论宗、唯识宗、华严宗、禅宗、律宗、密宗（真言宗）、净土宗。以下分而述之。

（1）天台宗

天台宗是中国佛教史上出现的第一个宗派。因形成于浙江天台山，因而名"天台宗"。其创始人智顗（538—597），在天台山修行九年，最后形成了"圆融实相"之说。然后讲经金陵，传道庐山，又到南岳、荆州弘扬佛法，完成了《法华玄义》《法华文句》《摩诃止观》等书，最后返回天台山。生前度僧四千余人，传业弟子三十二。因他的教义主要依据《妙法莲华经》，故又称法华宗。本宗法统传承，初祖是龙树菩萨，以下依次是慧文、慧思、智顗、灌顶、

---

① 魏徵：《隋书》，中华书局 1973 年版，第 1730 页。

智威、慧威、玄朗、湛然等，世称九祖。智𫖮将慧思提出的"十如"（即如是相、如是性、如是体、如是力、如是作、如是因、如是缘、如是果、如是报、如是本末究竟）与"十法界"（即佛、菩萨、缘觉、声闻四圣与天、人、阿修罗、畜生、饿鬼、地狱六凡）、三种世间（即五阴世间、众生世间、依报国土世间）等相配，构成"一念三千"的理论，认为世界的千万种变化存于一念心中。此派又有所谓"五时八教""一心三观""三谛圆融"等学说。一般认为，在佛教各派中，此派佛学义理最为系统，组织也最为严密。

（2）三论宗

三论宗是由信据佛教论典"三论"（《中论》《十二门论》《百论》）创宗而得名。又因阐扬"一切皆空"，而被称为"空宗"，阐"诸法性空"而被称为"法性宗"。最早倡导"三论"的是后秦鸠摩罗什，而真正的创始人则是唐朝的波斯人吉藏（549—623）。吉藏完成了三论的注疏，著《三论玄义》，集三论思想的大成。由于"三论宗"讲"一切皆空"，所谓色即是空，空即是色，很难为盛世帝王接受，故衰微较早。后由其弟子高丽人慧灌传入日本，在日本盛行。

（3）唯识宗

这是由玄奘（600—664）及其弟子窥基（632—682）创立的宗派，因其严密分析诸法之相而阐述"万法唯识"之理，因此称作"唯识宗"，又称"法相唯识宗""法相宗"。因其继承的是古印度瑜伽派学说，因此又称"瑜伽宗"。玄奘就是小说《西游记》中的唐僧原型，他是中国佛教四大译师之一，13 岁出家，29 岁横越大漠，取经西天，行程五万余里，历国 138 个，往返 17 年，译经 75 部 1335 卷，弟子数千人。他圆寂时，长安为之罢朝，送殡者达百余万人。其影响之大，于此可知。玄奘取经归国后，在唐太宗的支持下，于慈恩寺组织大规模的译场，传法相唯识之旨。其后弟子神昉著《唯识文义记》，玄应著《唯识开发》，圆测著《成唯识论疏》等，集大成者则是其高足窥基。窥基住长安大慈恩寺，著《瑜伽师地论略纂》《成唯识论述记》及《成唯识论掌中枢要》等，故此派又称"慈恩宗"。此派因严守从印度搬回的经典教义，不能与本土相结合，行四十余年后开始衰落。传入日本后，则兴盛数百年，成为日本奈良时代（710—794）、平安时代（794—1192）最有势力的宗派之一。

（4）华严宗

华严宗的根本经典是《华严经》，因此称"华严宗"。发源地是西安华严寺，他的创始人是法藏（643—712），武后给起名贤首，故此派又称"贤首宗"。法藏是西域康居国人，祖父侨居长安，以康为姓。曾重译并完善《华严经》《密严经》《金光最胜王经》《大宝积经》《显识论》《大乘法界无差别论》等多种经论。因其教理为法界缘起说，因此又称"法界宗"。华严宗有三祖，初祖是隋高僧法顺（557—640），著有《五教止观》，为华严宗之奠基者。二祖智俨大师，著《华严经搜玄记》等。三祖贤首大师，集华严宗之大成，建构起以"法界缘起"为本宗思想体系的理论，正式开宗立派。其后此派渐融入天台、禅宗的思想。

（5）禅宗

胡应麟《少室山房笔丛·双树幻钞上》云："浮屠学不出教与禅二端。"像天台宗、唯识宗、华严宗等，都属于"教"。达摩传之一脉则属于"禅"。"禅"是"禅那"的简称，是梵语音译。意译旧作"维修""弃恶"等，今通译作"静虑"，即安静的沉思。因为此一派最主张心性修养，讲静思顿悟，所以叫禅宗。其最主要的修行方法之一是"禅定"，一心审考为"禅"，息虑凝心为"定"。静坐敛心，专注一境，久之达到身心安稳、观照明净的境地，即为禅定。禅宗是佛教中国化中突出的一派，也是佛门中对中国文化影响最大的一派。此一派的初祖是印度高僧菩提达摩。菩提达摩（？—528）本是一位王子，到中国弘扬"大乘"佛教。达摩最著名的两个故事，一是"一苇渡江"，一是"面壁九年"。他利用一根芦苇立足渡江，反映了他的法力。他在少林寺五乳峰石洞面对石壁，一坐九年，而后领悟禅机，这正是禅宗创立的根据。明宋濂《释氏护教编后记》说："世尊大法，自迦叶二十八传至菩提达摩。达摩悲学佛者缠蔽于竹帛间，乃弘教外别传之旨，不立文字，而见性成佛。达摩传慧可，可传僧璨，璨传道信，信传弘忍，忍传曹溪大鉴禅师慧能，而其法特盛。"[1] 不靠文字传授，全靠心传。直指人心，见性成佛，正是此派的核心思想。故此派又称"佛心宗"。此宗经典依据是《楞伽经》和《金刚般若波罗密经》。禅宗

---

① 宋濂：《宋景濂未刻集》卷上，《影印文渊阁四库全书》，第 1224 册，第 580 页。

成为一个有影响力的佛教宗派是在唐代。尽管达摩被认作是始祖，而且其后又有二祖、三祖等，而且也有南北宗之分，但人们真正认可这一宗派是从六祖惠能开始的。可以说惠能（638—713）才是中国禅宗的创始人。任继愈先生也曾言："禅宗的正式建立，应从惠能算起。"①惠能圆寂于新兴国恩寺，因此人们把国恩寺视作禅宗顿教三大祖庭之一，又有"中国禅宗发源地"与"岭南第一禅宗圣域"之称。也有人把惠能与孔子、老子并称为"东方三大圣人"，认为他完成了佛教的中国化、世俗化、平民化，这自然不可当真，但可说明其影响之大。传说惠能不识字，但悟性极高，故能悟到佛学妙旨。最著名的偈语是："菩提本无树，明镜亦非台，本来无一物，何处惹尘埃。"相信自己的内心，可以解脱痛苦，广为人传诵。此派初不立文字，最终还是立了文字，惠能的传法语录即被弟子们集为《坛经》，又名《六祖大师法宝坛经》。

（6）净土宗

在佛教八大宗派中，除禅宗外，净土宗是影响最大的一派，也是独尊念佛的一派。此派认为"《华严》奥藏，《法华》秘髓，一切诸佛之心要，菩萨万行之司南，皆不出于此"。其追求的目标是往生西方极乐净土，所以称"净土宗"。其祖庭在江西庐山的东林寺和西安的香积寺。初祖可追溯到东晋时的高僧慧远（334—416），但真正的创始者是唐代的善导大师（613—681）。善导以"三经一论"为教材（即《无量寿经》《观无量寿佛经》《阿弥陀经》和《往生论》），以"持名念佛"为方式，以西方阿弥陀佛极乐净土为宗旨，开创了这一宗派。此派因以称念佛名为主要修行方式，所以又称为"念佛宗"。这一派的修行办法简单易行，只要吃斋念佛就可以了。念佛不是要通达佛经，修行打坐，而是时时念念"南无阿弥陀佛"即可，只要信愿具足，至诚念佛，六根清净，净念相继，始终不怠，即可仗着阿弥陀佛的力量，往生西方极乐世界，成就佛果。因为这不必受多少苦，也不用花费多少心事，只要心中一念向佛即可转成正果，自然信奉就很多了。故流行甚广。

（7）律宗

"律"指佛教的戒律。律宗由研习并传持戒律而得名。后秦鸠摩罗什译有

---

① 任继愈：《中国哲学史》第三册，人民出版社 1966 年版，第 83 页。

《十诵律》，这便是律宗的经典依据。创始人是唐代高僧道宣（596—667）。道宣一生大多时间居住在终南山中，他在终南山研习戒律，以《四分律》为基础，参考其他律典，并综各家之长，确立了他的律学规范。他也因此而盛名远播，世称"南山律师""南山律祖""南山律宗"。他所创立的宗派又被称为"南山宗"。其教义有戒法、戒体、戒行、戒相之分。戒法是规定的条律，戒体是受戒人所内含的不受邪恶侵染的功能，戒行是戒律的践行，戒相是戒的表现或规定。戒相有五戒、十戒、具足戒之分。佛教的戒律很多。道宣著有《四分律删繁补阙行事钞》《四分律含诸戒本疏》《四分律删补随机羯磨疏》《四分律拾毗尼义钞》《四分律比丘尼钞》。世称"南山五大部"，成为后世治律指南。

（8）密宗

"密宗"由密法奥秘，不经灌顶，不经传授不得任意传习及显示别人而得名。因受法身大日如来真实言教的传授，故又称"真言宗"。密宗传入于唐玄宗开元年间，传播者是来华的三名印度僧人，即善无畏、金刚智、不空，世称"开元三大士"，又称"密宗三大士"。善无畏是释迦牟尼叔父甘露饭王的后代，80岁时来中国弘教。金刚智和不空是师徒关系，他们同来中国，被唐玄宗奉为国师。不空成就最高，曾搜集到密教经典1000多卷，翻译密教经典77部，后人称他为"中国四大释经翻译家"之一。密宗中最有名的高僧是一行（683—727），有人把他认作是中国密宗的创始者。他又是著名的天文学家，最早发现了恒星的移动现象。他在全国12个地点观测天文，推算地球纬度的长度，英国李约瑟《中国科技史》中称他是"中国历史上最伟大的天文学家和数学家之一"。僧一行是中国密宗的领袖。密宗的根本经典是《大日经》《金刚顶经》等，主要教义是大日如来智德显现的宇宙万有之说。僧一行视《大日经》为统领一切佛经的经典，故为之作注释，成《大日经疏》。书中除详解经文外，还发扬了大乘佛教入世、出世间不二精神，完备了密宗理论。密宗经一行发扬，传入日本。后在中国虽无传人，在日本却得以承传。

佛教在民间盛行，佛书亦很盛，即如《隋志》所言，多于《六经》数十百倍，但因是方外之教，受意识形态的歧视，故《四库全书》中所收甚有限。四库馆臣云：

梁阮孝绪作《七录》以二氏之文别录于末，《隋书》遵用其例，亦附于志末。有部数卷数而无书名，《旧唐书》以古无释家，遂并佛书入道家，颇乖名实。然惟录诸家之书为二氏作者，而不录二氏之经典，则其义可从。今录二氏于子部末，用阮孝绪例，不录经典，用刘煦例也。诸志皆道先于释，然《魏书》已称《释老志》，《七录》旧目载于释道宣《广弘明集》者，亦矣释先于道。故今所叙录，以释家居前焉。

《四库全书简明目录》于"释家十三部"按语云：

> 佛氏之书，浩如烟海，非惟经纶语录不可胜收，即叙述释家故实者，亦难以赅载。故今惟即官库所有，择可录者录之，以见梗概。官库所未收者，则自有彼之佛藏在，无庸代为搜辑也。[1]

其书之多，反映了其影响之大。特别是在世俗之间，影响到了生活的各个方面。因此不可不正视。

阅读参考书目

僧佑：《弘明集》，中华书局 2011 年版。

释道宣：《广宏明集》，万历十四年丙戌吴惟明刻本。

释普济：《五灯会元》，中华书局 1984 年版。

汤用彤：《汉魏两晋南北朝佛教史》，武汉大学出版社 2008 年版。

蒋维乔：《中国佛教史》，商务印书馆 2015 年版。

---

[1] 《四库全书简明目录》，上海古籍出版社 1985 年版。

十四、道家略说

　　道家在中国学术思想史上，是影响重大的流派之一。从近些年不断出土的先秦两汉文献中多种《老子》抄本的发现，就可以看出道家在早期的影响远在儒家之外的各家之上。太史公《论六家要旨》，对道家就特别推崇，其云："道家使人精神专一，动合无形，赡足万物。其为术也，因阴阳之大顺，采儒墨之善，撮名法之要，与时迁移，应物变化，立俗施事，无所不宜，指约而易操，事少而功多。"和儒家的承传有点像，儒家到宋变成了理学，道家到魏晋后则变成了道教。不过，理学家承继的是先秦儒家的人格精神与治平理想，就像祖孙一脉之传，基因没有大变，学派的精魂还在。道教之于道家就完全不同了，道家的宗旨是以道治国，即所谓"南面之术"。而道教追求的却是神仙不死之躯，后来把画符镇灾、驱神弄鬼的方术也纳入自己的体系之中。因此二者需要分开对待。

1. 道家与史官

　　关于道家之源，《汉志》言之最明，其云：

　　　　道家者流，盖出于史官。历记成败、存亡、祸福、古今之道。然后知秉要执本，清虚以自守，卑弱以自持，此君人南面之术也。

　　道家的创始者是老子。《史记·老庄申韩列传》说："老子者，楚苦县厉乡曲仁里人也，姓李氏，名耳，字聃，周守藏室之史也。"老子的政治角色，就意味着道家与王官关系之所在。今之研究多对于《汉志》"出于史官"一说持怀疑态度，认为这是根据老子"守藏室之史"的传说产生的臆说。但如果认真考察一下，就会发现班固之说是有根据的。吕思勉先生在他的《先秦学术概论》中，就曾对此作过论述，他说：

> 《史记·老子韩非列传》云："老子，周守藏室之史也。"《索隐》云：藏室史，乃周藏书室之史也。又《张汤传》："老子为柱下史，即藏室之柱下，因以为官名。"又《张丞相列传》："秦时为御史，主柱下方书。"《集解》："如淳曰：方，版也，谓书事在版上者也。秦以上置柱下史，苍为御史，主其事。"《索隐》："周秦皆有柱下史，为御史也。所掌及侍立恒在殿柱之下，故老聃为周柱下史。今苍在秦代亦居斯职。"按《汉书·百官公卿表》："御史大夫，秦官，掌副丞相，有两丞，一曰中丞，在殿中兰台，掌图籍秘书。"如《索隐》言，藏室柱下为一官，实即御史，则老子所居，似即中丞之职，然此语殊难定。《史记·萧相国世家》云："沛公至咸阳，诸将皆争走金帛财物之府分之，何独先人收秦丞相御史律令图书藏之。""汉王所以具知天下阨塞，户口多少，强弱之处，民所疾苦者，以何具得秦图书也。"此图书，即《汉表》所谓图籍，指地图户籍言。盖何之所止收是，其所谓秘者，则委而去之矣。然《汉志》所谓历记成败存亡祸福古今之道者，实当在秘书之中也。窃疑藏室所藏，正是物也。所谓道德五千言者，实藏室中之古书，而老子著之竹帛者耳。今姑弗论此，而道家出于史官之说，则信而有征矣。[1]

这是从《史记》关于老子"守藏室之史"的记载引出的考证。顾实《汉书艺文志讲疏》也说：

> 黄帝立史官以来，史氏世守其绪，下至周末。老子为柱下史，爰播黄

① 吕思勉：《先秦学术概论》，中国大百科全书出版社1985年版，第26页。

帝之书于民间。不然，则黄老道德之术，曷为而来哉？司马谈家世为史，犹知此义，先黄老而后《六经》，其明验也。①

如果我们再从道家一派关于历史的记述看，这种可能性就更大。在先秦各派中，对于历史信息披露最多的就是道家。孔子讲尧舜，墨子谈大禹，孟子崇文王，道家的代表人物庄子则把历史上推到了三皇五帝时代，而且在《庄子》书中，还出现了一串大多从未见过的上古人名。《庄子·胠箧》说：

> 昔者容成氏、大庭氏、伯皇氏、中央氏、栗陆氏、骊畜氏、轩辕氏、赫胥氏、尊卢氏、祝融氏、伏羲氏、神农氏，当是时也，民结绳而用之，甘其食，美其服，乐其俗，安其居。②

这些名字，庄子从何得知？有可能就是道家系统的传授。这个系统一直在传授着上古史的知识。直至继道家而起的道教，仍在讲述开辟天地以来的故事。以综合上古史而为学界所关注的罗泌《路史》，就大量采取了道教系统的上古史记述。如《路史》卷三《前纪》：

> 予既得《丹壶》《名山》之记，又得吕梁碑，获逆帝王之世，乃知天未丧斯文也。《丹壶书》云："皇次四世，蜀山、偈傀六世，浑敦七世，东户十七世，皇覃七世，启统三世，吉夷四世，九渠一世，猗韦四世，大巢二世，遂皇四世，庸成八世：凡六十有八世，是为因提之纪。仓颉一世，柏皇二十世，中央四世，大庭五世，栗陆五世，丽连十一世，轩辕三世，赫胥一世，葛天四世，宗卢五世，祝融二世，昊英九世，有巢七世，朱襄三世，阴康二世，无怀六世，凡八十有八世，是为禅通之纪。"可谓备矣。而又有钜灵氏、句强氏，自句强而下，次谯明氏，次涿光氏，以次至次民氏。如下所叙，总曰循蜚纪，有号而无世。自是而上，亦惟有九皇氏、地

---

① 顾实：《汉书艺文志讲疏》，上海古籍出版社 2009 年版，第 127 页。
② 郭庆藩：《庄子集释》，中华书局 1961 年版，第 357 页。

皇氏、天皇氏，又上而乃有盘古氏基之浑沌之说。其言浑沌之初，所谓"上无复色，下无复渊"，为说甚繁，非足贻训，故绌焉。自无怀降，所叙与《名山记》大同，此予之史篇所取濑者也。①

四库馆臣于提要中批评罗氏说："皇古之事本为茫昧，泌多采纬书，颇不足据。至于《太平经》《洞神经》《丹壶记》之类，皆道家依托之言，乃一一奉为典要，殊不免庞杂之讥。"从另一方面则反映了道家与史官系统的联系。

道家出于史官，并不是仅仅对古史的传授，更主要的是继承史官总结历史"成败存亡祸福古今之道"的传统。史官的这个传统，在《左传》中有明确的体现。《左传》在对有关成败兴亡的历史事件记述之时，往往以"君子曰"的形式给予总结和预示。如《左传·隐公三年》记"周郑交质"，双方虽然以交换人质的方式以示互信，最后还是闹翻了。在这段记载之后，有"君子曰"一段话对此事作评论、总结教训。其云：

> 君子曰："信不由中，质无益也。明恕而行，要之以礼，虽无有质，谁能间之？苟有明信，涧溪沼沚之毛，蘋蘩蕴藻之菜，筐筥锜釜之器，潢污行潦之水，可荐于鬼神，可羞于王公，而况君子结二国之信，行之以礼，又焉用质？《风》有《采蘩》《采蘋》，《雅》有《行苇》《泂酌》，昭忠信也。"②

可以看出，这就是史官从这件事中总结出的"成败之道"。其关键性的言词是"信不由中，质无益也"。隐公六年载：郑伐陈，大获全胜。过后郑要给陈讲和，陈却不答应。"君子曰：'善不可失，恶不可长，其陈桓公之谓乎。长恶不悛，从自及也，虽欲救之，其将能乎！'"③这显然是从历史中所获得的教训，认定其失善长恶，后必有祸。有人统计《左传》中的"君子曰"多达八十多处。尽管这个数字不一定准确，但可以反映出古代史官不只是记历史成败兴

---

① 罗泌：《路史》，《影印文渊阁四库全书》，第383册，第10页。
② 杜预、孔颖达：《春秋左传正义》，北京大学出版社1999年版，第74页。
③ 杜预、孔颖达：《春秋左传正义》，北京大学出版社1999年版，第103页。

亡，更重要的是分析其背后"历败兴亡祸福古今之道"。这个传统，被后世史官如司马迁、班固等所继承。他们在每篇之后，都有一段评是非得失之语。唐刘知幾《史通·内篇·论赞》即云：

> 《春秋左氏传》每有发论，假君子以称之。二传云公羊子、谷梁子，《史记》云太史公。既而班固曰赞，苟悦曰论，《东观》曰序，谢承曰诠，陈寿曰评，王隐曰议，何法盛曰述，扬雄曰譔，刘昺曰奏，袁宏、裴子野自显姓名，皇甫谧、葛洪列其所号。（玄晏先生、抱朴子。）史官所撰，通称史臣。其名万殊，其义一揆。必取便于时者，则总归论赞焉。①

史评之语，有的叫赞，有的叫论，有的叫序等等，尽管名目不同，目的却是一个，都在于总结"成败存亡祸福古今之道"。

《汉志》所著录的道家著作，与各家一个显著的不同之处，在于它的历史序列性以及可阐释性。如儒家著作，其最早者为《晏子》，晏子与孔子同时。法家著作，其最早者为《李子》，李子即李悝，是战国时魏文侯相。名家著作，其最早者为《邓析》，邓析是春秋时郑国人，与子产同时，略早于孔子。墨家著作，其最早者为《尹佚》，尹佚即史佚，为周初人，因为墨家出于清庙之守，清庙之礼须史官传授，故列《尹佚》于墨家。这在各家中也是个特例。但道家不同，他们的著作是一个有序的历史序列。最早者是《伊尹》，伊尹是成汤之相，商王朝的开国第一功臣。其次是《太公》（周文武之师）、《辛甲》（纣臣，七十五谏而去，周封之）、《鬻子》（名熊，为周师，封为楚祖）、《管子》（齐桓公相）等。他们不是著名之相，就是王者之师，或有政治治理经验，或有治理天下的智慧。这是一个王师、名相的历史序列，也是把握"成败兴亡祸福古今之道"的序列。从伊尹、太公等的成功中，体现着"成败兴亡之道""君人南面之术"的意义。《汉志》把这些著作列于《老子》之前，就意味着班固认为它们皆成于老子之前。因为是"成败兴亡祸福古今之道"，因此有可阐释性，这便有了与道家著作相辅而行的"经说"著作，即小说家

① 浦起龙：《史通通释》，上海古籍出版社1978年版，第81页。

著作中的《伊尹说》《鬻子说》之类（参见《小说略说》部分）。这也从侧面证明了道家学问是历史智慧的结晶，与史官系统存在着表与里的关系。史官之记重在事，是历史表层的运行轨迹；道家之说重在道，是历史内在的成败兴亡规律。

史家的评论在语言形式上有一个突出的特点：以四言为主。如《左传·隐公五年》言："君子曰：不备不虞，不可以师。"《左传·桓公六年》言："君子曰：善自为谋。"《左传·桓公十二年》言："君子曰：苟信不继，盟无益也。"《左传·庄公二十二年》言："君子曰：酒以成礼，不继以淫，义也。以君成礼，弗纳于淫，仁也。"《左传·僖公二十年》言："君子曰：随之见伐，不量力也。量力而动，其过鲜矣。善败由己，而由人乎哉？"《左传·僖公二十四年》言："君子曰：服之不衷，身之灾也。"后世如《后汉书》《晋书》等史的赞语，皆以四言为主。《老子》一书也是以四言为主，有时还押韵，看来这与史官的传统也有些关系。

2. 道家思想及其要义

"道家"之名不见于先秦典籍，这是汉儒根据道家学派的核心思想给立的名字。《汉志》把道家的"道"，认定为"成败兴亡祸福古今之道"，是从历史规律中归纳出的道，而且其意义指向在"君人南面之术"，这个概括应该说是很准确的。"成败"对事物言，"存亡"对政权言，"祸福"对人言，"古今"表示了它的普遍性。汉初朝廷以黄老之术治天下，创造了"文景之治"，证明了道为"君人南面之术"的本质。

今人研究哲学者，每把《老子》和"道"解释得神乎其神，也有人认为《老子》五千言就解释了一个字："道"。其实老子绝没有那么多空闲时间空谈"道"的"玄之又玄"的，他也不会远离现实生活而探讨所谓宇宙本源、道的本体等问题，他的意义指向就在现实生活中。说到底，老子所考虑的不外乎三个方面的问题：首先是如何治理天下国家，使人类恢复和平、稳定，这是最核心的问题；其次是如何在复杂的社会生活中，使自己立于不败之地；其

三是如何顺时养生，使生命健康长寿。解决这三个方面的问题，都要去掉三
个字"为""争""欲"，只有无为、不争、寡欲，问题才可以解决。为什么？
此间有个"道"在。那么"道"又是什么呢？为了回答人们的追问，老子不
得不花费精力做出解释，因此《老子》中出现了不少解释"道"的文字。这
实是迫不得已而为之的。现代的一批哲学研究者，不是研究老子说的是什么、
他要解决什么问题、他是如何解决的，而是研究《老子》中有怎样的哲学理
论，于是有了老子的本体论、老子的宇宙论、老子的唯物辩证法、老子的世
界观和方法论等研究的名目。又研究老子的道究竟是什么，是物质的还是精
神的。有人还把"道"总结了九个特性，如"空"的特性、时空上的无限性、
形态上的无相性、性能上的创造性、性格上的无争性，以及包容性、无意识
性、吸引性、不可言说性等。这样使老子变得越来越神秘，他的"道"也越
来越面目不清。

　　其实现代学者讨论的这些问题，不仅一般人很难明白，相信老子也听不
懂。不是说《老子》中没有本体论、宇宙论之类的问题，而是说要谈的并不
是这些问题。我们发现，先秦两汉学者并不关注"道"的概念问题，而是关
注《老子》的精神本质。如韩非子有《解老》《喻老》两篇，其所关注的是道
的实用性，所阐发的全是道的精神。相传是老子弟子的文子，其大著《文子》，
形式上全是阐释老子思想的，同样对概念问题没有做过多说明。刘向《列子
叙录》说："道家者，秉要执本，清虚无为，及其治身接物，务崇不竞，合于
《六经》。"只说道家的做法，而不解释"道"的概念。《汉志》也是如此，只说
道家历记成败存亡之道，因此把握事物的根本与要害，能够"清虚以自守，卑
弱以自持"。又说：

　　　　合于尧之克攘（让），《易》之嗛嗛（谦），一嗛而四益，此其所长
　　也。及放者为之，则欲绝去礼学，兼弃仁义，曰独任清虚，可以为治。

"清虚"则寡欲，"卑弱"则不争，这合于尧"允恭克让"之道，也合于《周
易》的谦之道。《周易》有谦卦，象辞说："谦谦君子，卑以自牧也。"象辞
说："天道亏盈而益谦（亏减其盈满，增益谦退），地道变盈而流谦（丘陵川谷

之属，高者渐下，下者益高，改变盈者流布谦者)，鬼神害盈而福谦（骄盈者被害，谦退者受福)，人道恶盈而好谦（盈溢骄慢，人恶之；谦退恭巽，人好之)。"[1] 这就是所谓的"一谦四益"。尧"允恭克让"而治理天下的成功，即证明以"清虚以自守，卑弱以自持"而"君人南面"的有效性。至于"放者"之为，则当作别论。至于道是什么，也不作明确回答。

经过魏晋玄学思潮陶冶的《隋志》作者，虽对于"道"的概念有所关注，但也是点到为止，其言简明扼要，远非今之动辄万言者可比。其云：

> 道者，盖为万物之奥，圣人之至赜也。《易》曰："一阴一阳之谓道。"又曰："仁者见之谓之仁，智者见之谓之智，百姓日用而不知。"夫阴阳者，天地之谓也。天地变化，万物蠢生，则有经营之迹。至于道者，精微淳粹，而莫知其体。处阴与阴为一，在阳与阳不二。仁者资道以成仁，道非仁之谓也；智者资道以为智，道非智之谓也；百姓资道而日用，而不知其用也。圣人体道成性，清虚自守，为而不恃，长而不宰，故能不劳聪明而人自化，不假修营而功自成。其玄德深远，言象不测。

《老子》说："道者，万物之奥。"这个"奥"字，许多《老子》注本都把它解释为奥深、奥妙、深藏等，这很难说通。其实"奥"在这里是"主"的意思，即主事者。《礼记·礼运》："人情以为田，故人以为奥也。"郑玄注："奥，犹主也，田无主则荒。""赜"谓幽深难见，这里指圣人所发见的至深之理。这里有四层意思：第一，道是支配万物运动变化的主宰，是圣人发见的至深之理。这里强调圣人，是因为一般人难窥道秘，即所谓"百姓日用而不知"。第二，道是看不见的，因为它就在事物的里面，与之为一体，即所谓"处阴与阴为一，在阳与阳不二"。《老子》第十四章说："迎之不见其首，随之不见其后。"为什么？因为它与你是一体的，你如何能"迎首""随后"？第三，道能成就事物，但它不是事物本身。离开道既不能成仁，也不能成智，更不能生活。但道不是仁，不是智，也不是生活。第四，圣人能体道成性，故能清虚自守。这

---

[1]　孔颖达：《周易正义》，北京大学出版社1999年版，第80页。

实际上是说，道的本质特性就是清虚无为，故体道则能"为而不恃，长而不宰"，使民自化，功自成。

"玄德深远，言象不测"，这是个结论性的表述。道高深玄远，用语言很难说清，多半靠人自己体悟。《老子》开首即言："道可道，非常道。"这已经说得很清楚了。这可以从两个方面理解，一方面道可以言说，但它不是死的，永久不变的，而是随时而变化。从另一方面讲，能用语言表述出来的道，自然也就不是永恒之道了。今天有些学者总想创新，对《老子》这两句话做出了众多花样翻新的解释。其实，纵是旧说，只要通达无碍，也是有意义的。如果为出新而出新，"语不惊人死不休"，这样的"新"也不见得有多少意义，而且也彻底违背了老子的自然无为的精神。相传老子的弟子文子，多次对老子的这句话作了阐释，在《文子·道原》篇中说："老子曰：夫事生者应变而动，变生于时，知时者无常之行，故'道可道，非常道。名可名，非常名'。"① 这说的就是道的随时变化的一面。古人说："五帝不同礼，三王各异教。"就是这个道理。《上仁》说："道之所以至妙者，父不能以教子，子亦不能受之于父，故'道可道，非常道也；名可名，非常名也'。"② 这是说自然之道的不可言说性。《淮南子·道应训》曾举《庄子》中造车轮工人的话说：车轴贯轮处，太紧了转动起来费劲，太松了又来回晃动，要做到得心应手很不容易，"臣不能以教臣之子，而臣之子亦不能得之于臣"。能言语相告的只是"糟粕"类的东西。③《文子·上礼》篇说："故先王之制，不宜即废之；末世之事，善即著之。故圣人之制礼乐者，不制于礼乐；制物者，不制于物；制法者，不制于法。故曰：'道可道，非常道也。'"④《淮南子·氾论训》说："诵先王之《诗》《书》，不若闻得其言；闻得其言，不若得其所以言。得其所以言者，言弗能言也，故道可道者，非常道也。"高诱注说："闻圣人之言，不如得其未言时之本意。圣人所言微妙，凡人虽得之，口不耐以言。"⑤ 无论是"制物"还是"制法"，遵循的都是道，但

---

① 王利器：《文子疏义》，中华书局 2000 年版，第 25 页。
② 王利器：《文子疏义》，中华书局 2000 年版，第 435 页。
③ 何宁：《淮南子集释》，中华书局 1988 年版，第 853 页。
④ 王利器：《文子疏义》，中华书局 2000 年版，第 511 页。
⑤ 何宁：《淮南子集释》，中华书局 1988 年版，第 923 页。

不能被礼乐、物、法所局限，因为这样就违背了道的基本精神，但道基本落实在具体事物中，又只能是心会而不能言传。如果能把"道"的基本精神了然于胸，这就叫"知道"。《管子·戒》说："闻一言以贯万物，谓之知道。"[①]《孙膑兵法·八阵》说："知道者，上知天之道，下知地之理，内得其民之心，外知敌之情。"[②]

因为"道"中有诸多难言之秘，讲多了会令人产生更多困惑，因此尧舜禹汤文武等先王，就很少讲这个问题了。故《隋志》云：

> 先王惧人之惑，置于方外，《六经》之义，是所罕言。《周官》九两，其三曰师，盖近之矣。然自黄帝以下，圣哲之士，所言道者，传之其人，世无师说。汉时，曹参始荐盖公能言黄老，文帝宗之。自是相传，道学众矣。下士为之，不推其本，苟以异俗为高，狂狷为尚，迁诞谲怪而失其真。

《六经》中没有解释"道"的文字。这里提到了《周官》（《周礼》），《周官》提到了"九两"，"两"指联系、协调双方的人或事物。九两就是九种协调国民的人，其中第三种叫"师"，是有德行而教育人的人，就近于传道的人。韩愈《师说》说："师者传道授业解惑也。"把"传道"放在师的职责的首位，也说明了"师"与"道"的关系。因为"道"之"言象不测"，所以有传人而无传书。后世以《老子》为言道之书而争相传释，这便出现了"迁诞谲怪而失其真"的现象。

这里值得注意的是，《汉志》提到的"放者"，《隋志》提到的"下士"，其实就是战国以降的道家，甚至包括老子在内。在他们的观念中，真正得道的是儒家所说的圣王，从黄帝而下的圣王，他们是以道来治理天下的。而"放者""下士"，或弃仁义，绝礼学，或狂狷、迁诞，都失去了真道。

---

① 黎翔凤：《管子校注》，中华书局 2004 年版，第 510 页。
② 张震泽：《孙膑兵法校理》，中华书局 1984 年版，第 65 页。

3. 从道家到道教

秦汉之有道家，秦汉之后，仍有窃取道家之名的，其实已变成了道教。四库馆臣说：

> 后世神怪之迹多附于道家，道家亦自矜其异，如《神仙传》《道教灵验记》是也。要其本始，则主于清净自持，而济以坚忍之力，以柔制刚，以退为进，故申子、韩子流为刑名之学，而《阴符经》可通于兵。其后长生之说，与神仙家合为一，而服饵导引入之房中一家，近于神仙者亦入之。鸿宝有书（淮南《鸿宝苑秘书》），烧炼入之；张鲁立教，符箓（道教秘籍）入之。北魏寇谦之等又以斋醮（jiào）章咒入之。世所传述，大抵多后附之文，非其本旨，彼教自不能别，今亦无所事于区分，然观其遗书，源流迁变之故，尚一一可稽也。

先秦各派思想家，以及所谓好黄老刑名之学的一批学者，如申不害、韩非子以及兵家中的太公《阴符》等，尽管不属于道家，但接受的是道家的精神。但汉以后，情况发生了变化，先前在《汉志》中被列入方技的神仙、房中之类，都与道家的理论相附会，混入了道家中。这里提到的《神仙传》，是晋葛洪撰；《道教灵验记》，是五代后蜀杜光庭撰。这两部书在《唐书》《宋史》中，分别被列入道家类。《阴符经》，见于《唐书·艺文志》，且有太公、范蠡、鬼谷子、张良、诸葛亮、李筌等十家注，列入道家。而与其相关的《太公阴符》《周书阴符》，《隋志》则著录于兵家。《新唐书·艺文志》把神仙、释氏之书，都列入了道家。其中讲养生、服饵、导引之术的书，自然也随之进入了道家之列，这样道家的书就很庞杂了。所言"鸿宝有书"，指的是淮南子的《枕中鸿宝秘苑书》。《汉书·楚元王传》言："淮南有《枕中鸿宝秘苑书》，书言神仙使鬼物为金之术，及邹衍《重道延命方》，世人莫见。"颜师古注说："《鸿宝苑祕书》，并道术篇名，臧在枕中，言常存录之，不漏泄也。"今传有《淮南万毕术》，每言法术变化之事，当属同类。不过这里所提到的这些书，大多出自魏晋以降，已经是道教盛行之后的产物了。道家之为道教所取代，也就在这个时代。道教是借道家的理论，在中国民间神鬼观念的基础上，掺以神仙方术之说，在佛教的刺激、启示下产生的。因为道教的理论与道家有联系，因此便把道家的人物拉入了道教中壮大门面。老子被奉为太上玄元皇帝，《老子》五千言被称为《道德经》。道家的另外四位人物被奉为"四大真人"，他们的书也被奉为经。如奉《庄子》为《南华真经》，奉《列子》为《冲虚至德真经》，奉《文子》为《通玄真经》，又据《庄子·庚桑楚》而以庚桑楚为洞灵真人，以其《庚桑楚》为《洞灵真经》。其实它的真正创始人是东汉的张道陵，而壮大者则是道陵之孙张鲁。因入教须交五斗米，故又称五斗米道。张鲁自称"师君"，雄踞汉中近三十年，后归服曹操，官拜镇南将军，封阆中侯，食邑万户。故四库馆臣特意提到张鲁。

　　道教因属宗教，并非学术流派，故有自己的一套神秘性传说。《隋书·经籍志》于四部之末附有道释二教经书，《道经叙》对道教的传说及其基本情况有较详细的介绍与分析。大略言之，道教所奉的始祖是元始天尊，他是随天地开辟出世的神仙。天地每若干年就有一劫难，天尊之体却不能常存。每一次劫难后天地初开，他都要开劫度人，所度的都是天仙上品，凡人是没有份的。《隋志》云：

　　　　道经者，云有元始天尊，生于太元之先，禀自然之气，冲虚凝远，莫知其极。所以说天地沦坏，劫数终尽，略与佛经同。以为天尊之体，常存不灭。每至天地初开，或在玉京之上，或在穷桑之野，授以秘道，谓之开劫度人。然其开劫，非一度矣。故有延康、赤明、龙汉、开皇，是其年号。其间相去经四十一亿万载。所度皆诸天仙上品，有太上老君、太上丈人、天真皇人、五方天帝，及诸仙官，转共承受，世人莫之豫也。

道教有"天书"。这天书是自然形成的，并非人所书写，劫运初开时，文字才能呈现出来，而且光芒四射，惊心眩目。天上的诸仙也没有资格看。只有天尊开劫度人时，才下令天真皇人把"天书"中传出的"天音"内容解说给诸仙，由诸仙再传给世人。得到传授的授道之人，经过四十九年的体悟，才允许再授人。《隋志》云：

所说之经，亦禀元一之气，自然而有，非所造为，亦与天尊常在不灭。天地不坏，则蕴而莫传，劫运若开，其文自见。凡八字，尽道体之奥，谓之天书。字方一丈，八角垂芒，光辉照耀，惊心眩目，虽诸天仙，不能省视。天尊之开劫也，乃命天真皇人，改啭天音而辩析之。自天真以下，至于诸仙，展转节级，以次相授。诸仙得之，始授世人。然以天尊经历年载，始一开劫，受法之人，得而宝秘，亦有年限，方始传授。上品则年久，下品则年近。故今授道者，经四十九年，始得授人。

道教的大旨有二：一是以仁爱清静为修习之法，二是以长生登仙为终极目标。《隋志》云：

推其大旨，盖亦归于仁爱清静，积而修习，渐致长生，自然神化，或白日登仙，与道合体。

"与道合体"是修习的最高目标。道教的秘文叫"箓"，"受道"就是"受箓"，受箓有个次第，授箓与受箓者之间是师徒关系。《隋志》云：

其受道之法，初受《五千文箓》，次受《三洞箓》，次受《洞玄箓》，次受《上清箓》。箓皆素书，纪诸天曹官属佐吏之名有多少，又有诸符，错在其间，文章诡怪，世所不识。受者必先洁斋，然后赍金环一，并诸赞币，以见于师。师受其赞，以箓授之，仍剖金环，各持其半，云以为约。弟子得箓，缄而佩之。

符箓因是道教的秘宝，不能轻易传人。因此受箓的弟子必须对师父有十分的虔诚，送财物以表诚敬之义，剖金环以示坚守信约，受箓有严格的仪式程序。《隋志》云：

其洁斋之法，有黄箓、玉箓、金箓、涂炭等斋。为坛三成，每成皆置绵蕝，以为限域。傍各开门，皆有法象。斋者亦有人数之限，以次入于绵

> 苑之中，鱼贯面缚，陈说愆咎，告白神祇，昼夜不息，或一二七日而止。其斋数之外有人者，并在绵苑之外，谓之斋客，但拜谢而已，不面缚焉。

道教中的洁斋祭祀有不同的等级。旧有三箓七品之说。三箓指金箓斋、玉箓斋、黄箓斋，七品指三皇斋、自然斋、上清斋、指教斋、涂炭斋、明真斋、三元斋。如黄箓专用于超度亡录，金箓则包含了延寿内容，玉箓专用于消灾祈福。绵苑是举行仪式时布置道场所设的地标。受箓的人进入道场要把手反缚，还要陈述罪过，这可能和基督教的忏悔有点像。道场以天为计，有一、二、七天不等。在道教传授中，还有些法术内容。《隋志》云：

> 而又有诸消灾度厄之法，依阴阳五行数术，推人年命书之，如章表之仪，并具赘币，烧香陈读。云奏上天曹，请为除厄，谓之上章。夜中，于星辰之下，陈设酒脯饼饵币物，历祝天皇太一，祀五星列宿，为书如上章之仪以奏之，名之为醮。又以木为印，刻星辰日月于其上，吸气执之，以印疾病，多有愈者。又能登刀入火而焚敕之，使刃不能割，火不能热。而又有诸服饵、辟谷、金丹、玉浆、云英，蠲除滓秽之法，不可殚记。云自上古黄帝、帝喾、夏禹之俦，并遇神人，咸受道箓，年代既远，经史无闻焉。

所谓"消灾度厄""登刀入火"等，都是法术。世俗所以有"妖道""妖术"之称，就在于这法术非出于正道，有世人难以理解的秘密。道教的历史传说、受道仪式以及其捉神弄鬼的一套法术，显然都无法入中国学术的典雅之堂，故为正统学者所不齿。

关于道教的形成发展史，《隋志》论云：

> 推寻事迹，汉时诸子，道书之流有三十七家，大旨皆去健羡，处冲虚而已，无上天官符箓之事。其《黄帝》四篇，《老子》二篇，最得深旨。

"健羡"指贪欲，"天官"是道教所奉三官之一（天官、地官、水官为三官），俗有"上元为天官赐福之辰"一说。汉代天官符箓之说都还没有出现，论道之书还不离道家的本旨。从道家理论向道教理论的转化中，有三个关键人物，一是东晋的葛洪，二是北魏的寇谦之，三是南朝梁的陶弘景。葛洪（284—364）自号抱朴子，这是一个道气十足的名号，取自《老子》"见素抱朴，少私寡欲"语意。他关于"道"的理论全是承自老子。他将道家基础与儒家的忠孝和顺仁信结合，又发挥其在医学上的专长，在追求神仙不老之躯的理论探讨上，为道教丹鼎一派奠定了基础。关于寇谦之与陶弘景，《隋志》则云：

> 故言陶弘景者，隐于句容，好阴阳五行，风角星算，修辟谷导引之法，受道经符箓，武帝素与之游。及禅代之际，弘景取图谶之文，合成"景梁"字以献之，由是恩遇甚厚。又撰《登真隐诀》，以证古有神仙之事；又言神丹可成，服之则能长生，与天地永毕。帝令弘景试合神丹，竟不能就，乃言中原隔绝，药物不精故也。帝以为然，敬之尤甚。然武帝弱年好事，先受道法，及即位，犹自上章，朝士受道者众。三吴及边海之际，信之逾甚。陈武世居吴兴，故亦奉焉。后魏之世，嵩山道士寇谦之，自云尝遇真人成公兴，后遇太上老君，授谦之为天师，而又赐之《云中音诵科诫》二十卷。又使玉女授其服气导引之法，遂得辟谷，气盛体轻，颜色鲜丽。弟子十余人，皆得其术。其后又遇神人李谱，云是老君玄孙，授其图箓真经，劾召百神，六十余卷，及销炼金丹云英八石玉浆之法。太武始光之初，奉其书而献之。帝使谒者，奉玉帛牲牢，祀嵩岳，迎致其余弟子，于代都东南起坛宇，给道士百二十余人，显扬其法，宣布天下。太武亲备法驾而受符箓焉。自是道业大行，每帝即位，必受符箓，以为故事，刻天尊及诸仙之象而供养焉。迁洛已后，置道场于南郊之傍，方二百步。正月、十月之十五日，并有道士哥人百六人，拜而祠焉。后齐神武帝迁邺，遂罢之。文襄之世，更置馆宇，选其精至者使居焉。后周承魏，崇奉道法，每帝受箓，如魏之旧，寻与佛法俱灭。开皇初又兴，高祖雅信佛法，于道士蔑如也。大业中，道士以术进者甚众。

陶弘景以图谶预言取信于梁武帝，使武帝"受道法"，又使"朝士受道者众"。

寇谦之以神仙奇遇的故事迷倒魏太武帝，使太武帝"受符箓"，使其"道业大行"。由此，道教与佛教出现了两种不同的发展途径，佛教是先由官方引入，而后遍布于民间。道教是先在民间传播，而后进入朝廷。道教也由此走向成熟，成为中国本土产生的唯一宗教。

尽管道教进入了朝廷，也大大地影响了王公贵族的生活。但它与佛教一样，始终难以成为国家意识形态。中国主流士大夫知识群体，所接受的仍然是"祖述尧舜，宪章文武，宗师仲尼"的儒家文化体系。这个文化体系以高度理性精神，将"怪力乱神"排斥于意识形态之外。因而尽管作为史官对此史存必书，但并不信其说。故《隋志》云：

> 其所以讲经，由以《老子》为本，次讲《庄子》及《灵宝》《升玄》之属。其余众经，或言传之神人，篇卷非一。自云天尊姓乐名静信，例皆浅俗，故世甚疑之。其术业优者，行诸符禁，往往神验。而金丹玉液长生之事，历代糜费，不可胜纪，竟无效焉。今考其经目之数，附之于此。

阅读参考书目

汤漳平、王朝华：《老子》（中华经典名著全本全注全译丛书），中华书局2014年版。

方勇、陆永品：《庄子诠评》，巴蜀书社1998年版。

杨伯峻：《列子集释》（新编诸子集成），中华书局1997年版。

王明：《抱朴子内篇校释》（新编诸子集成），中华书局1985年版。

白云霁：《道藏目录详注》，商务印书馆2014年版。

任继愈主编：《中国道教史》，上海人民出版社1990年版。

后 记

　　"子学略说"是近几年给研究生开设的新课。这门课重在"述"而不在"作"，"述"主要以《汉书·艺文志》《隋书·经籍志》《四库全书总目》三书的小序为纲。脑子里没有时下所谓"创新"的概念，只是想着把问题说清楚。当然在"述"的过程中不可能没有自己的理解。因此频频有旁听的年轻教师问我："老师，这观点您写过文章吗？"我习惯性的回答是："没有，你们去写吧。"人的精力有限，写文章毕竟要花费时间，而且写文章也不是目的，目的在解决问题。既然在授课中我已把问题解决了，又何必再写文章呢？同学们有时在一起议论说："老师的很多观点都很新，从来没有听过。"其实不是"新"，是"述"的人太少了，我把它述出来，人们便觉得闻所未闻了。今年上半年是"子学略说"的第三轮讲授。听课的是三名博士生，而旁听的则有青年教师和硕士生、本科生一二十人。每次下课，他们都要送我到住宅小区的门口，有时则要送到楼门口。我感到很温暖。稿子整理完毕后，张织冬、贾娟娟、赵初阳、谢昕宜、张晓宇等又作了通校，并核对了引文，标注了出处。对他们来说虽说是学习，但对我来说则减轻了工作负担。这些年，我的学生们无论在生活上，还是工作上，都时时关照我，帮助我。有了他们，我真正感受到了作为老师的幸福。在此书出版之际，借机表达我对他们的感谢之情！

2019 年 8 月 1 日于椿楸园